Bernd Sikora

WALTER GROPIUS

Ein Spaziergang mit dem Bauhausdirektor

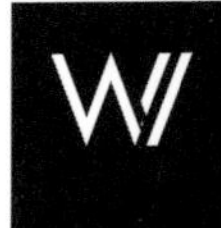

Inhalt

Anhang

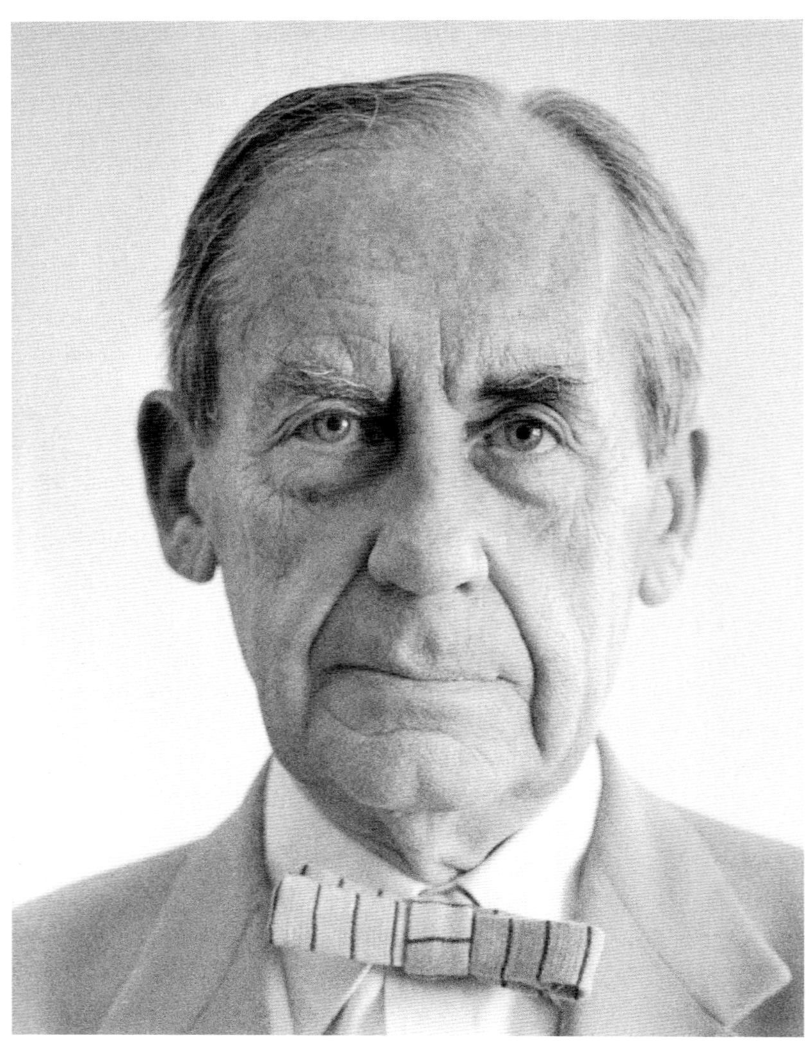

Walter Gropius in Berlin im Jahr 1955

GEDANKEN ZUM BUCH

„Die schönsten Bauten sind die, die man im Geiste baut, die man aber nie ausführt. Ich möchte eine große Fabrik, ganz aus weißem Beton bauen, nichts wie nackte Mauern, mit Löchern darin – große Spiegelglasscheiben und ein schwarzes Dach. Eine große, reine, reich gegliederte Form, durch keine kleinen Farbunterschiede, malerische Valeurs und Architektürchen gestört. Muß durch die hellen Wände und Schlagschatten wirken, einfach – groß. Ägyptische Ruhe."

Walter Gropius, Brief an Alma Mahler
Aus: Małgorzata Omilanowska, Das Frühwerk von Walter Gropius in Hinterpommern, Warschau, 2007

Das Bauhaus ist die bedeutendste Kunstschule des 20. Jahrhunderts und das mit ihr verbundene Leitbild und Lebensgefühl strahlt bis in 21. Jahrhundert aus. Walter Gropius entwickelte aus der Idee zur Gründung der Bauhausschule ein interdisziplinäres Programm und gewann Mitstreiter wie Lyonel Feininger, Paul Klee und Wassily Kandinsky, die heute zu den Namhaftesten der modernen Kunst zählen. Gründungsdirektor Gropius und das Bauhaus in Weimar und Dessau versammelten diese und viele andere Künstler unter einem Dach.

Wer war Walter Gropius, wo lagen die Wurzeln seines späteren Ruhms, was hat er in Weimar und Dessau und darüber hinaus für die Architektur- und Kunstgeschichte hinterlassen? Wer stand ihm dabei zur Seite? Wer begleitete seine Erfolge und seine Niederlagen in der Zeit, in der er im und für das Bauhaus wirkte?

Diese Fragen standen im Bauhausjahr 2019, 100 Jahre nach der Gründung der Schule, im Raum und boten Stoff für verschiedene Biografien über Walter Gropius. Ich wollte meine eigene Form finden, um Gropius' Leben und Wirken in den Bauhausorten Weimar und Dessau auf die Spur zu kommen. Es entstand die Idee, sich in das Leben und Umfeld von Walter Gropius hineinzuversetzen, zu überlegen, worüber wohl gesprochen, diskutiert und gestritten wurde, und zusammen mit dem Bauhausdirektor fiktive Spaziergänge und Rundfahrten durch Weimar und Dessau zu unternehmen.

Grundlage dafür bildeten die mir aus einer Vielfalt von Dokumenten verfügbaren Fakten, meine Eindrücke aus Weimar und Dessau, die eigene Berufserfahrung und meine persönlichen Begegnungen mit Personen, die am Bauhaus oder später bei Walter Gropius studiert hatten. Und so begab ich mich beim Schreiben auf eine Entdeckungsreise, bei der die Bezüge zur Gegenwart unübersehbar wurden. Ich möchte die Leser einladen, mir auf diese Reise in die Welt von Walter Gropius und der Bauhausschule zu folgen.

Bernd Sikora

JAHRE DER SELBSTFINDUNG

WALTER GROPIUS – EIN SOHN AUS „GUTEM HAUS“

Die Bauhausgebäude in Dessau. Die Fagus-Werke in Alfeld. Ikonen der Architekturmoderne. Bauten von Walter Gropius. Weltkulturerbe. Zeugnisse eines erfolgreichen Lebens. Es begann am 18. Mai 1883.

Regierungsbaumeister Walter Gropius, der Vater des Architekten, hatte bei der Geburt seines Stammhalters gehofft, dass dieser die Familientradition im Architektenberuf fortsetzen würde, und ihn auf seinen eigenen Rufnamen taufen lassen. Ehefrau Manon hatte bisher „nur“ zwei Mädchen zur Welt gebracht: Elise im Jahr 1879 und die nach der Mutter benannte Manon 1880. Töchter hatten für Beamtenfamilien in dieser Zeit, in der Frauen noch nicht einmal ein Wahlrecht besaßen, nur eine geringere Bedeutung. Es galt, sie gut zu erziehen, mit Söhnen vermögender Unternehmer oder erfolgreicher Gelehrter und Beamter zu verheiraten und zu vorzeigbaren Ehefrauen werden zu lassen.

Der Stolz des Regierungsbaumeisters auf den Stammhalter kam nicht von ungefähr. Der Name Gropius hatte einen guten Klang in der preußischen Bau- und Architektenwelt, vor allem der des Onkels Martin Gropius. Nach dem Studium an Karl Friedrich Schinkels Berliner Bauakademie hatte dieser bedeutende Gebäude entworfen, etwa das 1881 fertiggestellte Kunstgewerbemuseum Berlin, heute als Gropiusbau bekannt, und das Alte Gewandhaus im Leipziger Musikviertel.

An der väterlichen Familientradition konnte Walter Gropius jun. sehen, dass man durch die Tätigkeit als Architekt besser einen Platz in der oberen Schicht der Gesellschaft erlangen konnte. Sein Vater lebte es ihm vor. Nach dem Abitur am humanistischen Kaiserin-Augusta-Gymnasium in Berlin-Steglitz wollte der Junior dessen Spuren folgen und bewarb sich an der Architekturabteilung der Technischen Hochschule München.

Sohn Walter hatte im Elternhaus viel über Fragen der Bauverwaltung und über das Management auf Baustellen, aber kaum etwas über die neuen Tendenzen in Städtebau und Architektur gehört. Berlin war damals vom Historismus mit Neorenaissance, Neobarock und gelegentlich Neogotik geprägt. Hans Grisebach, Vater von Walters Jugend- und späterem Studienfreund

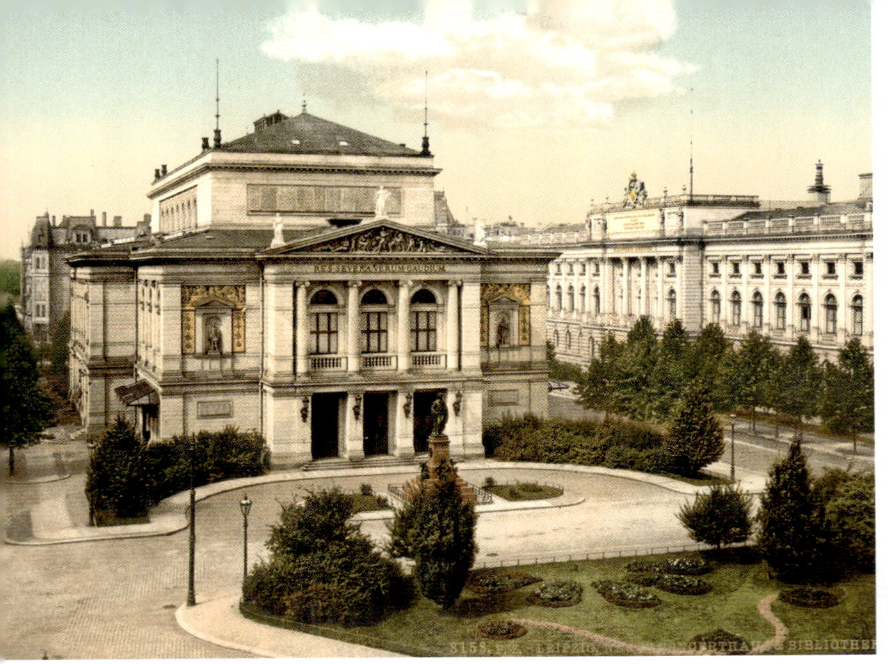

Altes Gewandhaus Leipzig. Entwurf von Martin Gropius, eröffnet 1884

Helmuth Grisebach, war dafür ein eindrucksvolles Beispiel. Er hatte 1888 die Villa von Gropius' Großtante Auguste Wahllaender als Sommersitz an der Strandallee in Timmendorfer Strand gebaut. Der Architekt hatte das Haus von innen nach außen geplant. Die Räume waren Erlebnisbereiche. Fenster, große wie kleine, entstanden, wo sie benötigt wurden.

Unmittelbar daneben stand der Sommersitz der Familie Grisebach. Auf der Außenseite wirkten die Häuser wie eine Sammlung von historischen Architekturmotiven. Von 1896 an beeinflusste zwar der mit den Zeitschriften „Jugend" und „Simplizissimus" entstandene Jugendstil die Architektur in Wien, Paris, Brüssel, München, Darmstadt und Leipzig; doch in Berlin war der neue Stil verpönt. Kaiser Wilhelm II. mochte Architektur nach historischen Vorbildern.

Der Weg von Walter Gropius jun. an die Technische Hochschule nach München ist deshalb verständlich. Sein Weg zum Architektenberuf blieb allerdings unstet, bis Gropius 1910 sein erstes eigenes Architekturbüro in Berlin gründete; mehrfach wechselte er die Orte seiner Aktivitäten, so auch bis in das heutige Polen. Hier besaß sein Onkel Erich Gropius das Gut Janikow in Dramburg/Hinterpommern und sein Onkel Felix Gropius

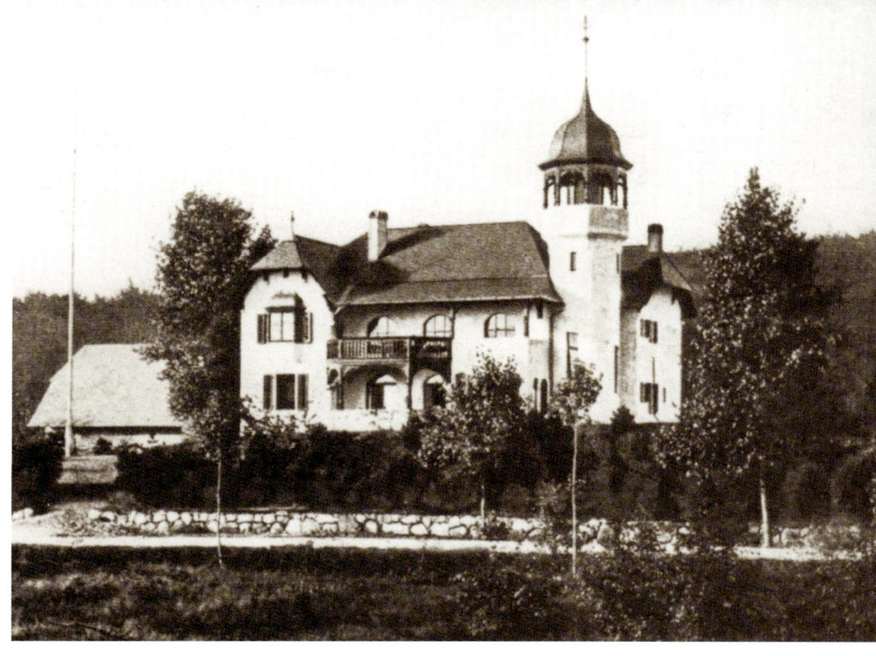

Villa Gropius. Sommersitz der Familie Wahllaender / Gropius, Timmendorfer Strand, erbaut 1888, Architekt Hans Grisebach, heute Hotel Villa Röhl

ein Gut in Hohenstein in der Provinz Posen. Auch Walters Mutter Manon stammte aus einem großen Landbesitz. Ihrem Vater Georg Scharnweber, Landrat von Niederbarnim, gehörte das Rittergut Hohenschönhausen. In dessen schlossähnlichem Herrenhaus war Manon 1855 zur Welt gekommen, hatte es später geerbt und 1890 verkauft. Dank des Erlöses konnte sie nach dem Tod des Gatten im Jahr 1911 ein unabhängiges Leben führen.

Der junge Walter Gropius konnte die Ferien außerhalb von Berlin an der Lübecker Bucht und ebenso auf den Gütern seiner Onkel mit Pferden verbringen. Kein Wunder, dass er bis ins hohe Alter das Reiten liebte.

Die unbeschwerte Jugend wurde im Jahr 1892 durch den Tod seiner Schwester Elise unterbrochen und endete schließlich 1903 mit dem Abitur, denn nun begann eine Zeit, in der Gropius mehr Last als Freude verspürte. Am 20. April 1903 wurde er an der Technischen Hochschule München immatrikuliert.

UNSTETE JUGEND

Gropius ahnte bei Studienbeginn noch nicht, dass er sich mit dieser Immatrikulation in eine Sackgasse begab, da er ein humanistisches Gymnasium mit Schwerpunktfächern absolviert hatte, die an einer technischen Hochschule nicht gefragt waren. Ein zusätzliches Grundstudienjahr in naturwissenschaftlichen Fächern war zwingend notwendig. Bis er den Unterricht in der Entwurfslehre bei Koryphäen wie Friedrich von Thiersch beginnen konnte, sollten zwei weitere Jahre vergehen, in denen er viele Stunden am Tag Grundlagenfächer büffeln müsste, und das von Montag bis Sonnabend. Wenn er in seinem Untermieterzimmer in der Theresienstraße 29 darüber nachdachte, verging ihm dabei die Lust am Studium. Vor allem hatte er, wie er in Briefen an seine Mutter klagte, Mühen, eine gerade Linie mit dem Zeichenstift zu ziehen. Für spätere Gropius-Kritiker wurde das zu einem wichtigen Angriffspunkt: Ein Architekt, der nicht zeichnen konnte, könne kein guter Architekt sein, kommentierten sie.

Zu bedenken ist, dass sich in den letzten Jahren vor Gropius' Abitur mit dem Impressionismus und dem Jugendstil die Darstellungsweise in den bildenden Künsten von der Raumillusion zur Fläche entwickelt und sich damit von der in der Architektur geforderten räumlichen und geometrisch exakten Formensprache deutlich entfernt hatte. Lyonel Feininger beispielsweise, der später als erster Meister ans Bauhaus nach Weimar berufen wurde, verzichtete schon zu dieser Zeit auf jede Perspektive bei der Darstellung von Häusern und Menschen und hatte damit als Karikaturist großen Erfolg. Wie Gropius hätte er vermutlich bei exakten Architekturdarstellungen versagt. Erwähnt wird von Biografen allerdings auch, dass Gropius bereits im ersten Studienjahr Freude am Modellieren eines weiblichen und eines männlichen Torso hatte. Das Künstlerische war ihm folglich nicht gänzlich fremd.

Gropius brach das Studium nach dem ersten Semester ab, ging zurück nach Berlin und begann im August 1903 ein Praktikum im Architekturbüro Solf und Wichards, vermittelt von seinem Onkel Erich, für den das Büro eine 1895 in Dramburg entstandene Villa geplant hatte. Die Chance zum Einstieg in den Architektenberuf nutzte Gropius, als ihm der Onkel die Realisierung erster kleiner Bauwerke direkt übertrug. Es handelte sich um zwei Arbeiterhäuser im Gut Janikow. Das erste entstand noch 1904. Dann leistete Gropius den Wehrdienst ab. Wie viele junge Männer aus

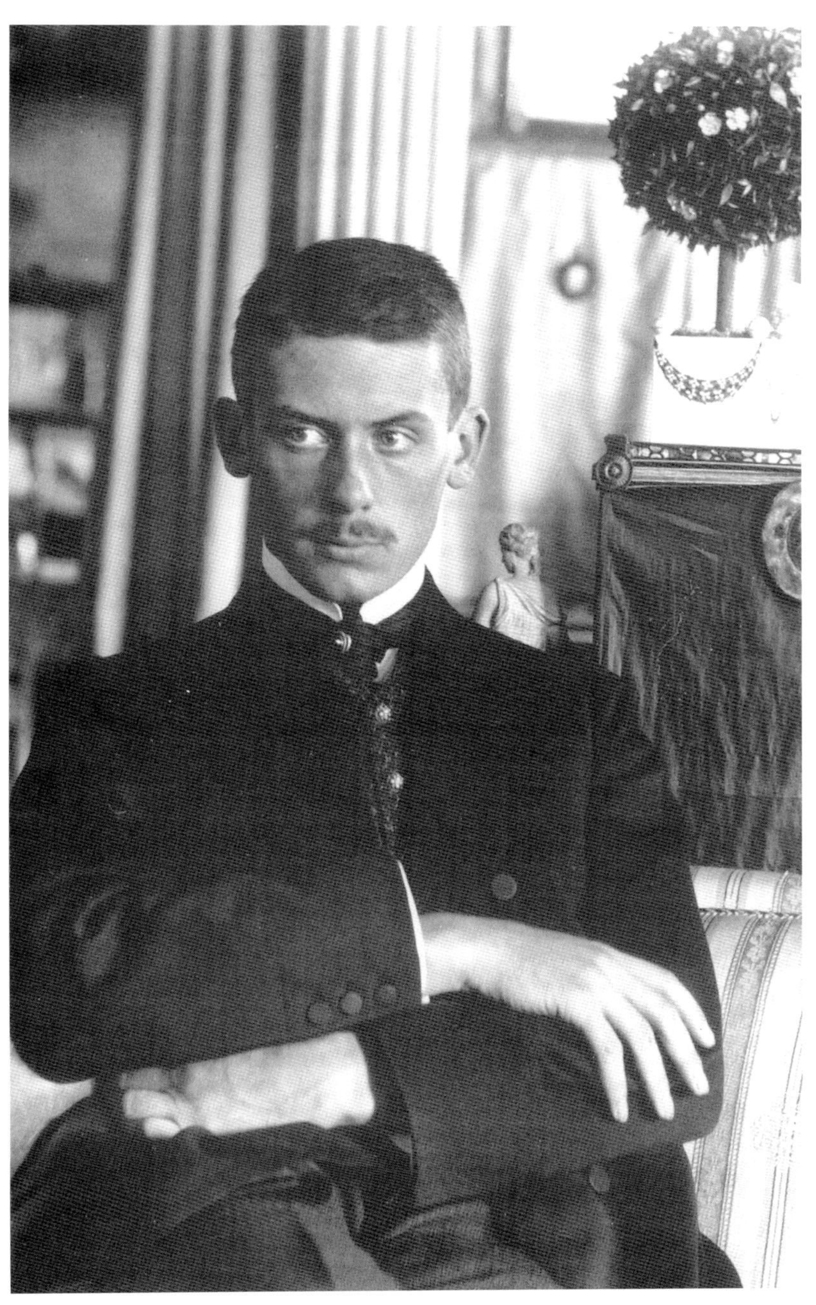

Walter Gropius als Student, 1905

vermögenden bürgerlichen Familien tat er dies als „Einjähriger“, was ihm mit nachfolgenden Übungen den Weg zum Offizier der Reserve eröffnete. Er diente von 1904 bis September 1905 bei den „Wandsbeker Husaren“ im Husarenregiment 15 in Hamburg. Die hohen Kosten musste die Familie bezahlen: Unterkunft, Pferdehaltung, den Schneider der prachtvollen Uniform und die Aufwendungen für die anspruchsvolle private Lebenshaltung.

Danach begann Gropius erneut ein Architekturstudium, nun an der „Königlich Technischen Hochschule zu Berlin“ in Berlin-Charlottenburg. Nebenbei könne er – so hatte er sich leichtfertig gedacht – Planungs- und Bauaufträge seines Onkels Erich in Dramburg erledigen. Die Tätigkeit für die beiden Arbeiterhäuser hatte ihm kein architektonisches, sondern eher organisatorisches Vermögen abgefordert, und das besaß der Neueinsteiger in den Bauberuf, wie sich bei den weiteren Aufträgen zeigen sollte. Das Raumprogramm gaben die Bauherren vor. Für die Darstellung der Bauantragsunterlagen und die Vorlagen für die Handwerker stand, wie Gropius' Biografen recherchiert haben, später ein Zeichner zur Verfügung. Die Gestaltung der Gebäude erfolgte nach den örtlich vorhandenen Bauformen. Deren bauliche Umsetzung beherrschten die Handwerker, und Gropius hatte ein gutes Auge und nutzte seinen Verstand, um diese Vorlagen auf die Bauten, für die er nun selbst zuständig war, zu übertragen. Eine Architekten-Lizenz war für Künstler, Kunsthandwerker und Autodidakten nicht nötig. Die Berufsbezeichnung „Architekt“ war nicht geschützt. Ein Studium war hingegen für Baubeamte und Bauingenieure erforderlich.

1906 bekam Gropius den Auftrag, eine Villa für Leutnant a. D. Otto Metzler zu planen und die Bauausführung zu überwachen. Als Vorlage nutzte er die von Solf und Wichards projektierte Villa des Onkels. Die von ihm selbst mit Datum unterzeichneten und vom zuständigen Bauinspektor mit Unterschrift im Januar 1906 genehmigten Bauantragspläne wurden erst 2004 in einem polnischen Archiv entdeckt. Gropius brachte sie selbst aufs Papier. Sie wirken ungelenk, „wie auf dem Küchentisch gezeichnet“.

Ein Bauzeichner hätte weitaus exakter gearbeitet. Doch die konstruktiven Vorgaben und Maße sind sachgerecht. Man konnte danach bauen. Die bisherige Sicht, dass Gropius seine gestalterischen Absichten nicht durch eigenhändige Darstellungen verdeutlichen konnte, wird damit erschüttert. Allerdings war er nicht in der Lage, bautechnische Zeichnungen oder gar

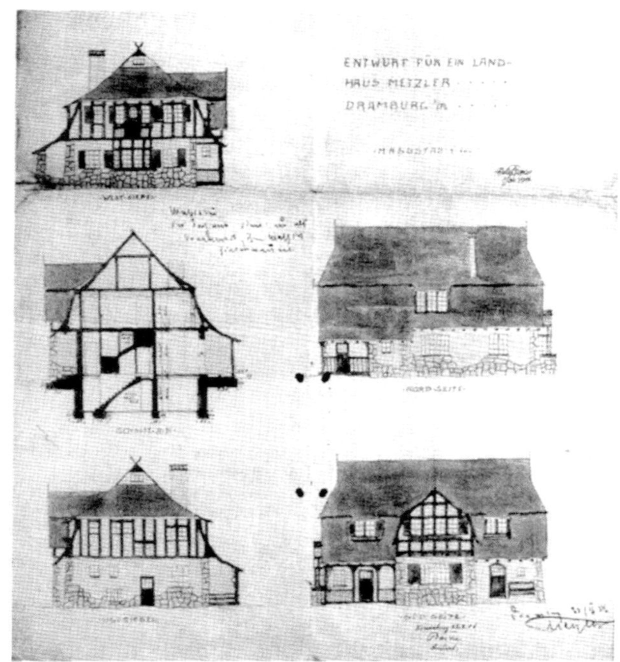

Haus Metzler Damburg. Entwurfszeichnung (Ansichten und Schnitt) aus dem Bauantrag von Walter Gropius, 1906

Fassaden in einer hochstilisierten Form aufs Papier zu bringen, wie das bei der diplomierten Architektenschaft damals üblich und nur nach mehrjährigen Dressurakten an Hoch- und Fachschulen möglich war.

Wie sich bald zeigte, war das schon zu dieser Zeit nicht mehr gefragt. Die Ära der diplomierten Großmeister der Architektur ging dem Ende zu. Besonders Großbüros waren entstanden, in denen der Büroinhaber – das konnte auch ein Künstler wie Peter Behrens sein – die gestalterische Linie bestimmte, welche dann von angestellten Architekten, Tragwerksplanern, Kostenplanern und Bauzeichnern geplant und von Bauleitern und Handwerkern in reale Objekte umgesetzt wurde.

Gropius hatte nun eine Vielzahl von Aufträgen zur Planung und Bauüberwachung. Er vernachlässigte das Studium und konnte den spezifischen Fachvorträgen der Lehrer kaum noch folgen.

Schließlich brach er das Studium 1907 ab. Er hatte sich entschlossen, sein Ziel, ein eigenes Büro zu führen, über die Praxis zu erreichen. Doch davor nahm er sich eine Auszeit. Er brach zu einer einjährigen Tour quer durch

Spanien auf. Eine Erbschaft, die ihm seine verstorbene Großmutter hinterlassen hatte, machte das möglich. Sein Berliner Jugend- und Studienfreund Helmuth Grisebach begleitete ihn. Aber während aus Grisebach danach nur ein in den Formen des Heimatschutzstils verhafteter und regional wirkender Architekt wurde, veränderte die Reise den Lebensweg und das berufliche Lebensziel von Walter Gropius grundlegend. Bisher hatte er sich, wohl auch abgeschreckt von der historisierenden Motivarchitektur, wie sie Grisebachs Vater pflegte, nicht mit historischen Bauwerken beschäftigt. Als er in der Nähe der spanischen Stadt Segovia das „Kastell Coca" entdeckte, war er von der 500 Jahre alten Festung mehr als beeindruckt. Die völlig aus Ziegeln bestehende Anlage in ihm bis dahin unbekannten klaren Bauformen inspirierte ihn zu Gedanken über das „Monumentale" in der Architektur. Die entstandenen Fotografien nutzte er bei seinem ersten bedeutenden Vortrag 1911.

Doch das entscheidende Ereignis der Spanienreise trug sich in Tirana, einem Ortsteil von Sevilla, zu, dem Zentrum des katalanischen Fliesenhandwerks. Gropius war begeistert von der Farben- und Formenfülle,

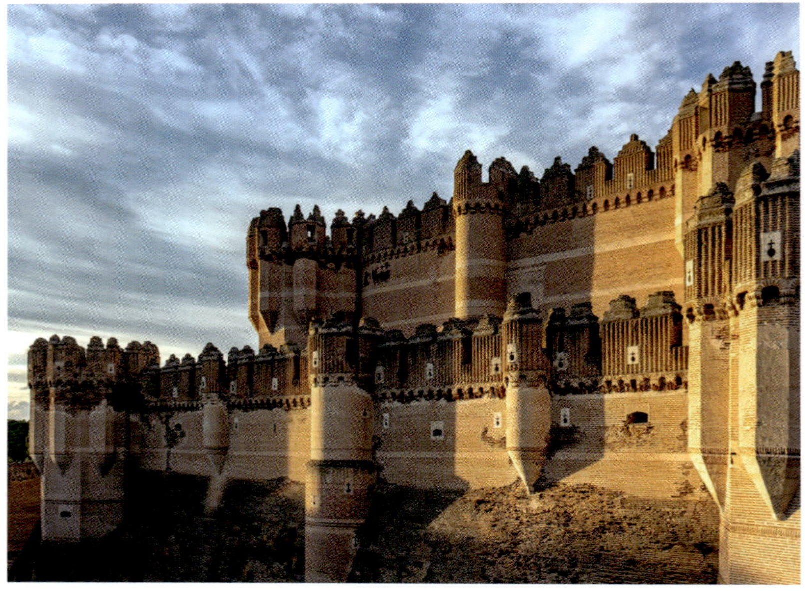

Kastell Coca in Spanien von Alonso de Fonseca am Ende des 15. Jahrhunderts für die Familie Fonseca errichtet

die hier entstand, arbeitete für einige Zeit in einer Werkstatt mit und gestaltete Fliesen nach eigenen Vorstellungen. In diesen Tagen suchte Karl Ernst Osthaus, ein namhafter deutscher Kunstmäzen, in Tirana nach Keramikware für seine Sammlung. Er wurde auf den attraktiven jungen Gropius, der ihm unter den Spaniern auffiel, aufmerksam. Die beiden kamen ins Gespräch und erkannten sich als Landsleute.

„Ich bin überrascht. Was tun Sie hier im fremden Land?", muss Osthaus gefragt haben und Gropius hatte ihm erzählt, dass er Architekt werden wolle, das Studium aber abgebrochen habe und nach der Rückkehr ins Vaterland sein Wissen über das Bauen durch die Mitarbeit in einem Architekturbüro erweitern wolle. Osthaus dachte vermutlich nach und fragte Gropius dann nach seinem Namen.

„Walter Gropius."

„Ein bekannter Name. Ich habe das Berliner Kunstgewerbemuseum schon mehrfach besucht und mich vom Bau des Architekten Martin Gropius anregen lassen."

„Das war mein Großonkel!"

„Bei diesem Namen wird sich wohl ein Büro für Sie in Berlin finden lassen."

Osthaus empfahl den jungen Gropius bald darauf seinem Werkbundfreund Peter Behrens als Mitarbeiter. Das erwies sich für Walter Gropius als Schlüssel zum Eintritt in den Kreis der deutschen und später auch der internationalen Architektenelite.

Durch Osthaus wurde er auch Mitglied im Deutschen Werkbund. Diese 1907 in München gegründete Vereinigung von Künstlern, Architekten, kunstorientierten Publizisten und Vertretern von Industrie- und Handwerksunternehmen sollte eine Plattform zur Überwindung der nicht mehr marktfähigen Gestaltung von Gebrauchsgegenständen und Architekturformen schaffen. Den auf historischen Formen beharrenden Massenproduzenten setzten die Reformer den Gedanken der „Veredelung der gewerblichen Arbeit" entgegen. Im Deutschen Werkbund traf Gropius zukunftsorientierte Raumkünstler, Kunsthistoriker und Kulturpolitiker, ebenso Unternehmer, die diesen verbunden waren. Die Gespräche und Werkbundveranstaltungen regten ihn zu jenen Gedanken an, mit denen er später die Gründung des Bauhauses konzipierte, sodass er die Schule mit programmatischen Thesen bekannt machen konnte. Das dafür erforderliche vertiefende praktische Wissen über moderne Formgebung, vor allem aber zum Management der Entwurfsarbeit und der Organisation der Umsetzung von Entwürfen auf der Baustelle erhielt er im Atelier von Peter Behrens in Neubabelsberg bei Potsdam.

Gropius, damals 25 Jahre alt, fand hier für die folgenden 22 Monate als Mitarbeiter einen festen Arbeitsplatz. Häufig war er jedoch als Bauleiter unterwegs. Für technisch-zeichnerische Tätigkeiten im Atelier waren die dafür besonders Begabten zuständig. Zu dieser Zeit war Behrens' rechte Hand im Büro Ludwig Mies, Sohn eines Aachener Steinmetzmeisters, der als Mies van der Rohe bekannt und einer der wichtigsten Vertreter der modernen internationalen Architektur und letzter Direktor das Bauhauses werden sollte. Ein anderer Mitarbeiter im Atelier war der studierte Architekt Adolf Meyer, später Büropartner von Walter Gropius. Nach van der Rohe, Gropius und Meyer profitierte in diesem Atelier auch der französische Architekt Le Corbusier von Behrens' Können und Wissen.

Behrens hatte Malerei studiert, war zunächst vom Jugendstil geprägt und hatte sich von 1903 an als Direktor der Kunstgewerbeschule Düsseldorf mit Entwürfen in den angewandten Künsten ausgezeichnet, als ihn Emil Rathenau, Gründer der Allgemeinen Elektrizitätsgesellschaft (AEG), im Jahr 1907 zum künstlerischen Berater seines Unternehmens nach Berlin berief. Als Grafiker, Typograf, Produkt- und Raumgestalter verhalf Behrens der AEG mit seiner gestalterischen Handschrift zu einem einheitlichen

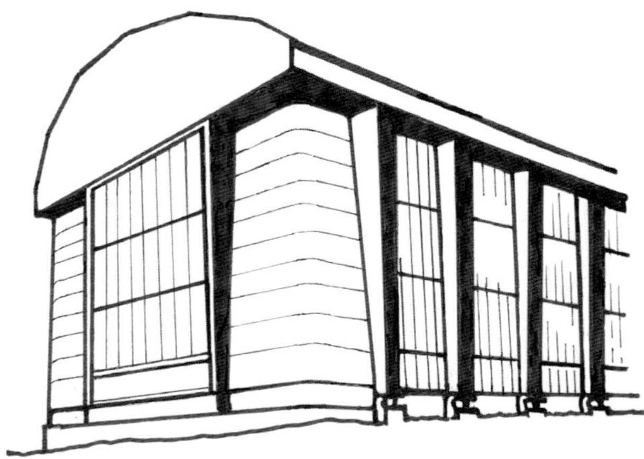

Gestaltungsprinzip der AEG-Turbinenhalle in Berlin-Moabit, fertiggestellt 1909 nach Plänen von Peter Behrens

Erscheinungsbild, von der Form elektrischer Leuchten und Hausgeräte bis hin zu der in seinem Atelier geplanten Maschinenhalle für den Turbinenbau der AEG in Berlin-Moabit. Behrens wurde dabei zu einem Pionier des Industriedesigns.

Für Gropius war seine Zeit bei Behrens ein glücklicher Umstand, unter anderem, da er die Planung und 1909 auch die bauliche Umsetzung der „AEG-Turbinenhalle" miterlebte. Diese gilt heute in der Architekturgeschichte als weltweit erster Bau einer eigenständigen Industriearchitektur.

Behrens hatte die Gesamtform und die Details wie die eines technisches Gerätes aufgefasst und nicht als die eines Hauses. Frei von traditionellen Vorstellungen des Bauens formte er die Außenfronten und das tonnenförmige Dach mit dem Ziel, dem Betrachter eine ungewöhnlich wirkende, klare Form anzubieten, wie ihm das auch bei elektrischen Geräten gelang. Es entstand ein raffiniertes Spiel wechselnder Eindrücke von Stabilität und Instabilität. Der moderne Stahlbau und das Können seines Stahlbauingenieurs Karel Bernhard hatten das technisch möglich gemacht. Bisher waren technische Konstruktionen wie die für Ausstellungshallen und Bahnhöfe mit traditionellen Architekturelementen verhüllt beziehungsweise geschmückt worden. Diesen Widerspruch zwischen Nutzung und Konstruktion einerseits und historisierender Dekoration andererseits hatte bereits 1873 Friedrich Nietzsche in seiner Schrift „Unzeitgemäße Betrachtungen vom Nutzen und Nachteil der Historie für das Leben" beklagt. Vor allem wegen dieser Gedanken war Peter Behrens ein Verehrer dieses Philosophen.

Den wissbegierigen, immer gut gekleideten und in bürgerlichen Umgangsformen geschulten Walter Gropius bezog Behrens auch in seine private Sphäre ein. Er nahm ihn mit auf eine Englandreise, machte ihn zum Tennispartner seiner Tochter und stellte ihn, wie das auch Osthaus tat, einflussreichen Unternehmern und Politikern vor.

Gropius war im Atelier zunächst ein guter Zuhörer bei den Diskussionen zwischen Behrens und seinen Mitarbeitern, die u. a. auch für Osthaus zwei Villen in Hagen planten. Die Bauleitung für „Haus Schroeder" und „Haus Cuno" wurde zu Gropius' Hauptaufgabe. Nebenbei entwarf er weitere Bauten für seine Onkel in Hinterpommern und begann, inspiriert von Behrens, eigene Gedanken zum industrialisierten Siedlungsbau zu entwickeln. Ab 1909 dachte er über die kostensparende Herstellung von Wohnhäusern durch Serienfertigung auf der Grundlage von Bautypen nach. Er

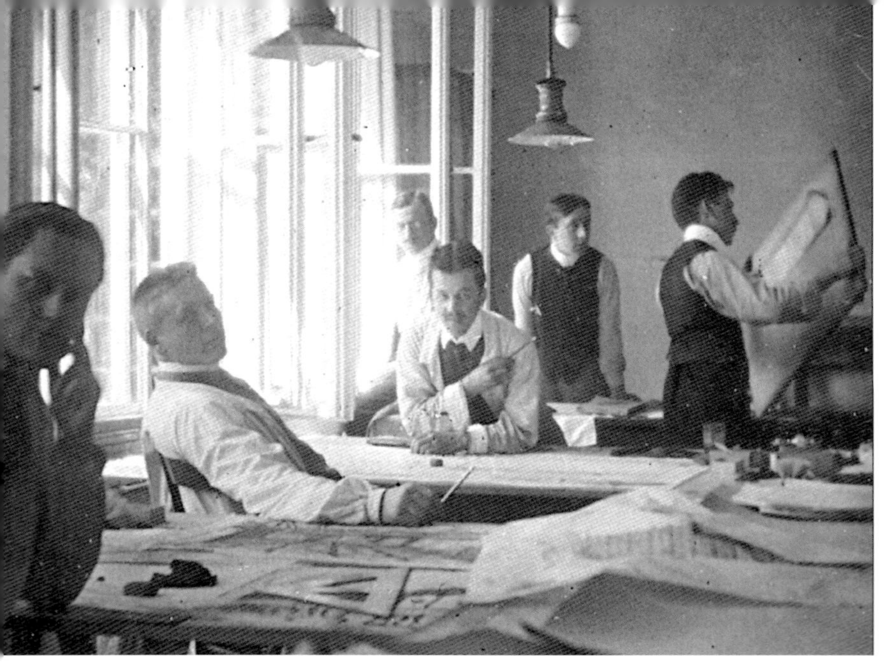

Mitarbeiter im Büro von Peter Behrens, um 1908.
Vorn von links: Mies van der Rohe (vermutlich), Meyer, Hartwig. Dahinter Weyrather und rechts daneben Krämer sowie Walter Gropius (mit Plan)

entwickelte sogar ein Programm zur Gründung einer Hausbaugesellschaft, die nach einem künstlerisch reifen Entwurf fabrikmäßig Einzel- und Reihenhäuser erstellen und anbieten sollte. Das Programm enthielt keine Abbildungen, doch reichte es bis zu Vorschlägen zur Kosteneinsparung und zur Werbung von Interessenten. Soziale Überlegungen waren ebenfalls notiert, die zeitgleich in Sachsen publizierten Konzepten für die Milderung der Wohnungsnot für Geringverdienende ähnelten.

AUF EIGENEN FÜSSEN

Als Bauleiter war Gropius ein Mann der Praxis und mit seinen Typenbaukonzepten zugleich ein kreativer Theoretiker. Im Vergleich zu den älteren im Werkbund versammelten modernen Raumkünstlern wie Henry van de Velde und Fritz Schumacher entwickelte er sich zu einem neuen Typ des Architekten. Er dachte wie ein Manager, der Ideen anderer mit den eigenen verknüpfte. Erst mit der Gründung des Bauhauses und dann bei der Planung der Meisterhäuser und der Siedlung Dessau-Törten zeigte sich, wie wichtig die ersten Überlegungen des damals 26-jährigen Architekten für die Industrialisierung des Bauens mit Fertigteilen und Bautypen waren.

Durch die Nennung von Behrens als Mitverfasser des weitgehend von ihm allein entwickelten Programms erhoffte sich Gropius vermutlich mehr Rückenwind bei der Ansprache von möglichen Unterstützern. Doch das erwies sich als Fehlgriff. Behrens erhielt eine Beschwerde wegen Baumängeln bei „Haus Schroeder“ und „Haus Cuno“, für die Gropius als Bauleiter von seinem einstigen Förderer Osthaus verantwortlich gemacht wurde. Der junge Architekt fiel deshalb auch bei Behrens in Ungnade. Stolz und selbstbewusst wie er war und von fehlender eigener Schuld überzeugt, kündigte Gropius am 5. März 1910 seinen Arbeitsvertrag.

Doch bald kam es zur Aussöhnung mit Osthaus und schließlich auch mit Behrens. Gropius eröffnete in Neubabelsberg sein eigenes „Atelier für Architektur“ mit Adolf Meyer als erstem Mitarbeiter. Um Aufträge musste er sich keine Sorgen machen. Onkel Erich Gropius hatte ihn bereits mit der Planung einer Stärkefabrik betraut. Weitere Aufträge aus Pommern folgten. Mit Adolf Meyers Hilfe wurden nun nicht mehr der örtliche Heimatschutzstil nachempfunden und ungelenk von Gropius selbst gezeichnete Bauanträge eingereicht. Meyer beherrschte das exakte Bauzeichnen und entwickelte mit Gropius gemeinsam Häuser, die sich an dem inzwischen auch im Atelier Behrens verbreiteten Neoklassizismus orientierten. Die beiden griffen die Klarheit und strenge Linienführung ihres früheren Arbeitgebers auf, wie bei Villen und Arbeiterhäusern für die Orte Golzengut, Janikow und Falkenhagen sowie bei der Stärkefabrik in Baumgarten und einem Getreidespeicher in Märkisch Friedland.

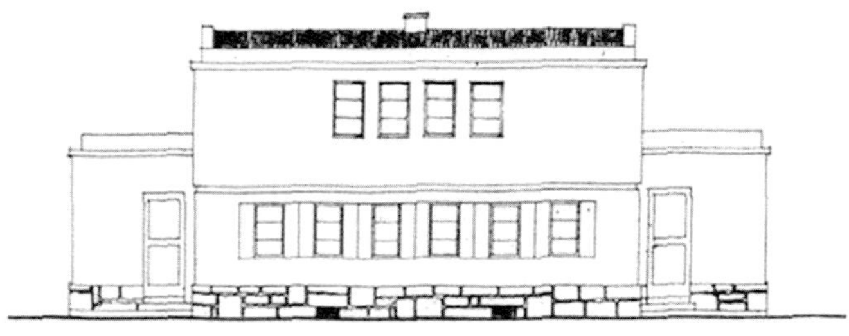

Arbeiterhaus auf Golzengut.
Planung von Walter Gropius, 1909/10, Bauherr Erich Gropius

Vor allem bei den Industriebauten wird der nachhaltige Eindruck der Festungsbauwerke, die Gropius bei der Spanienreise studierte und mit der Kamera dokumentierte, erkennbar. In immer größerem Umfang verknüpfte er seine praktischen Erfahrungen mit theoretischen Überlegungen. Das kam ihm zugute, als er 1910 als neues Mitglied des Deutschen Werkbundes vorgeschlagen wurde und sich in diesem Kreis namhafter Kollegen auch gedanklich einbringen konnte, denn hier lag der Schwerpunkt der aktuellen Debatten auf der Beziehung zwischen Kunst und Industrie. Gropius hörte nicht nur zu, er dachte und diskutierte mit.

Im selben Jahr geschah Ungewöhnliches im Privatleben des jungen Architekten, das ihn fast aus der Bahn warf. Anfang Juni brach er zu einem Kuraufenthalt in Tobelbad bei Graz auf und begegnete dort am 4. Juni Alma Mahler, der Gattin des weltberühmten Komponisten und Dirigenten Gustav Mahler.

Seit 1909 war Mahler, der 19 Jahre älter als seine Frau war, Chefdirigent der New Yorker Philharmoniker. Alma Mahler lebte dagegen in Wien. Die Eheleute sahen sich selten. Alma Mahler suchte Abwechslung und fand sie in dem attraktiven, vier Jahre jüngeren Walter Gropius. Er hatte keine Ahnung von Musik und sie keine von der Architektur. Statt lange Gespräche zu führen, wurden die beiden wohl bald intim. Gustav Mahler las aus den Briefen, die ihn in New York erreichten, heraus, dass etwas vorgefallen sein musste. Unerwartet stand er im Kurhotel vor der Tür seiner Ehefrau, die ihn geschickt beruhigte. Wenig später fuhr Gropius zurück nach Berlin und Alma Mahler zum Gatten ins „Komponierhäuschen“ in Südtirol. Gropius und Alma Mahler wechselten sehr freizügige Briefe, von denen einer in den Händen des Komponisten landete. Für Gustav Mahler brach eine Welt zusammen, denn Alma war seit ihrem ersten Zusammentreffen 1899 für den Komponisten die inspirierende Quelle seines musikalischen Schaffens.

Nochmals kam es zur Aussöhnung der Eheleute und Gustav Mahler feierte mit der Uraufführung seiner 8. Sinfonie in München seinen größten Triumph. Alma Mahlers intime Treffen mit Gropius, der ebenfalls in München weilte, blieben geheim. Doch danach kühlte das Verhältnis ab, denn Alma Mahler wandte sich wieder ihrem erkrankten Ehemann zu. Gustav Mahler kehrte aus New York zurück nach Wien und starb dort am 18. Mai 1911.

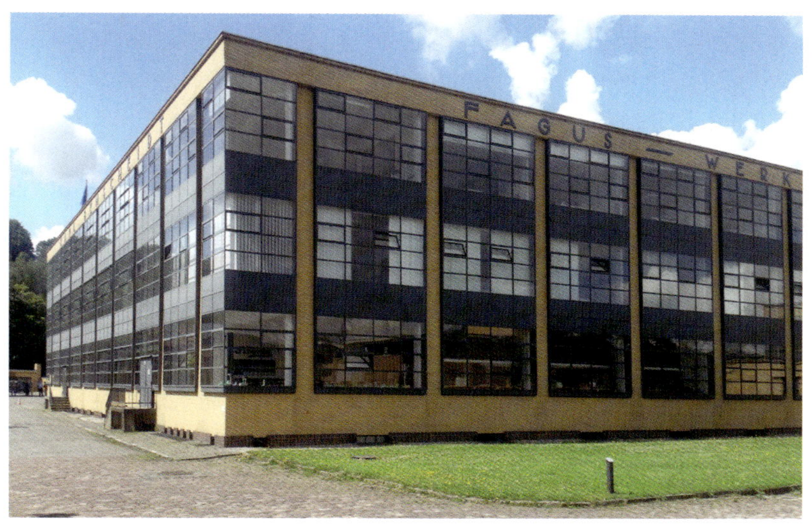

Fagus-Werk in Alfeld. Werkhalle der Schuhleistenfabrik von Carl Benscheidt, geplant von Walter Gropius und Adolf Meyer, 1911 bis 1914

Gropius konzentrierte sich inzwischen auf einen Vortrag, zu dem ihn Karl Ernst Osthaus in sein Kunstmuseum in Hagen eingeladen hatte und der von 1912 an, umgesetzt in eine Wanderausstellung unter dem Titel „Vorbildliche Industriebauten", der deutschlandweit verbreiteten Banalität im Fabrikbau durch positive Beispiele begegnen sollte.

Die Vorbereitung auf den Vortrag half Gropius, seine erste eigene bedeutende Planungsaufgabe als neuartige Lösung zu entwickeln. Der Unternehmer Carl Benscheidt hatte ihn beauftragt, die Gestaltung der Fassaden der Schuhleistenfabrik „Fagus-Werk" in Alfeld a. d. Leine in einer neuartigen Art zu entwickeln, die sich von den Fassaden der benachbarten, traditionell gestalteten Fabrik der Konkurrenz deutlich abhob. Gropius und Meyer begriffen diese Aufgabe als Herausforderung, auf Behrens' AEG-Turbinenhalle etwas Eigenes, Besonderes und Neues nachfolgen zu lassen. Gropius wollte sich dabei auch gegenüber Alma Mahler beweisen, denn diese beeindruckten nur Männer, die den Willen hatten, etwas eigenes Großes zu schaffen.

Bei der Vorbereitung auf seinen wichtigen Vortrag studierte er zuerst die Mittel, die Behrens bei der Turbinenhalle genutzt hatte. Gropius erkannte die eingesetzten optischen Tricks: Die filigrane mit dünnen Stahlprofilen gegliederte Fensterfront des mittleren Giebelfeldes stand senkrecht, wie auch die Vorderkante der mit Stahlblech verkleideten Stützen der Längsfronten. Zwischen diesen kippten die hohen Industriefenster leicht nach hinten zum Hallenraum. Bei der Höhe der Front stand dadurch die Traufe deutlich über, wie auch am Giebel. Hier hatte Behrens die massiven und nur mit Quernuten gegliederten Gebäudeecken ebenfalls zum Inneren hin geneigt. Der Betrachter wurde getäuscht; er musste annehmen, die fensterlose Masse des Giebels des gewaltigen Tonnendachs stütze sich auf einer filigranen, frei stehendend wirkenden Fensterfläche ab. Gropius erkannte, dass Behrens' Gestaltungsmittel bei diesem Hallenbau nicht der Architekturlehre, sondern vielmehr den Formprinzipien des von ihm wesentlich mitgeprägten jungen Designs für Industrieprodukte entsprang.

Vergleichbares, doch mit anderen Mitteln wollte Gropius gemeinsam mit Meyer entwickeln. Vor allem bei Silobauten und seinen Fotos der spanischen Festung Coca entdeckte er Bildbeispiele, um seine Vorstellungen im Vortrag „Monumentale Kunst und Industriebau" zu unterlegen. Dieser fand mit Lichtbildern am 10. April 1911 im Folkwang-Museum Hagen statt. Osthaus hatte neben namhaften Vertretern des Werkbundes auch Politiker und Unternehmer eingeladen. Carl Benscheidt war ebenfalls anwesend und von Gropius' Darlegungen angetan. Dieser zeigte auch erste Ideen für die Gestaltung der Hülle des neuen Fagus-Werks. Am Ende seines Vortrags schlussfolgerte er, dass die neue Zeit der Industrie auch zu einer neuen Art von Monumentalität im Bauen führen werde.

Benscheidts Auftrag erwies sich bald als Rettung in der prekären finanziellen Lage, in die Gropius durch die zeitraubende Affäre mit Alma Mahler geraten war. Die Fabrik hatte eigentlich bereits der Architekt Eduard Werner geplant. Von diesem stammte auch die benachbarte Fabrik, in der der Auftraggeber vordem als Prokurist tätig gewesen war und dem das von Werner geplante Fabrikgebäude für Benscheidt zum Verwechseln ähnlich sah. Der nun eigenständige Benscheidt wollte sich aber von seiner vormaligen Wirkungsstätte deutlich absetzen. Diese Aufgabe sollte nun Gropius lösen.

Beim Fagus-Werk waren für die gewünschte neuartige Fassade auch aus technologischen und funktionalen Gründen andere Mittel nötig, als sie Behrens genutzt hatte, denn die Schuhleistenfabrik war keine Halle, vielmehr ein dreigeschossiger Etagenbau, und die Produktionsabläufe waren bestimmend für die Raumgliederung. Auch hier waren die in einer Reihe angeordneten Stützen mit dazwischen liegenden Fenstern und Brüstungen prägend für die Fassade. Diese Gestaltungsweise führte Gropius auf dem Giebel weiter. Den entscheidenden neuartigen Effekt erreichte er durch Verzicht auf eine Stütze in den Gebäudeecken. Da die massiven Teile vom Fenstersturz über die Decke hinweg zur darüber liegenden Fensterbank aus Brandschutzgründen unerlässlich waren, verkleidete er sie mit einer Haut aus Metall und fasste sie wie die Glasflächen mit schmalen Metallprofilen ein. Die Gliederung der zwischen den Stützen liegenden Flächen bestand aus waagerecht liegenden gleichgroßen Feldern, die zur Ecke hin wie im Schwebezustand befindlich wirkten. Es entstand eine transparent erscheinende stützenfreie Ecke. Diese wird bis heute häufig bei Verwaltungs- und Produktionsbauten kopiert. Gropius' Geniestreich ergänzt sich mit der Möglichkeit, dass durch die Durchsichtigkeit der Produktionsbereiche außerhalb Stehende durch die Arbeitsbereiche hindurch sehen können und die Arbeiter in der Fabrik Sichtkontakt mit der Außenwelt haben. Die damalige Neuartigkeit des Entwurfs von Gropius und Meyer brachte Benscheidts Schuhleistenfabrik „Fagus-Werk" im Jahr 2011 den Titel UNESCO-Weltkulturerbe ein.

Gropius erhielt nun weitere Aufträge von der Verwandtschaft in Pommern und von neuen Bauherren, und zwar für Wohnhäuser, Werkswohnbauten und Bauten für ländliche Siedler. Er begann, selbst Inneneinrichtungen und Ausstellungsräume zu entwerfen, und entwickelte dabei Verständnis für die Wirkung von Hölzern und die Anforderungen der Holzverarbeitung.

In den darauffolgenden Jahren wurde eine Veränderung in der Gedankenwelt der deutschen Unternehmer und der Architekten sowie der mit dem Bauen verbundenen Künstler spürbar. Die in Worte gefasste Gedankenwelt und die Formenwelt der Gebäude änderten sich vor dem Hintergrund des Aufstiegs Deutschlands zu einer führenden Industrienation. Die Konkurrenz zu Frankreich und England spitzte sich zu und die politische Tonlage verschärfte sich. Das wirkte sich bis in den Deutschen Werkbund aus. Der Vereinssitz wurde von Dresden-Hellerau in die Reichshauptstadt Berlin verlegt. Liberale Haltungen wurden von imperialem Gedankengut abgelöst. Architekturformen des antiken Römischen Imperiums wie Tonnengewölbe und Kolossalsäulen wurden wieder genutzt. So stellte

Peter Behrens vor die Fensterfront des 1912 neu gebauten Hauses der Deutschen Botschaft in St. Petersburg eine Galerie von Säulen, die über drei Geschosse emporstreben.

Als Kopie des antiken römischen Pantheons erschien das „Monument des Betons“ von Werkbundmitgründer Wilhelm Kreis auf der 1. Internationalen Baufachausstellung 1913 in Leipzig. Modern war, dass alle Bauelemente und Dekorationen aus Beton gegossen wurden. Der benachbarte Pavillon der deutschen Eisenindustrie, das „Monument des Eisens“, wurde unter Mitwirkung von Bruno Taut gestaltet. Es wurde aus vorgefertigten Bauelementen montiert und später wieder demontiert. Diese Bauweise war ein großer Schritt hin zur Industrialisierung des Bauens.

Walter Gropius beteiligte sich nicht an der Leipziger Ausstellung. Er konzentrierte sich auf die erste große Werkbundausstellung von 1914 in Köln. Diese war als erste große Präsentation von Bauwerken und Gebrauchsgegenständen gedacht, die Bund-Mitglieder im neuen Reformstil geplant hatten, und wurde am 16. Mai eröffnet. Die Ausstellung sollte die neue deutsche moderne Formensprache und den deutschen Führungsanspruch in der Architektur über die Grenzen hinaus wirkungsvoll demonstrieren. Gropius bewarb sich um einen Entwurfsauftrag für den Bereich „Fabrik, Werkstatt und Büro“, hatte zunächst aber keinen Erfolg. Erst nach dem Verzicht von Hans Poelzig konnte er mit Meyer ein Musterbürohaus und ein Fabrikensemble mit einer Maschinenhalle entwickeln.

Gropius diente der Bürobau vor allem zur Demonstration seiner neuen Gestaltungsformen. Dafür setzte er durch, dass nicht, wie bei temporären Bauten üblich, mit billigen Materialien gebaut wurde. Das Musterbürogebäude war symmetrisch wie ein Schlossbau angelegt und besaß eine monumentale Wirkung wie ägyptische Tempelbauten. Zwei verglaste halbrunde Treppenläufe flankierten den Mittelbau. Im Inneren konnte Gropius ein umfangreiches Bildprogramm mit Reliefs realisieren, an denen auch sein Jugendfreund Gerhard Marcks beteiligt war. Der Musterbau diente Industriearchitekten über Jahrzehnte als Vorbild. Im Ausstellungsbereich zeigte Gropius eine von ihm gestaltete Diesellokomotive und einen Fahrgastwagen.

Bei den Bauwerken der Ausstellung wurden die unterschiedlichen gestalterischen und sozialpolitischen Weltbilder unter den Werkbundmitgliedern erkennbar. Benachbart zu den geometrischen Formen aus Stahl und Glas des Bürogebäudes von Gropius und Meyer entwarf Bruno Taut das

„Monument des Lichts". Das Bauwerk war als tropfenförmiges Kristall gestaltet, das nach oben in die Zukunft wies: ein Symbol von philosophischer Dimension.

Beim in die Ausstellung integrierten Werkbundtag kam es zur Konfrontation, als Hermann Muthesius programmatisch die Konzentration der Werkbundarbeit auf die Gestaltung von getypten Produkten für die Industrie forderte, um Deutschlands Erfolg im Welthandel zu sichern. Das rief den Protest vieler Mitglieder des Bundes hervor, die sich als freie Formenschöpfer verstanden. Gropius stellte sich auf deren Seite, obwohl er schon in seinem 1909 notierten Bauprogramm die fabrikmäßige Vorfertigung von Wohngebäuden vorgeschlagen hatte. Van de Velde wurde zum Sprecher der Künstlerschaft und forderte, dass ein handwerklich durchgebildetes Unikat weiterhin das Ziel der Formgebung sein müsse. Gropius versuchte im Hintergrund, den Sturz von Muthesius zu bewirken, und scheiterte, da ein Kompromiss gefunden wurde. Er wollte daraufhin den Werkbund verlassen.

Der Ausbruch des Ersten Weltkriegs ließ ihm dazu keine Zeit mehr. Gropius meldete sich freiwillig bei den Wandsbeker Husaren und zog in den Krieg.

Seine Gedankenwelt war damals vermutlich noch von Muthesius' Sätzen geprägt, die dieser später im Kriegsjahr 1915 in einer Flugschrift publizierte: „Es gilt mehr als die Welt zu beherrschen, […]. Es gilt, ihr ein Gesicht zu geben. Erst das Volk, das diese Tat vollbringt, steht wahrhaft an der Spitze der Welt; und Deutschland muss dieses Volk werden."

Bereits 1912 hatte Alma Mahler ein intensives Verhältnis mit dem Maler Oskar Kokoschka begonnen. Dieser verfiel ihr auf dramatische Weise. Sie fühlte sich eingeengt, löste die Beziehung 1915 und erinnerte sich wieder an ihren Architekten. Alma und Walter heirateten am 18. August 1915. Töchterchen Manon wurde am 15. Oktober 1916 in eine bereits zerstörte Welt hinein geboren. Doch mit Alma und der kleinen Manon hatte Gropius an der Front einen gedanklichen Bezugspunkt.

DIE JAHRE IN WEIMAR

AUF DEM WEG ZUR NEUEN WIRKUNGSSTÄTTE

Berlin Anhalter Bahnhof. Früh am Morgen bestieg Walter Gropius den ersten Schnellzug in Richtung Süden. In Leipzig wollte er umsteigen und von dort nach Weimar weiterreisen. Es war seine erste Reise nach mehr als drei Jahren in die Dichterstadt. Zwei Tage waren dafür geplant. Deshalb hatte er nur einen kleinen Lederkoffer und seine schlichte, doch vornehm wirkende Reisetasche aus schwarzem Rindsleder bei sich. Die Tasche hatte er vor der Fahrt gekauft, da die alte, die noch die Spuren der Vorkriegszeit trug, nicht geeignet schien, dem Blick des Oberhofmarschalls, der ihn nach Weimar eingeladen hatte, standzuhalten. Die übrige Ausstattung, vom Hut bis zu den Manschettenknöpfen, sollte der Musterung genügen. Seine Sorge galt nur den richtigen Worten. Er durfte von seinen Zielen für die Schule lediglich so viel äußern, dass er Interesse und Zustimmung weckte, aber das zurückhielt, was geeignet war, die Gesprächspartner aus der Provinz zu verschrecken. Also: erst aufmerksam zuhören und dann im zurückhaltenden Ton mit klugen Worten überzeugen.

Den Plan hatte er sich schon seit Tagen zurechtgelegt. Das Zimmer im Hotel Elephant war bestellt. Lyonel Feininger hatte Gropius von den landschaftlichen und architektonischen Reizen Weimars, das er zur Studienzeit seiner Frau an der Kunsthochschule oft besucht hatte, im Arbeitsrat vorgeschwärmt. Bei seinem Besuch 1915 hatte Gropius selbst davon kaum etwas mitbekommen. Die Bahnfahrt sollte vier Stunden dauern. Gropius hatte ausreichend Zeit, um sich zu erinnern, wie es zu dieser Reise gekommen war und vorauszudenken, wie er für seine Ideen und sich selbst daraus Nutzen ziehen könne. Das setzte allerdings voraus, dass die anstehenden Gespräche in Thüringen erfolgreich verlaufen würden.

Bis Leipzig bot der Blick aus den Zugfenstern nur wenig Abwechslung, ausgenommen die Silhouette von Wittenberg und die Querung von Elbe und Mulde. Bereits vor Jüterbog hatte Gropius die Gedanken an die letzten Tage in Berlin zur Seite geschoben, die er sich für den „Arbeitsrat für Kunst“ hatte machen müssen. Mit dem Kriegsende, den Wirren der Novemberrevolution und den Rücktritten der deutschen Monarchen hatte sich, von den revolutionären Ideen inspiriert, in Berlin zunächst die „Novembergruppe“ aus Künstlern und Architekten zusammengefunden. In ihr stand die Umsetzung von Ideen im Vordergrund. Realer wurde es dann im „Arbeitsrat für Kunst“. Dort trug Gropius immer mehr Verantwortung, da sich Bruno Taut aus der Leitung zurückgezogen hatte.

Taut verwirklichte seine künstlerischen Intentionen im Rahmen der „Gläsernen Kette“, einer Art Geheimbund von Architekten und Künstlern ohne Aufträge, die sich ihre kühnsten Entwürfe, auf einfaches Lichtpausenpapier kopiert und meistens mit der Hand koloriert, per Post zuschickten. Die „Gläserne Kette“ war so etwas wie eine Selbsthilfegruppe, die sich mit gefühlsgeladenen Formenschwüngen und Zacken von den in ihnen tobenden Schreckensbildern des Krieges befreien wollten. Taut war Gründer und Wortführer der losen Vereinigung. Er hatte sich den Tarnnahmen „Glas“ gegeben. Walter Gropius war ebenfalls Mitglied und nannte sich „Maß“.

Im Arbeitsrat mussten die drei Vorstände Gropius, der expressionistische Maler César Klein und der Architekturschriftsteller Adolf Behne mit den Mitgliedern im Rat und den Arbeitsgruppen geeignete Vorschläge entwickeln, wie die verschiedenen Berufsgruppen einen erfolgreichen Neubeginn in der jungen deutschen Republik starten konnten. Bis zum Monatsende sollten dafür klare Worte für einen gedruckten Aufruf gefunden werden. Mit Künstlern der Künstlergruppe „Brücke“ sowie Malern wie Lyonel Feininger und Bildhauern wie Gerhard Marcks, Georg Kolbe und Richard Scheib standen der Leitung vor allem bildende Künstler und nur einige Architekten zur Seite. Doch mit Karl Ernst Osthaus hatten sie auch einen engagierten Berater gefunden.

War die Zeit im Büro Behrens und die Mitarbeit im Werkbund für den jungen Walter Gropius vor allem eine gute Schule im Umgang mit Architekten, Gebrauchskünstlern und deren Bauherren gewesen, so hatten nun die Künstler im Arbeitsrat Gropius’ Perspektive auf die Belange der freien bildenden Kunst erheblich erweitert und seinen Vorstellungen von einer Schule, mit der das Bauen das Dach aller Künste bilden konnte, zu erkennbaren Strukturen verholfen.

Die Gedanken an Alma, die sich nun Gropius-Mahler nannte, mussten da ungleich quälender gewesen sein. Hier fand Gropius keine Worte mehr. Seine Gefühlswelt marterten schlimme Gedanken. Alma lebte nicht bei Gropius in Berlin, sondern im weit entfernten Wien. Hier hatte sie bereits im Herbst 1917, während ihr Ehemann an der Front gewesen war, ein Verhältnis mit dem weitaus jüngeren Dichter Franz Werfel begonnen. Dieser verstand Almas Neigung zur Musik, an der ihr Gropius kein Interesse zeigte. Der Ehebruch seiner Frau mit dem jüdischen Dichter verstärkte Gropius' Abneigung gegen Juden, die auf das Todesgemetzel an der Front zurückzuführen war. Wie viele seiner Kriegskameraden hatte Gropius nach Schuldigen für die drohende Niederlage gesucht und glaubte dann jenen, die den Grund im Verrat durch deutsche Juden sahen.

Alma war von Franz Werfel schwanger geworden. Das Kind lebte nur einige Monate. Gropius erfuhr, dass er nicht der Vater war, erhielt die Ehe aber trotzdem aufrecht. Die Probleme mit Alma gaben ihm sicherlich einen weiteren Anlass, in Weimar und nicht in Berlin einen nicht nur beruflichen, sondern auch persönlichen Neuanfang zu wagen.

Es gab aber noch einen weiteren Grund. Wie fast alle, die sich mit ihm im Arbeitsrat für Kunst vereinigt hatten, hegte Gropius gleichermaßen Zukunftsängste und den Wunsch für einen grundlegenden Neubeginn. Das vermögende Bürgertum, das vor dem Krieg Häuser bauen und mit Kunstwerken ausstatten ließ, gab es nicht mehr. Eine große Zahl der Älteren hatte ihr Vermögen verloren und viele der Söhne das Gemetzel an den Fronten nicht überlebt. Wer aus den Schützengäben zurückgekommen war, brachte die Schreckensbilder im Kopf mit nach Hause. Maler wie Otto Dix und George Grosz versuchten, sich mit Pinsel und Stift von ihnen zu befreien. Denen, die im Bauen ihre Berufung gefunden hatten, war das zunächst nicht möglich. Sie mussten ihre Bildwelt in die Zukunft vertagen und träumten von neuartigen Bauwerken für eine bessere Gesellschaft. Einige von ihnen nannten diese „Kommunismus". Andere wandten sich wieder Gott zu.

Walter Gropius dachte im Unterschied zu Bruno Taut weniger über eine neue Gesellschaft nach und er dachte auch nicht an konkrete Bauwerke. Er hatte Menschen im Blick, die zukünftige Häuser bauen, ausstatten und zu neuen Städten formen sollten. Er wollte eine Schule, in der Meister, die Neues im Blick hatten, ihre Schüler befähigten, das Zukünftige zu gestalten. Wie er diese Schule gestalten wollte, lag in Worte gefasst in seiner Schreibmappe gut verwahrt im Reisegepäck.

Der Blick aus dem Fenster war weiterhin ohne Ereignisse: Weideflächen und Felder lagen unter einer dünnen Schneedecke, ebenso große Wälder und wenige kleine Ortschaften, die vom Schnee wie mit Puderzucker bestäubt waren.

Walter Gropius war mitten im Krieg, im Dezember 1915, schon einmal in Weimar gewesen, eingeladen von der großherzoglichen Regierung, als ein neuer Direktor für die Kunsthochschule gesucht wurde. 1913 hatte man hier auch über ihn als möglichen Nachfolger Henry van de Veldes als Direktor der Kunstgewerbeschule Weimar nachgedacht. Mit deren Auflösung im Jahr 1915 hatte sich diese Möglichkeit zerschlagen, doch Gropius blieb als Leiter der geplanten Architekturabteilung der Weimarer Kunsthochschule im Gespräch. Zu einem Treffen mit dem Großherzog und Direktor Fritz Mackensen war er dann noch im selben Jahr eingeladen worden. Danach hatte man ihn um ein schriftliches Konzept gebeten und aufgefordert, seine Vorstellung zu erweitern, um auch mit kunstgewerblichem Unterricht in künstlerischer Hinsicht auf Kunsthandwerker vom Lehrling bis zum Meister einwirken zu können.

Walter Gropius notierte das erweiterte Konzept während seines Kriegsdienstes und schickte es nach Weimar. Eine Antwort war ausgeblieben, denn inzwischen hatte Fritz Mackensen den Direktorenposten aufgegeben und deshalb wurde nun ein Nachfolger für ihn gesucht. Gropius hatte in Berlin davon gehört und sich am 31. Januar 1919 mit einem Brief an den für die Hochschule zuständigen Oberhofmarschall Hugo Freiherr von Fritsch in Weimar in Erinnerung gebracht.

Kurze Zeit nach seinem Schreiben traf die Einladung des Oberhofmarschalls zum Gespräch ein. Was Gropius nicht wusste, war, dass man sich in Weimar sehr zügig über ihn erkundigt hatte. Museumsdirektor Köhler und Theaterintendant Hardt sprachen sich für ihn aus. Der amtierende Direktor Professor Max Thedy erklärte gegenüber dem Oberhofmarschall, dass der Lehrkörper der Hochschule einstimmig dafür sei, dass ein Architekt auf den Direktorenposten berufen werde und Gropius dafür der geeignete sei. Das unterstützten auch die Professoren Richard Engelmann und Walther Klemm. Schließlich konsultierte Freiherr von Fritsch den Generaldirektor der preußischen Museen, Exzellenz Wilhelm von Bode, und befragte ihn, ob man den Posten einem Architekten und konkret Walter Gropius übertragen könne. Aus Berlin kamen positive Signale, und so begannen die Gespräche mit Gropius, nun für ein weitaus anspruchsvolleres Amt als 1915.

Was bei der Zustimmung seitens der Weimarer Professoren und wohl auch der Studenten sicher ebenfalls eine Rolle spielte, aber unausgesprochen blieb, war die Überlegung, dass in nächster Zeit eher Kriegergrabmale und Ehrenmale als öffentliche Bauwerke und Plätze zu gestalten sein würden und dafür ein Architekt an der Seite sehr hilfreich wäre. Vermutlich hatte sich auch Gropius' führende Rolle im „Arbeitsrat für Kunst" positiv ausgewirkt, der die sozialen Belange der Künstler im Blick hatte und der Kunst eine wesentlich größere Rolle in der Gesellschaft beimessen wollte.

In Weimar standen die Sterne für Walter Gropius folglich zunächst gut. Doch ihm war bewusst, dass zur Umsetzung seiner Ideen harte Verhandlungen notwendig sein würden. Zum einen zur Umsetzung des Lehrprogramms der Schule, für die er immer noch einen neuen Namen suchte, und zum anderen hinsichtlich der Finanzierung des Schulbetriebs in den Jahren des Mangels, die sich bereits angekündigt hatten.

Der Schnellzug aus Berlin näherte sich nun der sächsischen Grenze. Die preußische Provinz Sachsen endete unmittelbar vor Leipzig, denn nach der Niederlage in der Völkerschlacht bei Leipzig an der Seite der Franzosen waren den Sachsen weite Teile ihres nördlichen und östlichen Landes ab- und dem preußischen Königshaus auf der Seite der Sieger zugesprochen worden. Leipzig, die Messestadt, war trotz preußischer Bestrebungen sächsisch geblieben.

Zunächst konnte Gropius neben den aus vielen Gleisen bestehenden Schienensträngen nur Industriebetriebe erkennen. Die Gleise bündelten sich zu einem Strom aus Eisensträngen, der unter einem gigantischen Dach von Eisenbogen verschwand, hinter dem sich ein noch größeres Bahnhofsgebäude verbarg. Es gab einen preußischen Teil mit 13 Bahnsteigen auf der westlichen Seite und einen sächsischen Teil mit ebenso vielen Bahnsteigen auf der östlichen. Spötter dachten an einen eineiigen Zwilling aus Stahl und Glas, Beton, Stein und Stuck.

Gropius musste das preußische Bahngebiet nicht verlassen, die Bahnsteige nach Thüringen lagen jedoch am westlichen Rand der Halle. Der Schnellzug nach Frankfurt am Main über Weimar stand bereit, doch es blieb Zeit, das Bauwerk zu betrachten. Ihn faszinierte die Ingenieurbaukunst der großzügig verglasten Gleishallen, die die Bahnsteige vor Regen und Schnee schützten. Die stützenlos überwölbte Querbahnsteighalle hatte etwas von einer antiken römischen Rennbahn. War das monumental oder bereits monströs? Peter Behrens hatte zur selben Bauzeit die Gestaltung der Turbinenhalle der

AEG mit moderneren Formen gelöst. Doch hier ging es um Welthandel und um den großen repräsentativen Eindruck für Messebesucher aus aller Welt. Architektur hatte in Leipzig auch eine Reklamefunktion.

Die Leute, die unter dem riesigen Gewölbe aus Beton entlangeilten oder darunter standen, hockten und lagen, unterschieden sich nicht von denen auf den Berliner Fernbahnhöfen. Vornehme Reisende der ersten Klasse waren die Ausnahme. Die Folgen des Krieges und die des Hungerwinters danach konnte man den meisten Leuten auch hier ansehen. Rote Fahnen waren, obwohl auch Leipzig mitten im revolutionären Umbruch stand, seltener als in der Reichshauptstadt. Die Wahl war vorbei und die erste Friedensmustermesse kündigte sich an. Leute, vermutlich ohne feste Arbeit, trugen Werbeschilder herum. Zusammen mit Bauchladenhändlern, Gepäckträgern, Krankenschwestern und Bahnbeamten waren sie das konstante Figurenpersonal zwischen der großen Masse von Fahrgästen.

Im Zug nach Weimar holte Gropius nochmals seine Aktenmappe hervor und prüfte seine Notizen zum zukünftigen Programm der Schule und den Möglichkeiten der Finanzierung: Das Dach, unter dem sich angewandte und freie Kunst zusammenfanden, sollte das Bauen sein. Die Ausbildung sollte praktisch in Werkstätten und Ateliers und theoretisch vor allem mit einem Gestaltungsunterricht erfolgen. Die Schule brauchte, da sie die freien und die angewandten Künste vereinigte, einen neuen Namen. Drei kurze Begriffe hatte Gropius notiert: *Bauhütte*, *Bau-Haus* und, als Idee von Bruno Taut, der dabei wohl an die Freimaurerloge gedacht hatte, *Bauloge*.

Gropius hoffte auf einen stattlichen Betrag aus der Staatskasse, fehlende Gelder wollte er über Stiftungen einwerben. Unklar war, ob Schulgeld eingefordert werden würde. Die Thüringer Wähler hatten einer sozialdemokratisch geführten Landesregierung zur Macht verholfen. Ein Verzicht auf Schulgeld, wenigsten bei gering bemittelten Schülern, war deshalb denkbar.

Gropius verstaute die Mappe wieder im Reisegepäck und genoss die nun immer lebendiger werdende Landschaft: Das Saaletal im Winter. Eine Burgruine, zu der ein Flusslauf führte. Naumburg. Er entdeckte den Dom und erfreute sich an dessen Silhouette, obwohl historische Bauwerke nicht seine Welt waren. Nun Bad Kösen. Hier war schon eine neuere Formenwelt an den Bauten der Kuranlagen zu erkennen, und dann kamen auf der Höhe über der Saale die Rudelsburg und Burg Saaleck, deren Kargheit ihn bei seiner ersten Fahrt nach Weimar bereits ebenso fasziniert hatte wie die alten

Burggemäuer bei seiner Reise quer durch Spanien. Das war Monumentalität mit einfachsten geometrischen Formen geschaffen!

Neben Burg Saaleck erhob sich ein mächtiger Bau, die „Saalecker Werkstätten". Gropius kannte den Bauherrn. Es war Paul Schultze-Naumburg (urspr. Paul Eduard Schultze; 1869–1949), der den Deutschen Werkbund mitgegründet, doch bald eine nationalistische und antisemitische Haltung offenbart hatte. Gropius war froh, mit Schultze-Naumburg nichts mehr zu tun zu haben. Doch wie stark waren in Weimar die konservativen Kräfte und gar nationalistischen Gesinnungen, die sich seinen Plänen entgegenstellen könnten? Wie stark war die neue Regierung und würde sie ihn bei der Berufung neuer Lehrkräfte, die er in Gedanken bereits ausgewählt hatte, unterstützen?

Unvermittelt stoppte der Zug.

„Weimar! Weimar!", rief ein Bahnbeamter.

Als Erstes erblickte der Ankommende einen Bahnhof, der in seinem Baustil neu und immer noch nicht fertiggestellt war. Eine Kraftdroschke brachte ihn zum Hotel Elephant. Der Fahrer nahm den Weg über den Theaterplatz. Menschenauflauf. Presseleute, Fotografen.

„Hier tagt der Nationalkongress", sagte der Taxifahrer. „Ich hatte Fahrgäste aus Königsberg, Köln, Kiel, München. Ganz Deutschland scheint hier dabei zu sein. Ich verdiene gutes Geld dabei, mehr interessiert mich nicht!"

Im Hotel war das Zimmer bereits vorbereitet. Der Termin beim Hofmarschall war erst auf 16 Uhr angesetzt. Walter Gropius hatte noch Zeit für ein Mittagessen und einen kleinen Spaziergang bis zur Kunsthochschule. Den Eindruck wollte er in das Gespräch im Hofmarschallamt als gedanklichen Hintergrund für seine Vorschläge mitnehmen.

Er verließ das Hotel und suchte den Weg zum „Weißen Schwan". Die Gaststätte hatte er noch von 1915 in Erinnerung. Gropius wählte Thüringer Klöße und selbstverständlich Roulade und Rotkohl. Er spielte in Gedanken seine Vorstellungen und Wünsche noch einmal durch und war entschlossen, den Weg in Thüringens Landeshauptstadt nur zu gehen, wenn diesen weitgehend entsprochen würde. Wenigstens bot die Thüringer Küche mehr als die magere Kost, die in Berlin des ersten Nachkriegswinters auch bei ihm auf dem Tisch stand, wenn er nicht von Mutter bekocht wurde oder mit Alma, wenn sie wenige Tage in Berlin war, im Restaurant speiste. Mit dem Kellner kam er schnell ins Gespräch und erfuhr dabei, dass die

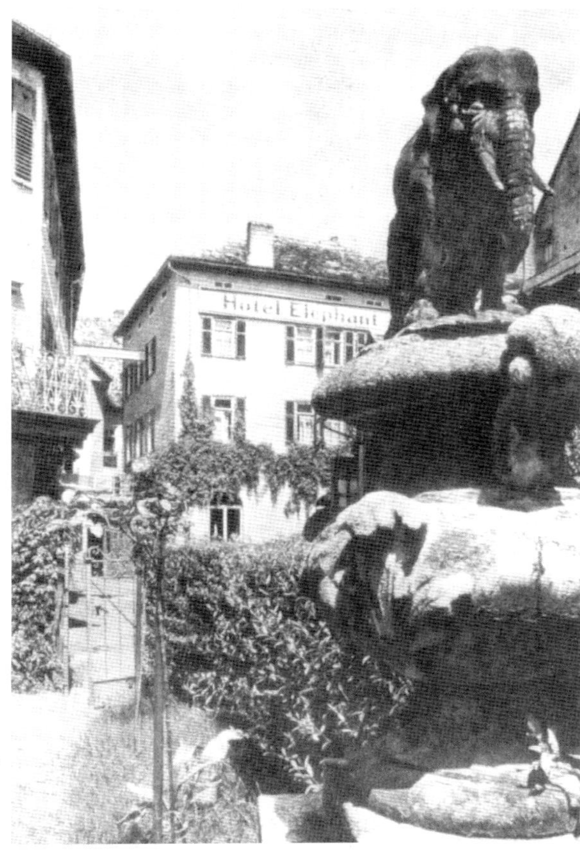

Hotel Elephant. Traditionshotel am Markt in Weimar. Ab 1919 wohnten hier Walter Gropius und weitere Bauhausmeister, bis sie eigene Wohnungen fanden. Später ein Treffpunkt der Nationalsozialisten mit Adolf Hitler. 1937 Abbruch des Altbaus und angrenzender Gebäude für einen Neubau

Anwesenheit der Delegierten der Nationalversammlung für die Versorgung der Stadt Wunder bewirkt habe und viele Delegierte in den umliegenden Bauerndörfern Wurst, Schinken und Speck und sogar gut verpackte Eier aufkaufen würden, um sie nach Hause zu schicken. Die Bauern erhöhten bereits die Preise.

Zur Hochschule waren es vom Frauenplan aus nur wenige hundert Meter. Die Straße stieg leicht an. Das Fotoatelier Heldt stoppte seinen Gang und erheischte mit Werbung und erstaunlich prägnanten Porträts seine Aufmerksamkeit. Sollte er berufen werden, wollte er das der Welt mit einem neuen Lichtbild von sich bekannt machen. Kein junger Husarenleutnant, der Frauen den Kopf verdrehte, kein ungestümer, junger Kunstrevolutionär wie auf Bildern mit seinen Berliner Mitstreitern. Ernst blickend und ein

Mann, der denkt und weiß was er will. Das sollte nun jeder dem zukünftigen Lichtbild ablesen können. Fotokünstler Louis Heldt schien für ein solches Bild der Richtige zu sein. Gropius notierte sich die Anschrift und bog bald darauf in die schmale Straße ein, die zwischen den von van de Velde entworfenen Schulgebäuden zum Ilmpark führte und Kunstschulstraße genannt wurde.

Van de Veldes Schulgebäude hatte Gropius in Verbindung mit dem zurückliegenden Vorstellungsgespräch beim Großherzog nicht besuchen können. Er kannte sie nur von Abbildungen. Das von der Straße zurückgesetzte Gebäude der Kunstgewerbeschule war ein abgewinkelter Bau mit einer Giebelfront, die ihn, obwohl er völlig andere Vorstellungen von zeitgenössischer Architektur hatte, bereits auf dem Bild außerordentlich beeindruckt hatte. Auf einem geputzten Kubus mit drei wohlproportionierten Fenstern lagerte ein Giebelfeld, das zwar schlicht, doch ungewöhnlich elegant wirkte. Oben im Giebel lag ein Fensteroval, langgestreckt und die beiden kurzen Rundungen abgeschnitten. Das war nach den wieder in Mode gekommenen römischen Thermenfenstern etwas Neues. Hätte van de Velde noch lange Zeit weiterbauen können, dann wäre dieses Giebelfenster wohl für ihn zum Markenzeichen geworden, dachte sich Gropius. Er betrachtete den Giebel wie ein Kunstwerk, erkannte neben dem Ebenmaß, mit dem die Teile ins Gesamte eingebunden waren, ein raffiniertes Wechselspiel der Materialien: Putz, Naturstein, Holz, Glas und blaugrau gestrichener U-Profilstahl für die Verblendung der Fensterstürze. Die Verwendung von Stahlträgern in der Fassade hatte van de Velde nicht erfunden, im Industriebau war das inzwischen nicht selten, doch wie er die gegensätzlichen Materialien miteinander verband, verriet auf den ersten Blick, dass er ein Meister darin war, Winkel, Kanten und gebogene Formen zu einer Einheit zu verschmelzen. Die beiden dem Hauptgebäude im rechten Winkel zugewandten Fronten der Kunstgewerbeschule waren nur ein Geschoss hoch gemauert. Darauf lagerte ein gewalmtes Dach mit geschickt gruppierten Gauben. Dreiergruppen. Im Gebäudewinkel dazwischen ein Fensterband wie eine Krone über die Zugangstür gesetzt. Gropius wollte das Innere inspizieren. Alles fest verschlossen. Durch ein Fenster im Erdgeschoss sah Gropius Militärbetten und hölzerne Spinde. Eine Frage drängte sich ihm auf: Hier sollte bald wieder der Schulbetrieb beginnen?

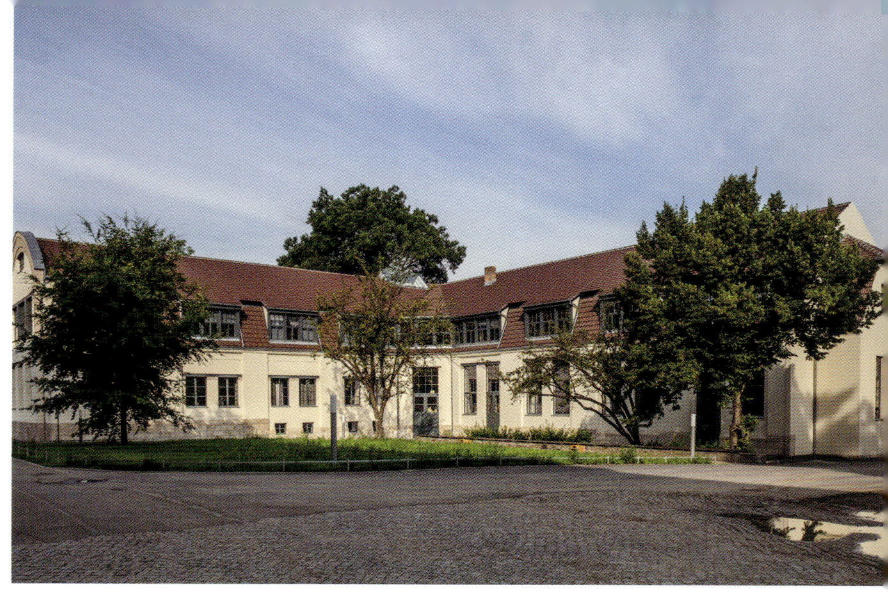

Werkstattgebäude des Bauhauses Weimar, sogenannter „Winkelbau".
Architekt: Henry van de Velde, 1904 bis 1906, erbaut in zwei Abschnitten
für die Bildhauerschule, die Kunstgewerbeschule und van de Veldes Privatatelier

Aus dem Gebäudewinkel heraus betrachtete Gropius nun das Hauptgebäude. Er kannte es bislang auch nur von Fotos und hatte dabei die monumentale Wirkung, die einem breit gelagerten Schlossbau in neuer ungewöhnlicher Art vergleichbar war, in der Erinnerung. Nun sah er 16 riesige Glasfelder, die in den Farben, die das Tageslicht hervorbrachte, noch beeindruckender wirkten als auf dem Foto. Wie bei einem barocken Schloss gab es einen Mitteltrakt, bekrönt von einem in grünes Kupferblech gehüllten Turmaufsatz. Der i-Punkt auf der Mittelachse. An deren Fuß lag der von abgerundeten Mauern flankierte Eingang. Darüber und in den beiden Seitenachsen befanden sich Atelierfenster. Kleinteilig waren sie durch Sprossen gegliedert und wirkten dadurch noch beeindruckender. Im ersten Obergeschoss hatten sie Austritte auf schmale Balkone. Wer hat hier schon Reden an welches Volk gehalten, fragte sich der Betrachter. Auch am rechten Seitenflügel sah er riesige Atelierfenster, zwei schmale Achsen zur Mitte, eine breite anschließend am Ende. Die ungewöhnliche Wirkung des Bauwerks entstand jedoch durch die über die Traufe hinaus gehobenen und nach hinten mit abgerundeter Kante in die Dachschräge übergehenden Fenster. Walter Gropius kannte den Effekt derartiger Oberlichtsäle, die vor dem Krieg in Industriebauten für das Druckgewerbe entstanden

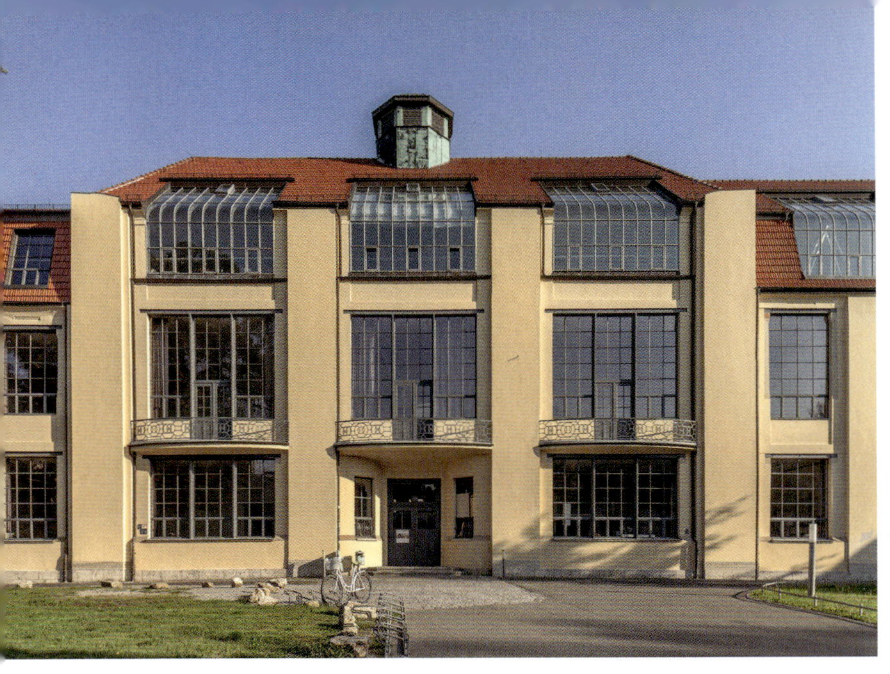

Hauptgebäude des Staatlichen Bauhauses Weimar. Es entstand abschnittsweise anstelle der sogenannten „Kunstscheune" von 1904 bis 1911 nach Plänen von Henry van de Velde.

waren. Doch im Vergleich zu van de Veldes Bau wirkten diese so simpel wie die Glasdächer auf Gewächshäusern. Auch die Stürze der riesigen Fenster hatte van de Velde vom Industriebau übernommen. Sie waren schmal und täuschten eine große Tragkraft nur vor. Ein Trick mit großer Wirkung. Sie symbolisierten die neue technische Zeit des 20. Jahrhunderts.

Gropius blickte zum linken Flügel des Hauptgebäudes und stutzte. Zwischen den Ästen und Zweigen war ein Anbau zu erkennen, der auf den Fotos von dichtem Blattwerk verdeckt gewesen war. Nun war Winter und der Blick auf den Anbau frei, der so gewöhnlich war wie ein normales Verwaltungsgebäude. Das große Hochschulgebäude, das sich wie ein stolzer Schwan in den Himmel reckte, hatte einen lahmen Flügel.

Auch im Vestibül und dann, nachdem er über eine gegenüber dem Eingang beginnende, kühn geschwungene Treppe ins erste Obergeschoss gelangte, änderte sich sein Eindruck nicht, dass in der Mitte und dem Westteil des Hauses mit hohem Anspruch gebaut worden war und der Ostteil wie ein späterer, mit sparsameren Mitteln errichteter Zusatz wirkte. Wenige Minuten später erfuhr Gropius den Grund dafür, als er Professor Max Thedy, dem amtierenden Direktor der Hochschule, einen ersten Besuch abstattete.

Die Begrüßung war herzlich. Professor Thedy war bemüht, seinem Gast die Hochschule schmackhaft zu machen und zugleich dezent auf die bestehenden Probleme hinzuweisen. Er erzählte vor allem von den guten Seiten des Hauses in der Vergangenheit, von Farbtupfern im Lehrerkollegium mit Ludwig von Hofmann und Sascha Schneider, die die Schule längst verlassen hatten und denen zum Kriegsende auch Direktor Mackensen gefolgt war. Der einstige Glanz der Großherzoglichen Hochschule sei verlorengegangen. Allein die Malerei und die Bildhauerklasse um Professor Engelmann würden ihn nicht zurückbringen.

Auf dem Weg ins Direktorenzimmer hatte Gropius neuere Arbeiten von Studenten an den Wänden gesehen, alle im Stil der Bilder, die deutsche Großbürgervillen schmückten. Die Skulpturen im Vestibül waren wie in vielen anderen Hochschulen auch Abgüsse aus der antiken Figurenwelt. Doch eine Figur sprach den Gast an. Sie stand auf einem kleinen Sockel im Direktorenzimmer.

„Ein echter Rodin, doch ein Nachguss, für mich privat und eigentlich illegal angefertigt", erklärte Thedy und erzählte, dass auf Initiative von Harry Graf Kessler Werke von Auguste Rodin in Jena und Weimar ausgestellt waren. In Jena hatte der französische Bildhauer die Ehrendoktorwürde erhalten. In Weimar hingegen formierten sich Gegner des Grafen im Kuratorium des Großherzoglichen Museums für Kunst und Kunstgewerbe und erreichten den Rücktritt des Grafen vom Vorstandsposten, da sie dessen übernational orientierte Kunstpolitik ablehnten. War dieser Hinweis eine Warnung?

Thedy sagte nur: „Sie, Herr Gropius, sind jung und, wie ich aus Berlin gehört habe, sehr kampferfahren. Sie werden sich hier nicht unterkriegen lassen. Doch versuchen Sie, das Kunstgewerbe und die Architektur als Lehrbereiche einzubinden. Das kann Ihnen guten Rückhalt schaffen. Die neue Staatsführung setzt nicht auf die alten Weimarer Kunsttraditionen, wie sie der Großherzog geliebt hat und die auch wir alten Lehrer pflegen. Ich selbst kann den neuen Wünschen nicht entsprechen, denn schon seit 1883 unterrichte ich hier und ich fühle mich zu alt, um die Schule langfristig zu führen."

Walter Gropius bereute schnell, was ihm daraufhin über die Lippen kam: „In diesem Jahr wurde ich geboren."

„Richtig, Herr Gropius! Und Sie sind deshalb jung genug, um das, was vor der Hochschule liegt, zu bewältigen."

Gropius hatte den amtierenden Direktor für sich gewinnen können. Nun musste er beim nächsten Besuch auch die anderen Lehrer und die Studenten von seinem Schulkonzept überzeugen.

Thedy gewährte noch einen Blick in die Mappe von graphischen Blättern, die er privat gesammelt hatte. Obenauf lag eine Farblithografie von Ludwig von Hofmann, darunter eine Zeichnung von Lyonel Feininger. Die Kirche zu Gelmeroda.

„Ludwig von Hofmann war ein befähigter Kollege, der mir auch künstlerisch nahestand. Mit der mir von Feiniger geschenkten Zeichnung kann ich weniger anfangen", kommentierte dazu Thedy.

Gropius stellte sich ahnungslos. Dass Feininger einer seiner besten Freunde im Arbeitsrat war, brauchte Thedy nicht zu wissen. Das konnte die erreichte Übereinstimmung beschädigen.

Der Direktor begleitete Gropius zum Ausgang und klärte auf dem Vorplatz auf: Die Kunstgewerbeschule war nach 1915 als Lazarett genutzt worden. Jetzt musste sie noch ausgeräumt und für den Unterricht wieder hergerichtet werden. Dort, wo sich jetzt der Mittelteil und der Westflügel des Hauptgebäudes befanden, stand vordem ein Gebäude mit gemauertem Sockel und aufgesetztem Fachwerk mit großzügiger Verglasung nach Norden. Es diente über Jahrzehnte dem Kunstunterricht und wurde deshalb die „Kunstscheune" genannt. Zunächst wurde an diese 1904 der Ostflügel mit einem Gebäudewinkel nach Süden angesetzt. Van de Veldes Hauptbau entstand erst nach dem Abbruch der „Kunstscheune" und konnte 1911 endlich bezogen werden. Das alte Mobiliar muss aus Geldmangel weitergenutzt werden. Max Thedys Abschiedsworte lauteten: „Ich sitze also mit alten Möbeln in einem noch sehr jungen Haus. Ich hoffe, Sie werden das ändern können."

Gropius warf einen Blick auf seine goldene Taschenuhr. Sie zeigte ihm an, dass nur noch eine Stunde Zeit bis zur Audienz bei Oberhofmarschall von Fritsch waren. Er wollte vorher noch einmal zurück ins Hotel und sich erfrischen. Hinter einer Ausfallstraße fand er den Weg durch den Park an der Ilm. An diesem entdeckte er das einstige Wohnhaus von Franz Liszt. Rechts am Weg sah er ein Bauwerk, das auf ihn wie eine zum Konzerthaus ausgebaute Orangerie aus Goethes Zeiten wirkte. Seitlich war ein eleganter Turm mit gotisierenden Motiven angebaut. Es war das „Tempelherrenhaus" mit dem „Konzerthaus".

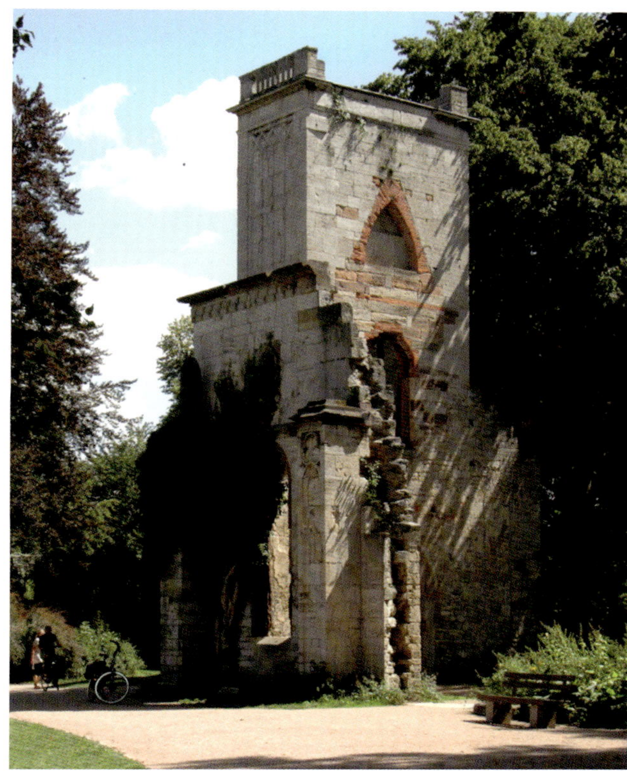

Tempelherrenhaus im Ilmpark. Das für Veranstaltungen 1786 errichtete Haus wurde mehrfach im neugotischen Stil umgebaut. Es war zeitweilig das Atelier von Johannes Itten. 1945 teilweise durch Bomben zerstört blieb es, als Ruine gesichert, erhalten

Nun bemerkte er nach einer Beschreibung des Hotelportiers Goethes legendären „Ginkgobaum", dann das Haus der Frau von Stein und die „Herzogin Anna Amalia Bibliothek." Bald danach fand er sein Hotel.

Zum sicherlich vorentscheidenden Gespräch war Gropius mit Hugo Freiherr von Fritsch im „Fürstenhaus" verabredet, das in der Nähe des Hotels Elephant lag. Dieses Gespräch müssen Gastgeber und Gast mit ausgewählter Höflichkeit, jedoch ebenso klar und deutlich geführt haben.

Freiherr von Fritsch hatte den bisherigen Briefverkehr der Großherzoglichen Staatsregierung in einer Mappe und den jüngsten Brief des Architekten vom 31. Januar 1919 vor sich liegen und sich sachkundig gemacht. Im unbeantworteten Vorschlag, den Gropius von der Front aus gemacht hatte, war dieser ausführlich auf die Notwendigkeit der Gestaltung von industriellen Massenprodukten durch dazu ausgebildete Künstler eingegangen.

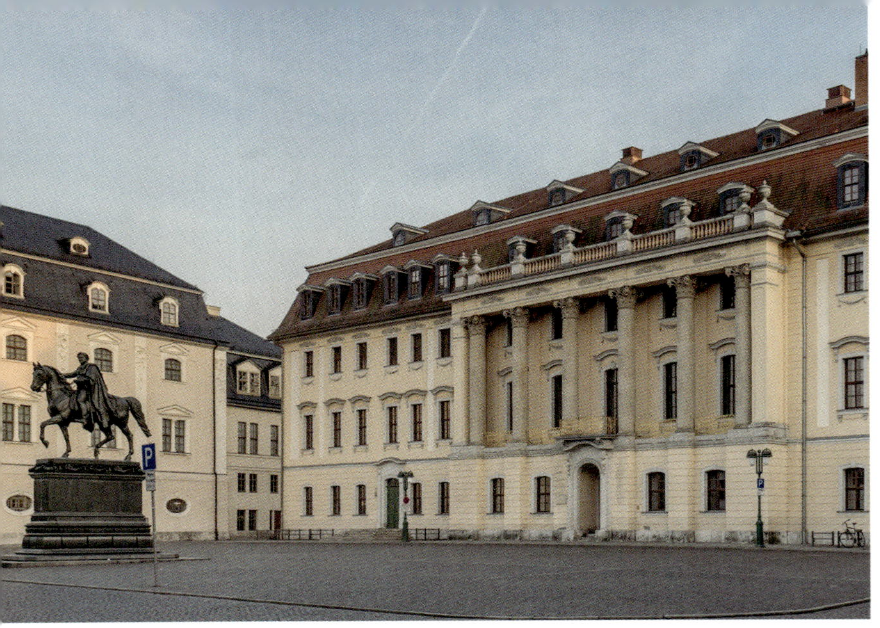

„Fürstenhaus". 1770–1774 für die fürstliche Landeskasse gebaut, war das Gebäude nach dem Schlossbrand fürstliches Wohnhaus, dann Parlaments- und Verwaltungsgebäude des Großherzogtums Sachsen-Weimar, dann Tagungsort des Thüringer Landtages und Sitz des Innenministeriums des Freistaates Thüringen. Heute befindet sich hier der Hauptsitz der Hochschule für Musik

Diese sollten, aus der Berufspraxis kommend, an der auf die künstlerische Weiterbildung ausgerichteten Schule ihre Fähigkeiten vervollkommnen. An der Spitze der Schule müsse ein erfahrener Künstler stehen. Die Ausbildung solle Handwerk und Industrie gleichermaßen dienen. Es genüge nicht, hatte Gropius notiert, wenn einzelne Betriebe mit Künstlern zusammenarbeiteten. Nur durch eine gemeinsame Schulbildung, die auf einer gemeinsamen Gestaltungsidee gründe, könne ein organisches Gestalten erreicht und das Umhüllen von Gebrauchsgegenständen mit dekorativem Zierrat überwunden werden. Gropius hatte dazu das Beispiel der mittelalterlichen Bauhütten genannt, in denen alle Gewerke von einer gemeinsamen Gestaltungsidee erfüllt waren.

Es gab dazu Stellungnahmen der Weimarer Handwerkskammer und aus dem Staatsministerium. Beide bemängelten die Orientierung der von Gropius konzipierten Schule auf die Industrie. Ziel der Schule sollte vielmehr die Förderung der Handwerksunternehmen sein. Vom Staatsministerium war vorgeschlagen worden, deshalb die Gespräche mit dem Architekten Endell, der ebenfalls als Nachfolger genannt war, fortzusetzen. Nach diesen Stellungnahmen hätte Walter Gropius die Direktorenstelle wohl nicht erhalten. Inzwischen ging es jedoch um die Leitung der Hochschule der bildenden Künste mit einer von dem Lehrkörper gewünschten Ergänzung durch Aspekte der Architektur.

Beide Seiten müssen das Gespräch sehr positiv bewertet haben, denn es wurde bereits der nächste Gesprächstermin in Weimar vereinbart, bei dem die Finanzierung der nun weitaus größer bemessenen Kunstschule im Mittelpunkt stehen sollte. Allerdings hatte der Oberhofmarschall den Wunsch des Architekten, sein privates Büro in öffentliche Bauvorhaben des Freistaates einzubeziehen, entschieden abgelehnt. Als sich die beiden Gesprächspartner verabschiedeten, war es bereits dunkel geworden. Auf dem kurzen Weg zur Unterkunft leuchteten die Gaslaternen. Gropius begriff erst jetzt, dass sich, wenn alles weiter so gut laufen würde, sein Lebensweg für die nächsten Jahre völlig ändern und er an die alte Residenz- und neue thüringische Landeshauptstadt gebunden sein würde.

DAS BAUHAUS NIMMT GESTALT AN

Er musste noch einige Schritte vor dem Abendessen durch die Stadt laufen, um sich zu sammeln. Gropius legte seine Tasche im Hotelzimmer ab und trat wieder hinaus auf den Marktplatz. Auf dem im Vestibül hängenden Stadtplan hatte er den Weg zum Nationaltheater und von dort auf einer anderen Strecke zurück studiert. Er wandte sich dem im nachempfundenen gotischen Stil gebauten Rathaus zu und hoffte, dass wenigstens die Renaissance-Torbogen der auf der gegenüberliegenden Platzseite stehenden Häuser bauhistorisch echt waren. Eine schmale Gasse führte leicht bergab und endete an einer Häuserfront. Rechts ging es zum Schloss, links zum Wittumspalais, dem Wohnsitz der Regenten-Witwe zu Goethes Zeiten. Dann sollte nach dem Plan der Theaterplatz mit dem Tagungsort der Nationalversammlung folgen.

Als Gropius den Theaterplatz erreicht hatte, strömten aus dem neuen Theatergebäude Abgeordnete in großer Zahl, geschützt von einer Postenkette. Er sah Polizisten an den Zugängen von den Nebenstraßen Pässe kontrollieren und Soldaten mit Maschinengewehren in einer dunklen Toreinfahrt. Nun erst begriff er den Grund für die Kontrollen im Zug vor Weimar und die

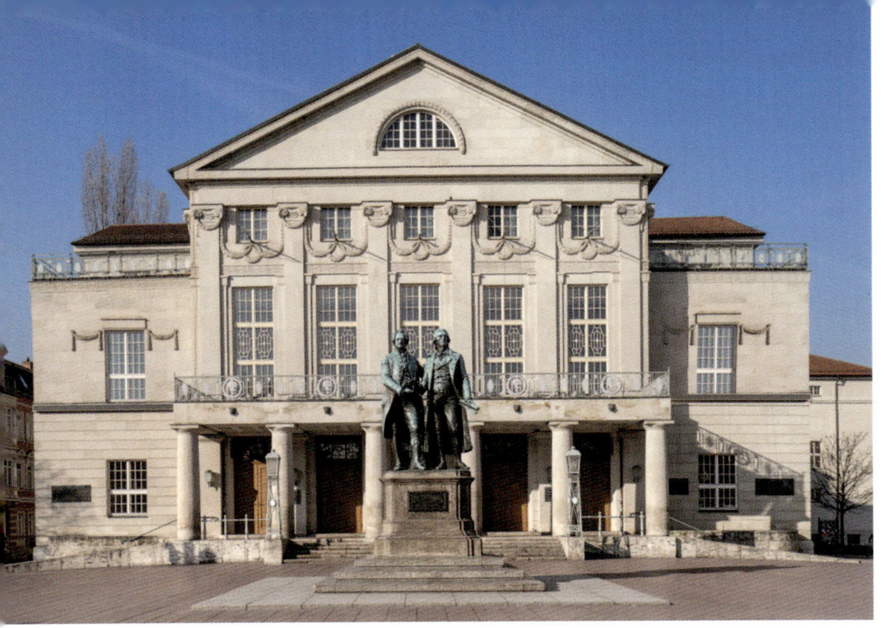

Nationaltheater Weimar. Der Ersatzneubau des alten Hoftheaters entstand nach Plänen von Max Littmann und wurde 1908 eröffnet. 1919 tagte hier die verfassunggebenden Deutsche Nationalversammlung. Das Goethe-Schiller-Denkmal schuf 1857 der Dresdner Bildhauer Ernst Rietzschel

Bewaffneten in Uniform an der Bahnstrecke. Die Stadt schien abgeriegelt zu sein und der Tagungsort im Stadtzentrum stand offenbar unter extremer Bewachung, denn noch tobten im Reich Auseinandersetzungen zwischen Spartakisten/Kommunisten sowie Getreuen der von der Mehrheits-SPD geführten und nationalistischen Gruppen. Die Aufrufe zur sozialistischen Revolution durch Rosa Luxemburg und Karl Liebknecht und deren grauenvolles blutiges Ende in Berlin lagen gerade erst einen Monat zurück und die Stimmung der Bürgerschaft brodelte noch immer wie ein Wassertopf auf mittlerer Flamme zwischen Aufruhr und Beruhigung. Deshalb war Weimar, eingebettet zwischen Wäldern und Feldern, als Tagungsort der Nationalversammlung weitab von Berlin ausgewählt worden, um Angriffe auf die verfassunggebende Versammlung weitgehend auszuschließen. Die günstige Lage der Stadt in der Mitte des Reiches war nur ein Alibi gewesen.

Unerwartet stand ein Abgeordneter, der auf dem Weg vom Parlamentssaal zum Hotel war, vor Gropius und grüßte. Die beiden kannten sich. Er war gelegentlicher Gast bei den Zusammenkünften des Arbeitsrates und Mitglied der Mehrheits-SPD, von der sich die Unabhängigen, die als USPD registriert waren, abgetrennt hatten. Gropius' Bekannter gehörte zu den Reformern und nicht zu den Revolutionären und damit zu der von den unabhängigen Sozialisten und Kommunisten bekämpften und von den Nationalisten verachteten größten Abgeordnetengruppe der Nationalversammlung.

Walter Gropius wollte mehr erfahren und lud den Berliner Abgeordneten auf ein Bier nach dem Abendbrot ein. In einer kleinen Gaststätte an der Nordseite des Marktes fanden beide einen ruhigen Platz. So wie Gropius neugierig auf einen Bericht aus dem aktuellen Zentrum der deutschen Innenpolitik war, interessierte sich der Abgeordnete dafür, warum er hier im provinziellen Weimar auf einen der führenden Köpfe der für einen Neubeginn streitenden Berliner Künstler- und Architekturszene traf.

Zunächst beantwortete der Abgeordnete die Fragen des Architekten und erzählte, dass neben den Abgeordneten, die auf Hotels und private Unterkünfte zum Übernachten verteilt waren, noch sehr viel Personal für die Organisation und alle erforderlichen Dienstleistungen sowie eine Heerschar von Journalisten in Weimar einquartiert waren. Dazu kamen zusätzliche Polizisten und das Militär, das in kurzfristig geschaffenen Massenunterkünften einen Platz für die Nacht gefunden hatte. Schließlich berichtete er auch, dass das originale Gestühl aus dem Theater entfernt und an dessen Stelle die Sitze aus dem Reichstag montiert wurden, und zwar für 165 Abgeordnete der Mehrheits-SPD, 22 der USDAP, 41 der Konservativen, 23 der Rechts- und 74 der Linksliberalen, 89 Katholiken und 9 Sitze für restliche Abgeordnete aus regionalen Splitterparteien.

Von den Diskussionen in der Versammlung berichtete er nur, was auch in den Zeitungen gestanden hatte. Etwa, dass vor drei Tagen die Mehrheits-SPD mit ihrer Dominanz die Wahl ihres Vorsitzenden Friedrich Ebert zum Reichspräsidenten und die Beauftragung von Philipp Scheidemann zur Bildung einer neuen deutschen Reichsregierung durchgesetzt hatte. Die Schweigepflicht untersagte weitere Details.

Gropius hatte noch sein Gespräch bei Freiherr von Fritsch im Kopf und sprach von seinem Schulmodell. Er sprach und sprach, denn er merkte, wie sich dabei seine eigenen Vorstellungen immer besser zusammenfügten und klarer wurden. Er hatte das Talent, im Gespräch seine Ideen zu entwickeln und zu formen. Aufmerksam hörte der Abgeordnete zu und vernahm die erst vor wenigen Stunden endgültig gewonnene Erkenntnis, dass für die Schule, die sich vor Gropius' geistigem Auge formte, Weimar der weitaus günstigere Ort sei als das politisch völlig zerstrittene und von den Folgen der Kriegsniederlage weitaus stärker gezeichnete Berlin. Gropius fiel auf, wie sich auf der Stirn des Zuhörenden die Falten häuften.

„Ich bemerke Zweifel in Ihrem Gesicht. Warum? Es ist mir sehr wichtig, das zu wissen, denn Sie vertreten die Partei, die auch in Thüringen mit August Baudert das Sagen hat, und dieser wird letztlich darüber entscheiden, ob mir als Direktor der führungslosen Weimarer Kunsthochschule die Chance und das Geld gegeben werden, um meine Ideen in Taten umzusetzen."

„Richtig, ich zweifle, doch nicht an Ihren Ideen, die ich mit meinen Kenntnissen aus der Berliner Kunstgewerbeszene nur unterstützen kann. Meine Zweifel sind völlig anderer Art."

„Ich bitte um Ihren Kommentar."

„Herr Gropius, Berlin war vor dem Krieg eine blühende Industriestadt und mit einem Handwerkerstand vom Armeleuteschuster bis zum Hoflieferanten gesegnet. Jetzt liegt die Industrie zwar am Boden und die Hoflieferanten wurden abgeschafft, doch das Handwerk wird gerade in Notzeiten besonders benötigt und die Industrie wird sich wieder aufrappeln. Sie haben richtig bemerkt, dass in Berlin tausende Handwerker und hunderte Künstler einen Neubeginn suchen und allerdings dabei eine Zusammenarbeit und gar neue gemeinsame Formenvorstellungen, also ein Stil, nicht zu erreichen sein werden. Denn es herrscht ein harter Wettbewerb im Überlebenskampf der Nachkriegszeit. Deshalb fällt wohl Ihre Wahl auf Weimar, da hier inmitten einer von der Landwirtschaft geprägten Welt sogar die Anleitung des Handwerks für höhere künstlerische Ansprüche staatlich gefördert werden soll. Doch die Landwirtschaft und das Handwerk dominierten einst auch rings um Berlin. Meine Erfahrung besagt, dass die Traditionen, in denen Thüringen noch verharrt, spätestens dann gebrochen werden, wenn sich auch in Weimar das Zeitalter der Industrie durchsetzt. Dann werden auch hier die Formen der Maschinenwelt das Handwerk ablösen. Noch gibt es hier keine nennenswerte Arbeiterschaft, die sich für das Neue, das Sie anstreben, engagieren kann. Deshalb, verehrter Herr Gropius, werden Sie hier in Weimar die ersten Jahre Gedanken über Handwerk und Kunst beschäftigen, vor allem aufgrund des Mangels an modernen Materialien wie Stahl und Glas. Ich hoffe, dass mit dem Aufschwung der deutschen Industrie diese Zeit vergehen und eine neue Zeit mit neuen Formen anbrechen wird. Sie sollten zur richtigen Zeit erkennen, wann Sie Ihre Orientierung auf das Handwerk durch eine auf die Industrie ersetzen müssen."

Nach diesen Worten drängte der Abgeordnete zum Aufbruch, denn der nächste Tag sei für ihn anstrengend.

Für mich nicht minder, dachte Walter Gropius und suchte in seinem Hotelbett den Schlaf. Doch er fand ihn nicht. Gropius dachte über die Worte des Abgeordneten nach. Vor dem Krieg hätte er ihm aufgrund der Gespräche im Werkbund und seiner eigenen Arbeit für die Industrie sofort recht gegeben und den Hang zum Handwerk und zur expressiven Formenwelt aus Kalkül nur auf die Zeit begrenzt, in der die traditionellen Materialien verfügbar waren. Nun jedoch zweifelte er nach seinen Schreckenserlebnissen an der Front selbst daran, dass der Siegeszug des von der Technik geleiteten Menschen der ausschließlich richtige war. Noch beim Bau des Fagus-Werkes war er davon überzeugt gewesen und hatte sich mit an der Spitze der Schöpfer moderner Architektur gesehen. Aber schon im letzten Kriegsjahr hatte der Zweifel an ihm gefressen, denn die moderne Technik manifestierte sich im Krieg mit neuartigen Kampfflugzeugen, Panzern, Maschinengewehren, Kanonen und vor allem Giftgas. Danach war es ihm nicht mehr gelungen, Häuser und Ortschaften in geordneten Bildern mit senkrechten Wänden und intakten Dächern zu sehen. Wild gebrochen lasteten immer noch Bilder von zerstörten Häusern auf ihm, überall Risse und Splitter. Im Arbeitsrat versuchten sie, in den Diskussionen das Zerstörte wieder aufzurichten, doch es formten sich dabei nicht die klassischen Ordnungen, sondern eine neue expressive Bilderwelt aus Zacken. Und zunehmend wuchs daraus ein Dom, wie ihn einst die gotischen Bauhütten geschaffen hatten. Er wuchs der Sonne entgegen, das Sonnenlicht sollte die Dunkelheit der kriegsfinsteren Jahre vertreiben und der Dom mit zu Spitzbogen geformten Fenstern die Brücke zum Licht sein. Lyonel Feininger hatte dieses Bild von einem Dom, der dem Licht entgegenwuchs, in Holz geschnitten. Walter Gropius dachte bereits darüber nach, Feiningers Holzschnitt als Titelbild des Programms der neuen Schule zu nutzen.

Zuerst also das Handwerk und die neue Schule zu dessen Qualifizierung in technischer und künstlerischer Weise. Dafür waren Werkstätten wichtig, in denen die technischen Fertigkeiten gelehrt wurden, und Kurse für Gestaltung und begleitende Theorie, die das Denken der Schüler formen halfen. Gropius spürte die Last der Ungewissheit, ob alles, was er sich vorstellte, realisierbar wäre, und zugleich ein Hochgefühl, da er seinen Wünschen und Träumen einen großen Schritt nähergekommen war.

Am nächsten Vormittag traf Gropius sich mit einigen Lehrern und Studenten der bestehenden Hochschule und sprach über die Grundzüge seines neuen Schulprogramms, wie er es sich in der Nacht noch einmal durchdacht hatte. Zurück in Berlin berichtete er, dass der Beifall dafür bei den Lehrern und Schülern groß gewesen sei.

In den letzten Februartagen entschied sich in Berlin sehr viel für Gropius' Stellung in der Öffentlichkeit. Nach dem endgültigen Rückzug von Bruno Taut aus dem Arbeitsrat bestimmten die Mitglieder Gropius am 22. Februar 1920 zum 1. Sprecher und damit zum Vorsitzenden. Arbeitsgruppen feilten am Programm des Arbeitsrates, das am 1. März 1919 in einem Flugblatt öffentlich gemacht wurde. Leitsatz war, dass Kunst und Volk eine Einheit bilden müssten und die Kunst nicht mehr dem Genuss weniger, sondern dem Lebensglück aller dienen sollte. Gefordert wurde der Zusammenschluss der Künste unter den „Flügeln einer großen Baukunst". Weitere Forderungen waren u. a. die Abschaffung von Beamtenprivilegien, „Volkshäuser" zur Vermittlung von Kunst sowie die Befreiung des Unterrichts für Architektur, Plastik, Malerei und Handwerk von staatlicher Bevormundung. Diese Gedanken wurden auch in der Kunsthochschule Weimar positiv aufgenommen.

Am 22. Februar 1919 hatte sich der Geschäftsausschuss des Arbeitsrates zusammengefunden; dazu gehörten auch Bildhauer Gerhard Marcks, Architekt Adolf Meyer und die „Künstlerische Arbeitsgemeinschaft", u. a. mit Lyonel Feininger und Richard Scheibe. Aus diesem Kreis berief Gropius bald darauf die ersten neuen Lehrer für das Bauhaus.

Im Arbeitsrat strebte Gropius zunächst gemeinschaftliches Arbeiten von Architekten, Malern und Bildhauern an. Das erwies sich sehr schnell als eine Illusion. Gropius erkannte, dass es dafür einer „geschlossenen" Form, eines Projektes, bedurfte und keiner losen Verabredung. Bereits im Arbeitsrat und den Diskussionen mit den Kollegen dort formten sich seine Vorstellungen zur Struktur und Arbeitsweise der zukünftigen Bauhaus-Schule.

Neben dem erfolgreichen Gespräch mit dem Oberhofmarschall war das wohl wichtigste Resultat der Reise nach Weimar der Kontakt zum Sekretär der Hochschule, Paul Kämmerer. Dieser war in Finanzangelegenheiten die rechte Hand von van de Velde an der Kunstgewerbeschule gewesen und hatte abschließend die traurige Aufgabe bekommen, diese Schule 1915 abzuwickeln. Danach wurde er als Sekretär von der Hochschule übernommen.

Nach dem ersten, offenbar sehr intensiven und detaillierten, Gespräch mit Gropius übersandte Kämmerer bereits am 17. Februar eine Schätzung der Kosten der beiden vereinigten Schulen mit Lehrkörper, Studenten, Schulgebäuden und dem täglichen Schulbetrieb. Berücksichtigt waren dabei auch die Bereiche der Kunstgewerbeschule für Werkstätten. Kämmerer schlug vor, den Gesamtbedarf, der den bisherigen Etat der Hochschule weit überschreiten würde, durch eine möglichst hohe Schülerzahl mitzufinanzieren. Ferner empfahl er Gropius, die wirtschaftsfördernde Rolle der Architektur- und Kunstgewerbeabteilung herauszustellen, die dieser neben den Fachbereichen Malerei und Plastik einrichten wollte. Den die Finanzmittel bewilligenden Behörden könne dadurch der positive Einfluss der Schule auf die Entwicklung von Kunsthandwerk und Bauwesen im Freistaat verdeutlicht werden. Schließlich legte Kämmerer Gropius nahe, bereits vor seiner möglichen Berufung Kontakt zu dem leitenden Staatskommissar August Baudert aufzunehmen und sich sogar an die Nationalversammlung zu wenden, um auch dort um Unterstützung für den Erhalt der Kultur in der Traditionsstadt Weimar und damit auch der deutschen Kultur zu werben. Am 28. Februar konnte Gropius einen Kostenvoranschlag für das Studienjahr 1919/20 vorlegen. Es ist anzunehmen, dass dieser weitgehend aus der Feder des Hochschulsekretärs stammte.

Nun ging alles sehr schnell. Der Oberhofmarschall hatte in seinem Gespräch mit Gropius einen „vertrauenerweckenden" Eindruck von ihm gewonnen und schrieb an das Ministerialdepartement für Kultur des neu gegründeten Freistaates Sachsen-Weimar-Eisenach, dass mit Gropius verhandelt werde und sich damit die ebenfalls diskutierte Rückberufung Henry van de Veldes endgültig erledigt habe. Gropius weilte am 27./28. Februar erneut in Weimar, erhielt wieder sein Hotelbett im Elephant und konnte sich mit Staatskommissar August Baudert und dessen Beigeordneten für Finanzen, Julius Palm, treffen. Danach feilte er mit Kämmerer die Finanzplanung aus. Die Zusammenfassung in Reinschrift schickte Kämmerer am 1. März an Gropius nach Berlin und als Duplikate an Oberhofmarschall von Fritsch, Staatskommissar August Baudert sowie Weimars Oberbürgermeister Martin Donndorf. Gropius sandte eine Kopie an Generaldirektor Wilhelm von Bode und notierte dazu, dass seine Vorschläge für eine Schule neuer Art in Weimar auf einem guten Weg, die Finanzierung jedoch noch nicht gesichert sei. Wilhelm von Bode muss befürwortend eingegriffen haben, denn wenige

Tage später konnte sich Gropius bei ihm bedanken, dass dieser ihn bei seinem „Finanzkampf" in Weimar freundlich unterstützt hatte.

August Baudert, Mitglied der Mehrheits-SPD, war seit der Novemberrevolution der wichtigste Mann auf der politischen Ebene im Freistaat Sachsen-Weimar-Eisenach. Das von Kämmerer empfohlene Gespräch mit ihm war wichtig. Doch Gropius war klug genug, sich vor der Wahl am 9. März 1919 auch an den Kandidaten der Deutschen Demokratischen Partei (DDP) Arnold Paulssen zu wenden. Mit der Wahl kam es zum Machtwechsel im Freistaat. Nun war Arnold Paulssen der neue leitende Staatskommissar und übernahm auch das neu geschaffene Kulturministerium, das im Juli 1919 die Aufsichtsbehörde für das zu diesem Zeitpunkt bereits existierende Staatliche Bauhaus Weimar wurde.

Für den Namen „Bauhaus" hatte sich Walter Gropius Mitte März entschieden, da ihm sein ursprünglicher Gedanke „Bauhütte" zu antiquiert und mittelalterlich-dörflich erschien und Bruno Tauts Idee von der „Bauloge" zu elitär. Unter „Bauhaus" konnten sich interessierte Studenten ebenso wie eine breite Öffentlichkeit etwas vorstellen. Da war ein Dach und es gab stabile Wände, die etwas Gemeinsames umschlossen und durch Tür und Fenster den Kontakt zwischen innen und außen ermöglichten.

Also Bauhaus! Als Erste verstanden das die Lehrer und die Studenten der Weimarer Hochschule. Bereits am 20. März übermittelte Professor Thedy im Namen des Lehrkörpers an das Hofmarschallamt schriftlich die Bitte, die von Herrn Architekt Gropius vorgeschlagene Neubenennung der vereinigten Hochschule und Kunstgewerbeschule wie folgt zu genehmigen: „Staatliches Bauhaus in Weimar (Vereinigte ehem. Grossherzoglich-Sächsische Hochschule für Bildende Kunst und ehem. Grossherzoglich-Sächsische Kunstgewerbeschule)".

Gropius' dritter Aufenthalt in Weimar am 19./20. März galt den Etatverhandlungen. Er forderte 125.000 Mark für die neue Hochschule statt der 32.000 Mark, die die alte Schule erhalten hatte. Der Leiter der Ministerialabteilung der Finanzen, Viktor Neumann, lehnte das Ansinnen strikt ab. Man könne nur die einstige Fördersumme der Hochschule und neue geringere Staatszuschüsse bereitstellen. Dazu kämen Schulgeldeinkünfte. Gropius wurde aufgefordert, nach weiteren Finanzierungswegen zu suchen.

Am 21. März lag der erste Entwurf für Gropius' Anstellungsvertrag vor. Dieser wurde noch geändert, dabei die Dienstbezeichnung Professor mit

Zustimmung von Gropius gestrichen und auch keine zusätzliche Honorarzahlung bei Mitwirkung an Staatsbauten vorgesehen. Walter Gropius erhielt den Schriftsatz in Berlin mit der Post und der Datierung 1. April 1919.

Am 12. April 1919 erließ das Hofmarschallamt den Beschluss zum neuen Namen der Hochschule als „Staatliches Bauhaus zu Weimar" (als vereinigte ehemalige Grossherzoglich-Sächsische Hochschule für bildende Kunst und ehemalige Grossherzoglich-Sächsische Kunstgewerbeschule).

Im Unterschied zur ersten Reise am 13. Februar vom Anhalter Bahnhof nach Weimar stieg am 11. April Walter Gropius als Direktor einer von ihm konzipierten Bauhausschule mit einigem Stolz auf sich selbst und sein Verhandlungsgeschick in den Zug ins thüringische Land. Nur zwei Monate lagen zwischen diesen Reisen.

In der Bastille am Schloss unterschrieb Gropius rückwirkend zum 1. April den Arbeitsvertrag. Er galt unkündbar für vier Jahre und sah ein hohes Gehalt von 10.000 Mark vor. Allerdings schloss dies die kostenlose Beratung bei staatlichen Projekten ein, und der Vertrag sah keine Einladung zu staatlichen Wettbewerben vor.

Professor Thedy hatte Walter Gropius begleitet. Im nahegelegenen Residenzcafé stießen beide auf den geglückten Akt an. Dann gingen sie durch den Park an der Ilm zur Hochschule. Am Ginkgobaum steckte sich der neue Direktor eines der seltenen Blätter in die Brieftasche und Thedy begleitete das mit einem freundlichen Schmunzeln. Beide ahnten nicht, welche erfreulichen und ebenso deprimierenden Ereignisse dem Tag der Unterschrift und dem Beginn einer neuen Ära der Hochschule folgen sollten.

Unmittelbar nach der Ankunft in der Hochschule konnte Walter Gropius das Direktorenzimmer übernehmen, das er, sobald dafür Geld verfügbar war, völlig neu gestalten wollte. Dann begannen die Beratungen, erst im Lehrkörper, dann gemeinsam mit den Schülern. Diskutiert wurde das neue Programm der Hochschulausbildung. Es gab erste Gespräche zu Neuberufungen und zur neuen Hochschulsatzung. Die getroffenen Festlegungen wurden beim Hofmarschallamt am 15. April 1919 eingereicht.

Zuvor, am 13. April, hatte sich der neue Bauhausdirektor mit Ernst Hardt, dem Intendanten des Nationaltheaters, getroffen und schrieb ihm überschwänglich am Tag darauf aus Berlin, dass er „mit Ungestüm" nach

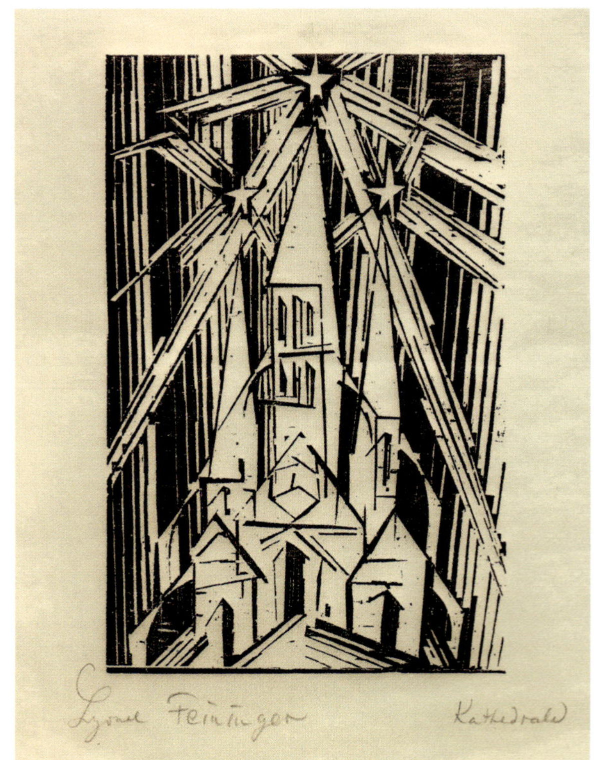

Holzschnitt „Kathedrale“ von Lyonel Feiniger. Walter Gropius nutzte ihn 1919 als Titelbild für die gedruckte Fassung des Manifestes und Programms des Staatlichen Bauhauses Weimar

Weimar komme. Er wolle aus seiner Sache „ein Ganzes machen“ und, wenn er scheitern sollte, auch schnell „wieder verschwinden“.

Am 28. April eröffnete Walter Gropius als erster Direktor des neu gegründeten Staatlichen Bauhauses das Sommersemester. Die Programmschrift des BAUHAUSES wurde im April ausgearbeitet und am 2. Mai 1919 gedruckt. Am 6. Mai hielt der Direktor seine Antrittsrede vor den Studierenden. Zugleich hatte er nach neuen Wegen der Restfinanzierung (über Stiftungen) gesucht. Im Mai 1919 waren die Finanzen geklärt.

KUNST IN VERSCHIEDENEN WELTEN

Die Pfingsttage, die in diesem Jahr auf das zweite Juni-Wochenende fielen, verbrachten Walter Gropius und Lyonel Feininger in Berlin. Feininger war einer von Gropius’ engsten Freunden und der frischgebackene Direktor war froh, ihn als Lehrkraft für seine neue Schule gewonnen zu haben. Die Rückenstärkung konnte er gut gebrauchen.

Vor den Feiertagen hatten die Studenten in Weimar zu Ehren ihres neuen Direktors ein Fest gegeben. Flotte Musik und fantasievolle Kleider sollten die dunklen Erinnerungen an den Krieg und die Nöte des Alltags, der von Geldmangel und karger Ernährung bestimmt war, in den Hintergrund drängen. Nun suchte Gropius bei Gesprächen in Berlin nach weiteren geeigneten Lehrkräften, um die noch freien Stellen der Bauhausschule in seinem Sinn zu besetzen. Dazu gehörte sein Stellvertreter im Arbeitsrat, César Klein. Doch Klein und die Behörden in Weimar fanden nicht zueinander. Im Berliner Büro verabredete Gropius mit Adolf Meyer, dass dieser, sobald möglich, ebenfalls nach Weimar kommen würde. Zwei Atelierräume in der Hochschule waren dafür von den Behörden zugesichert worden, da Meyer pro forma eine Assistentenstelle mit Lehrverpflichtung wahrnehmen sollte.

Feininger für seinen Teil konnte wieder einige Tage Familienvater sein und mit Gattin Julia und den drei Söhnen entspannende Stunden am Wannsee verbringen. Skizzen mit Segelbooten entstanden dabei. Zurück in Weimar lockte ihn am folgenden Sonntag sonniges Wanderwetter erneut hinaus ins Grüne, und das nicht ohne besonderen Grund: Er musste eine Wohnung mit großem Garten auftun, um Julia und seine Buben nach Thüringen zu locken. Er brauchte die Nähe seiner Familie, obwohl er den Briefwechsel und die Telefonate mit ihnen durchaus belebend für das Ordnen seiner Gedanken fand.

Auch Gropius war zurück in Weimar und traf sich mit Feininger auf der Gartenterrasse des Hotels Elephant zum gemeinsamen Frühstück. Der Künstler war bisher sein einziger Mitarbeiter an der neuen Schule, wohnte im selben Hotel und lag Gropius in den Ohren: „Ich finde für meine große Familie keine Wohnung. Alles, was in der Stadt leer steht, ist beschlagnahmt. Die Nationalversammlung hat Wohnungsnot hervorgebracht. Ich muss wohl am Stadtrand suchen."

Feininger kam die Idee, Gropius zu einem Ausflug ilmaufwärts nach Oberweimar und Ehringsdorf einzuladen. Er kannte sich mit den verschlungenen Wegen aus. Vor dem Krieg hatte er des Öfteren seine an der Hochschule studierende Frau hier besucht und zu diesen Gelegenheiten in den Dörfern südlich von Weimar gezeichnet.

„Einverstanden", sagte Gropius, „ich bezahle die Droschke, dann möchte ich aber auch Schloss Belvedere und Ihr Gelmeroda sehen. Professor Thedy hat mir einen Holzschnitt, eine Skizze der Kirche von Ihnen gezeigt."

Droschken standen vor dem Elephant. Der Kutscher freute sich über die Einnahmen und war auch zu einer längeren Fahrt bereit. Festes Schuhwerk, Sommermäntel und Hüte – die beiden Ausflügler waren gerüstet und hofften, am Mittag einen Gasthof zu finden, der Schmackhafteres zu bieten hatte als die Hotelküche. Auf der Belvederer Allee rollte die Kutsche nach Süden. Links im Park an der Ilm grüßte das „Römische Haus", das Gartenhaus von Herzog Carl August aus Goethes Zeiten. Die Front mit den ionischen Säulen war der Straße zugewandt. Der Gartensaal fing Sonnenlicht vom Morgen bis zum Abend ein. Das Sockelgeschoss schob sich in den Uferhang der Flusssenke. Gropius interessierte das mehr als Feininger. Der fand: zu viel klassische Harmonie, keine Schrägen und Spitzen. Oberweimars Kirche, die wenig später ins Blickfeld geriet, entsprach Feiningers Geschmack eher – Spitzbogen, Strebepfeiler und ein nach oben flachgequetschter Turm.

„Das Dach auf dem Kirchenschiff ist wohl nach einem Brand in barocker Art neu gebaut worden?", fragte Feininger.

Anstelle von Gropius, der dem Barocken wenig abgewinnen konnte, antwortete der Kutscher: „Nein, das war der Geschmack des Herzogs. Auch das Innere wurde angepasst und damit die Vergangenheit endgültig getilgt, denn Kirche und Kirchengut waren einst ein Kloster, und das hatten sich die Ernestiner seit Luthers Zeiten angeeignet."

Feininger ließ unvermittelt den Wagen stoppen. Er hatte ein Haus entdeckt, das offenbar nicht bewohnt war. Ausreichend groß und ein schöner Garten dahinter. Er verschwand im Gebäude und es dauerte lange, bis er verkünden musste: „Das Haus ist beschlagnahmt. Einquartierung von Schutztruppen der Nationalversammlung. Danach könne man weitersehen."

Inzwischen hatte der Bauhausdirektor die Nachbarschaft inspiziert und einen Blick ins „Ilmschlösschen" geworfen. Er konnte Feininger berichten, dass die Gaststätte für kleinere Bauhausfeste gut geeignet sei. Sie lag außerhalb der Stadt und war direkt durch den Park von der Hochschule aus zu erreichen.

Der Kutscher fuhr über die Steinbrücke zum anderen Ufer und von dort an einer alten Mühle vorbei zurück über die Ilm nach Ehringsdorf. Kein unbewohntes Haus war zu entdecken. Auch die kleine Kirche hier zierte ein gequetschter Turm.

Weiter ging's auf der Weimarischen Straße zur Belvederer Allee. Feininger hatte den Weg bewusst gewählt: Sie erreichten die Allee am „Haus Hohe

Pappeln“, dem Wohnhaus, das Henry van de Velde für sich und seine Familie gebaut hatte. Feininger erläuterte: „Innen hat das Haus etwas von einem kleinen, eleganten Landsitz, man kann sich darin sehr wohl fühlen. Außen wirkt es auf mich wie eine große Gartenlaube, die von Blattwerk überwuchert wird.“

Der Weg führte weiter zur herzoglichen Sommerresidenz „Schloss Belvedere“ und bot einen faszinierenden Blick über Weimar bis zum gegenüberliegenden Ettersberg.

„Hier könnte man eine Gartenstadt wie Hellerau bauen. Das Festspielhaus ist mit dem Schloss schon vorhanden“, meinte der Bauhausdirektor.

Schmunzelnd kommentierte Feininger: „Herr Gropius träumt!“

„Man wird doch mal träumen dürfen. Mein Traum ist eine neue Stadt im Grünen, bei der die Häuser bezahlbar sind, weil sie vorgefertigt nach Grundmustern entstehen und sich doch nicht wie ein Ei dem anderen gleichen. Ein abgelegener Ort mit Fernblick wie dieser wäre geeignet. Fahren wir noch nach Gelmeroda!“

Der Kutscher dachte an seine Geldbörse und willigte ein, den Weg über den Berg hinweg und durch Possendorf zu nehmen.

„Haben die Herren ihre Passierscheine dabei?“, fragte er und erhielt ein Nicken als Antwort.

Der Grund für die Frage zeigte sich hinter dem Wald, als die Höhe überwunden war. Hier befand sich ein Feldlager der Wachtruppen für die Nationalversammlung. Ausweiskontrolle. Feininger war angesichts dieser Bewachung die Lust vergangen. Selbst der Blick über Bad Berka hin zum Thüringer Wald machte ihm keine Freude mehr. Die Kontrolle wiederholte sich hinter Possendorf am Abzweig nach Gelmeroda. Als sie wieder über den Höhenzug zurück waren, erklärte der Kutscher, er habe gehört, dass 4000 Uniformierte, 56 Polizeibeamte und 24 Kriminalkommissare angestellt seien, um die Delegierten der Nationalversammlung zu beschützen und zugleich zu bewachen.

„Und die essen was weg“, bemerkte Feininger. „Deshalb gibt es Bezugsmarken getrennt für Einheimische und Fremde, und die Preise steigen. Was nützt es mir, wenn mir das Brot und der Kuchen in Thüringen weitaus besser schmecken als in Berlin, wenn ich hier für mein Essen ebenso viel ausgeben muss wie für die gesamte Familie in der Reichshauptstadt?“

Endlich Gelmeroda und der spitze Kirchturm, ein Lieblingsmotiv Feiningers, das Gropius bei Max Thedy gesehen und das diesem so wenig gefallen hatte. Hier stand das Original und daneben lockte ein Gasthof.

„Wie lange laufen wir von hier bergab nach Weimar?“, wollte Gropius wissen.

„Wenn wir geradeaus die alte Chaussee nehmen, werden wir wohl in Fünfviertelstunden wieder in der Stadt zurück sein.“

„Dann nehmen wir uns Zeit zum Essen und darauf folgt ein Verdauungsspaziergang. Wir haben dann die Sonne im Rücken und blicken ins sonnendurchflutete Land.“

Gropius zahlte dem verdutzt blickenden Kutscher die Fahrt bis zurück zum Markt und gab ein gutes Trinkgeld. Dann lud er Feininger zum Essen ein. In Gelmeroda kam Selbstgeschlachtetes frisch auf den Tisch: kraftvolle Brühe mit Leberklößen, gefüllte Schweinsroulade mit Apfelrotkraut und Thüringer Klößen und als Nachtisch frische Erdbeeren. Das Bier stammte aus einer kleinen Brauerei in Ehringsdorf. Fünfzig Mark verlangte der Wirt. Halsabschneiderei, dachte Gropius und hielt sich beim Trinkgeld zurück.

Sie fanden die Ruhe für ein sehr persönliches Gespräch. In dieser Stimmung gestand der Maler dem Architekten, wie glücklich er sei, dass sie sich beide nach ihrer gemeinsamen Berliner Zeit nun hier in Weimar wieder zusammengefunden hätten. Und er setzte hinzu, er fände es sehr belebend, dass sie in künstlerischen Dingen nicht einer Meinung seien und unterschiedliche Vorstellungen von der Rolle der Künste offen ausgesprochen und so produktiv würden. Er selbst wolle das Wesen von Häusern erkennen und mit seinen künstlerischen Mitteln sichtbar machen. Für die Architekten sei hingegen das Handwerkliche bei der Schaffung von Häusern von vorrangiger Bedeutung.

Walter Gropius dachte kurz nach, ärgerte sich über den bei bildenden Künstlern üblichen herablassenden Blick auf die Leute, die Praktisches schufen. Er wusste aber auch, dass Architekten in den bildenden Künstlern andererseits nur jene sahen, die ihrem Bauwerk zu zusätzlichem Schmuck verhalfen. 1913 hatte Adolf Loos bei einem Vortrag im Wiener akademischen Architektenverein sogar verkündet, dass das von Bildkunst befreite Bauwerk das eigentliche und reine Kunstwerk sei. „Ornament und Verbrechen“ hatte er seinem aufsehenerregenden Vortrag als Titel gegeben. Nach Adolf Loos hätte man die Malerei als überholt abschaffen können.

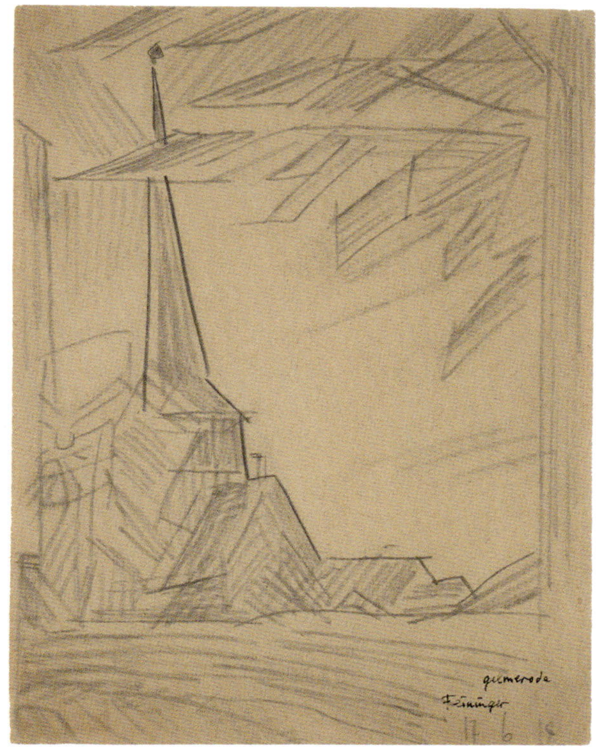

Kirche in Gelmeroda. Zeichnung von Lyonel Feininger aus dem Jahr 1919

Das bedenkend, war Gropius gegenüber Feininger um eine Antwort nicht verlegen. Die Durchgeistigung der Motivwelt auf Feiningers neuen Bildern sei unverkennbar. Doch für moderne Architekten gelte das ebenso, nur mit dem Unterschied, dass der Bildkünstler ausschließlich sich selbst verpflichtet sei. Er dürfe dem Geschmack des Betrachters nicht entgegenkommen. Ein Bauwerk hingegen müsse denen dienen, die es nutzten. Aber der Architekt habe die Chance, das Bauwerk zu veredeln. Das sei auch eine Form der Durchgeistigung, wenngleich eine, die viele praktische Dinge berücksichtigen müsse und die scheitern könne, wenn der Bauherr deren Sinn nicht begreife. Das Handwerkliche sei nicht das Wesen, vielmehr die Voraussetzung guter Architektur, ebenso wie in allen anderen Künsten.

Feininger wollte Gropius den Weg zu seinem eigenen Stil verständlicher machen und erzählte von seinen Stadtbildern, die vor dem Krieg an der Ostseeküste entstanden waren, wie etwa in Ribnitz-Damgarten. Er hatte darauf die Menschen starr und steif wie gemauerte Häuser dargestellt und die Häuser zu lebendig erscheinenden Figuren werden lassen. In Paris habe er dann die Kubisten um Picasso entdeckt und war angetan davon, wie diese die reale Bildwelt in Gedanken zerlegten und dann auf dem Bild neu zusammensetzten. Nun nutze er die kubistische Darstellungsweise selbst, um wie bei einem geschliffenen Kristall den Betrachter ins Innere seiner Motive blicken zu lassen.

Es war fast ein Monolog, bei dem Gropius zuhören und mitdenken konnte. Er hatte dabei den Turm der kleinen Kirche vor Augen, der fast weiß aufblitzte, wenn ihn Sonnenstrahlen trafen, und sich dunkel färbte, wenn Wolkenschatten vorüberzogen. Das muss Feininger vor Jahren hier auch beobachtet haben, als er die Kirche skizzierte.

Die beiden berieten noch, wie sie den Zweiflern im Weimarer Kunstverein und unter den alten Hochschullehrern begegnen konnten, und beschlossen eine Werkschau Lyonel Feiningers im Oberlichtsaal des Südflügels der Hochschule.

Auf dem Rückweg verfiel Gropius auf die Idee, van de Veldes „Villa Dürkheim" an der Gutenbergstraße zu besichtigen. Am frühen Nachmittag standen sie vor dem imposanten Bau. Der sei noch jugendstilverspielt, fanden die beiden Ausflügler. Die Bauten der Hochschule seien viel klarer durchgebildet und müssten keinen Vergleich mit den besten Werken anderer moderner deutscher Architekten scheuen. Auf dem Weg zum Hotel blieb Feininger plötzlich stehen. Ein Eckhaus an der Gutenbergstraße, Hausnummer 16, schien leer zu stehen. Sie musterten die Straßenfronten und schauten über den Zaun: Ein schöner Garten.

Ein Uniformierter trat aus dem Schatten. Die beiden stoppten dessen zurückweisenden Redeschwall mit freundlichen Worten und brachten ihn zu einer höflichen Antwort: Im Haus wohne ein preußischer General der Schutztruppen für die Nationalversammlung. Vermutlich im August würde es verfügbar sein. Die Besitzerin sei eine Freifrau von Fritsch und zuständig sei der Herr Stadtbaudirektor. Mehr wollte Feininger nicht wissen. Gropius sagte zu, ihm den Weg zum Stadtbaudirektor zu ebnen.

Unmittelbar nach diesem Ausflug überstürzten sich die politischen Großereignisse. In der Nationalversammlung wurde über das Angebot der Siegermächte für einen Friedensvertrag debattiert. Ministerpräsident Scheidemann lehnte die Forderungen ab. Deutschland würde erpresst und in den wirtschaftlichen Ruin getrieben. Ähnlich reagierten weitere Politiker. Am 20. Juni trat Scheidemann zurück und sein SPD-Genosse Gustav

Bauer übernahm das Amt des Ministerpräsidenten in einer Koalitionsregierung aus SPD und Zentrumspartei.

Eine auch für Gropius wichtige Nachricht kam von Julia Feininger aus Berlin: Das Gemälde ihres Mannes „Vollersroda III" war von der Nationalgalerie angekauft worden. Dadurch war Feininger ein Künstler von nationalem Rang und die Werkschau Feiningers im Oberlichtsaal wurde zu einem Erfolg. Nun konnte Gropius es wagen, weitere namhafte moderne Künstler an die Schule zu holen.

Dass Alma Mahler-Gropius ihn in Weimar besuchte, erfreute Gropius sehr, jedoch nur, weil sie die von ihm über alles geliebte Tochter Manon mitbrachte. In der besonderen Anspannung, in der er sich in der Gründungszeit des Bauhauses befand, war der Besuch von Alma wichtig, da ihm die Stunden mit Manon Entspannung und Freude brachten.

Vor Almas Besuch war es in der Bauhausschule noch zu einem großen folgenschweren Eklat gekommen, denn offenbar hatten nur wenige der Studierenden die Zielstellung ihres Direktors für das Sommersemester begriffen. Als vom 22. bis 24. Juni die Arbeitsergebnisse ausgestellt wurden, fand Gropius nur fünf Arbeiten einer Anerkennung und Auszeichnung würdig. Alles nur fertige Werke, die Selbstgefälligkeitswert hatten oder auf den Kunstmarkt ausgerichtet waren. Gropius verachtete den Kunstmarkt, der wie eine mit Gas gefüllte Blase über der Lebensrealität des darniederliegenden Landes schwebte. Er malte den Studenten eine Zukunft an die Wand, in der sie nach dem Studium in der Arbeitslosigkeit oder gewöhnlichem Broterwerb enden würden. Die einzige Chance sei, den Künstlerberuf als Handwerk zu begreifen, dabei Meister zu werden und dann den Weg zur Kunst zu suchen. Denn Kunst könne man nicht lehren und lernen, ein Handwerk hingegen schon. Dieses aber sei nur die Grundlage für die eigentliche Kunst. Viele der aus der alten Schule stammenden Studierenden und vor allem auch ihre alten Lehrer fühlten sich angegriffen, und sie verstanden nicht, dass ihr Direktor ihnen einen Weg weisen wollte, der in Notzeiten nicht zum persönlichen Absturz führte.

Schon während der Semesterferien begannen sich Gegner von Gropius und seinen Ausbildungszielen aus der alten Hochschule zu formieren. Bei vielen Mitgliedern des Weimarer Kunstvereins fanden sie Gleichgesinnte. Das Ziel war, wenn das Bauhaus schon nicht aus Weimar vertrieben werden konnte, wenigstens die alte Hochschule durch eine Ausgliederung wiederherzustellen. Auch Gropius hatte aus dem Dilemma Schlussfolgerungen gezogen. Er hatte begriffen, dass er die Schule, die er sich vorstellte, nicht auf die alte Lehrerschaft gründen konnte. Deswegen wollte er die drei noch freien Stellen mit Lehrern besetzen, die seine Ziele umsetzen konnten.

Inzwischen hatten die Siegermächte alle gewünschten Veränderungen im Friedensvertrag aus den deutschen Parteien abgelehnt: So wie vorgegeben oder gar nicht, war die Forderung. Aus Sorge vor einer möglichen Besetzung Deutschlands stimmte schließlich eine Mehrheit für den Vertrag. Die neue demokratische Verfassung für das Deutsche Reich erhielt eine abschließende Fassung und wurde am 31. Juli 1919 in Weimars Nationaltheater angenommen. Der föderale deutsche Staat ging danach als „Weimarer Republik“ in die Geschichte ein.

Ab 1. August wurde das Haus Gutenbergstraße 16 frei. Julia Feininger und die Kinder konnten nach der Renovierung aus Berlin kommen, und Gropius musste dann auf Feiningers angenehme Gesellschaft am Frühstückstisch im Elephant verzichten. Er hoffte, im Wintersemester einer großen Schar aufgeschlossener Studenten neue Lehrer vorstellen zu können. Schon im Juni war ein Merkblatt mit den Aufnahmebedingungen für das Bauhaus erschienen. Es schmückte das von Meisterschüler Peter Röhl geschaffene erste Bauhaussignet, das sehr bald den Namen „Sternenmännchen“ erhielt.

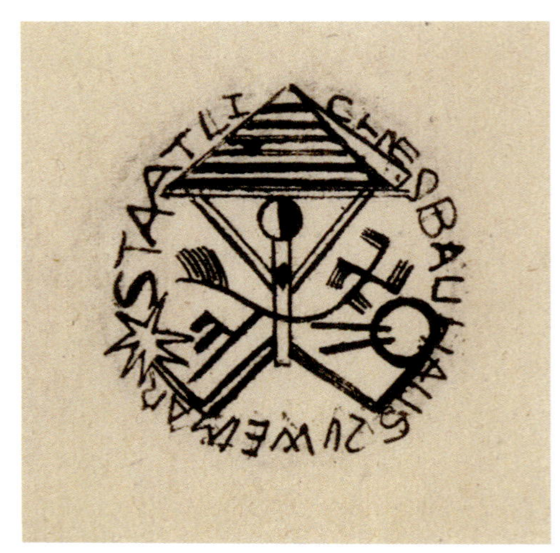

Erstes Bauhaus-Signet im expressionistischen Stil, entworfen von Karl-Peter Röhl, genutzt von 1919 bis 1921

THEORIE UND PRAXIS

Sommerferienzeit am Bauhaus. Walter Gropius nutzte sie neben Stunden der Entspannung zum Nachdenken. Drei Aufgaben hatte er sich gestellt: die Planung der im Programm angekündigten Werkstätten, die Suche nach den dafür geeigneten Form- und Werkmeistern und – das war zunächst am wichtigsten – eine Lösung für die Ausbildung im Bereich der Architektur.

Bei seinen ersten Vorträgen vor dem Krieg hatte er den Zuhörern erläutert, dass ein Bauwerk erst durch die Umsetzung einer unverwechselbaren raumkünstlerischen Gestaltungsidee ein architektonisches Gesicht erhalte. Bei der Planung der Schuhleistenfabrik war er zu der Überzeugung gelangt, dass Glas, Stahl und Beton dafür die zeitgemäßen, zukunftsweisenden Materialien seien: Damit konnte vorgefertigt und auf dem Bau montiert werden.

Und nun? Wie war das nach dem verlorenen Krieg? Über Stahl und Glas, die für moderne Architektur nach seinen Vorstellungen „Salz in der Suppe" waren, verfügte die Siegermacht Frankreich. In Deutschland wurde nunmehr Handarbeit mit heimischen Werkstoffen großgeschrieben. Junge Leute drängten in die Handwerksberufe, damit sie nach der Krisenzeit genügend Können besaßen, um ihr Brot verdienen zu können. Vor allem diese Erkenntnisse hatten Walter Gropius zur These „Kunst und Handwerk – eine Einheit" und zum Programm der neuen Bauhausschule geführt.

Hatte der Bauhausdirektor bei seinen architektonischen Visionen eine „Rolle rückwärts" gedreht? Man könnte das so deuten, doch die meisten deutschen Architekten beugten sich damals der materiellen Notlage und trugen durch eine expressive Formensprache zugleich ihre von Kriegserlebnissen geprägte Innenwelt mit neuen Kunst- und Bauformen nach außen. Baukunst durch Handwerk war vormals auch die These der Arts-and-Crafts-Künstler in England und von Henry van de Velde vor dem Krieg gewesen. Nun vertrat sie auch Gropius' Werkbundkollege Hans Poelzig. Diesem war als Direktor der Königlichen Akademie für Bau- und Kunstgewerbe in Breslau große Anerkennung zuteil geworden, und gegenwärtig war er Stadtbaurat in Dresden. Gropius hatte, wie er gegenüber Freunden bekundete, großen Einfluss darauf genommen, dass Poelzig als Verfechter der Handwerkskunst kürzlich zum 1. Vorsitzenden des Deutschen Werkbundes gewählt worden war.

Anders als in Breslau schienen in Weimar mit seiner bislang nur bildkünstlerisch ausgerichteten Hochschule die Voraussetzungen für eine Architekturausbildung noch zu fehlen. Interessenten hatten zunächst noch keine Möglichkeit, am Bauhaus etwas über das Gestalten von Häusern zu lernen. Das enttäuschte. Durch die Vermittlung dieser Interessenten an die von Professor Max Klopfer geleitete Schule konnte Gropius das Fehlen einer Werkstatt für Bauen und Architektur kaschieren.

Weitere Möglichkeiten für Unterricht in Baugestaltung boten zunächst Kurse mit Professor Klopfer und dann Kurse im Werkzeichnen, die Gropius selbst übernahm. Außerdem konnte Adolf Meyer als „Außerordentlicher Meister für Architektur" in die Bauhauslehre eingebunden werden, als Gropius im Herbst sein privates Architekturbüro nach Weimar in zwei Räume der Hochschule übersiedelte. Dieses Vorrecht hatte er sich mit dem Arbeitsvertrag gesichert. Im Privatbüro wurden nun begabte vorgebildete Zeichner gegen Bezahlung beschäftigt.

Für die Organisation der Lehre hatte Walter Gropius eine schematische Darstellung in Kreisform entworfen. Sie bestand aus drei Ringen und einem Innenkreis. Den Außenring bildeten die Vorlehre und die Materiallehre. Im inneren Kreis stand „BAU" in Verbindung mit Bauplatz, Versuchsplatz sowie Bau- und Ingenieurwissen. Der den Kreis umgebende Ring nannte die Materialien für die verschiedenen Werkstätten: Stein, Holz, Metall, Gewebe, Farbe, Glas und Ton.

Der Reihe nach und mit unterschiedlicher Bestandsdauer konnten die Werkstätten eingerichtet werden. Der Bauplatz war auf einem Freigelände des Reithauses vorgesehen, doch das Vorhaben scheiterte, weil das Reithausgebäude für Regierungsaufgaben beansprucht wurde. Die Bauhausschule erhielt als Entschädigung für bereits aufgewandte Planungsleistungen nur einige Unterrichtsräume.

Das Fehlende einer Werkstatt für Architektur war Gropius nicht anzulasten, bot jedoch seinen Gegnern schon im Wintersemester 1919/20 einen Ansatzpunkt für ihre öffentliche Kritik am Erscheinungsbild und Lehrprogramm der Bauhausschule. Vermutlich fehlte Gropius auch ein neues Formenprogramm, das an die Stelle der früher mit Adolf Meyer genutzten streng geometrisch orientierten und auf rechten Winkeln beruhenden Gebäudestruktur treten konnte. Gropius hatte sich bereits intensiv mit den Bauhütten der Gotik und den gotische Dombauten am Ende des Mittelalters beschäftigt. Nun ging es in der Notlage der Nachkriegszeit um die Frage, wie mit handwerklichen Mitteln und heimischen Materialien Gebäude entstehen konnten, die wie einst die gotischen Bauwerke zu einer monumentalen Wirkung gelangten. Es ging dabei nicht um Spitzbogen, Strebepfeiler und Kreuzgewölbe, sondern um das gemeinsame Formungsprinzip der Handwerker. Die aktuelle expressive Formensprache schien dafür geeignet zu sein. Anders als in den bildenden Künsten war es in der Architektur allerdings nicht möglich, schräge, gezackte und frei geschwungene Linien ohne ein ordnendes System zusammenzufügen. Ein Haus, das genutzt werden sollte, musste geplant und gebaut werden.

Gropius' Werkbundkollege Erich Mendelsohn war in dieser Hinsicht bereits weiter. Zur selben Zeit plante er die Hutfabrik in Luckenwalde. Mit seinen kantigen, schrägen Linien erregte das Färbereigebäude Aufsehen. Mendelsohn hatte es nicht nötig, sich Anregungen bei dem aus Frankreich stammenden Dekorationsstil zu holen. So manches Bauwerk in Deutschland erhielt nach dem Krieg innen und außen eine solche schmückende Art-Déco-Verkleidung, mit der die gemauerte Mangelbauweise der deutschen Nachkriegsjahre optisch aufgewertet werden sollte.

Walter Gropius muss Mendelsohns Vorsprung bei der Entwicklung neuer Architektur gespürt haben und er war bemüht, den Anschluss zu wahren. Als er von dem Berliner Holzgrossisten Adolf Sommerfeld den Auftrag für eine Villa mit Kutscherhaus in Berlin-Lichterfelde erhielt, bot sich ihm die Chance, mit den neu eingerichteten Bauhauswerkstätten sowie seinem privaten Architekturbüro eine eigenständige Architektursprache zu entwickeln.

Doch erst in den nachfolgenden Jahren 1920 und 1921 war es so weit, denn zunächst mussten weitere Werkstätten eingerichtet und geeignete Form- und Werkmeister gefunden und berufen werden. Gropius sah sich dabei unter großem Druck, denn das Programm der Bauhausschule versprach Werkstätten für alle mit dem Bauen verbundenen Gewerke. Ein befähigter Künstler sollte als Formmeister für die gestalterischen Belange zuständig sein, ein Werkmeister für die technisch-handwerkliche Ausbildung. Bisher war nur die Druckwerkstatt dem künstlerisch und handwerklich gleichermaßen fähigen Lyonel Feininger in die Hände gegeben worden.

Mit dem Wintersemester 1919/20 konnten zwei Formmeister verpflichtet werden: Gerhard Marcks übernahm die Töpfereiwerkstatt und der Schweizer Künstler und Pädagoge Johannes Itten mehrere Werkstätten zugleich, so zeitweilig die für Wand- und Glasmalerei. Zusätzlich wurde Itten beauftragt, den Vorkurs aufzubauen und zu leiten.

Mit Gerhard Marcks und dessen älterem Bruder Dietrich war Walter Gropius bereits seit seiner Jugend in Berlin befreundet. Außerdem hatte der fünf Jahre jüngere Bildhauer auf Gropius' Auftrag hin am Büromusterhaus der Werkbundausstellung in 1914 in Köln mitgewirkt. Die beiden duzten sich. Bei allen anderen Lehrkräften blieb der Direktor beim Sie. Das gab Diskussionen zu schulischen Fragen eine sachliche Grundlage. Walter Gropius hoffte, mit Gerhard Marcks die Keramikwerkstatt des Bauhauses aufbauen zu können. Er erinnerte sich an seine eigene Mitarbeit in einer spanischen Keramikwerkstatt und sah in dem Material gute Möglichkeiten für die Gestaltung seiner zukünftigen Bauwerke. Nach dem Krieg allerdings war Keramik zu teuer. Was blieb, war Gefäßkeramik aus Ton.

Gropius konnte Marcks als Formmeister für die Keramik-Werkstatt gewinnen, obwohl sich der junge Bildhauer an der Mehrheit der alten Hochschullehrer im Meisterrat störte. Doch Gropius erklärte ihm, dass er junge Lehrer benötige, damit sich die alten in den Ruhestand verabschieden würden, und Marcks kam nach Weimar. Nun fehlte nur noch eine geeignete Werkstatt. Die der einstigen Kunstgewerbeschule war nämlich aufgelöst und beherbergte Reste des Lazaretts aus den Kriegstagen. Hoftöpfer Schmidt stellte die alte Ofentöpferei zur Verfügung, doch er war kein Töpfermeister, der Lehrlingen das Gefäßdrehen beibringen hätte können.

Weitaus geringere Probleme fand Johannes Itten vor, der am 1. Oktober gemeinsam mit Gerhard Marcks dem Meisterrat als neuer Kollege vorgestellt wurde. Gropius hatte ihn schon Ende 1918 durch Alma Mahler-Gropius bei einer Ausstellung in Wien kennengelernt.

„Ich verstehe Ittens Bilder nicht", soll er dabei zu Alma gesagt haben. „Doch dass sie völlig anders und weitaus moderner sind als die der alten Malprofessoren in Weimar, gefällt mir."

Schon Anfang 1919 lud er Itten, der in Wien eine eigene Kunstschule betrieb, ein, ihm an die geplante Schule in Weimar zu folgen. Itten verlegte seine Schule auf geschickte Weise nach Weimar, indem er mehr als ein Dutzend Schüler dafür gewann, ihm in die Stadt der „Weimarer Klassik" zu folgen.

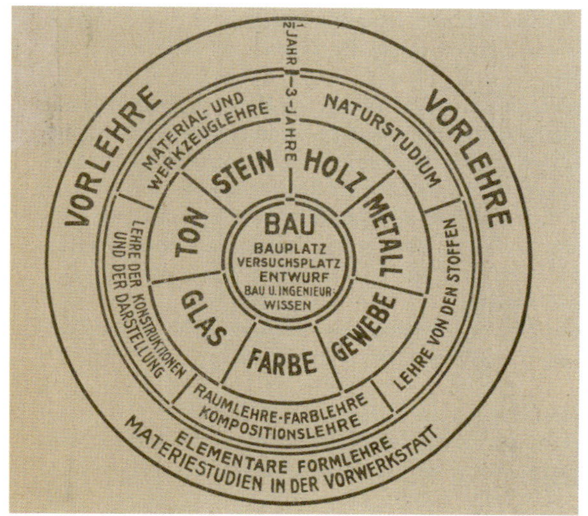

Schematische Darstellung der Struktur der Bauhaus - Lehre, erstellt von Walter Gropius

Der für alle Studenten verbindliche Vorkurs wurde Ittens eigentliches Aufgabengebiet. Gropius freute sich zunächst über den augenscheinlichen Glücksgriff bei der Wahl des neuen Meisters. Da Itten Kunst und Pädagogik studiert hatte und als Lehrer und Leiter einer privaten Kunstschule eine mehrjährige Lehrerfahrung besaß, war er in seinem Element und breitete seinen Wirkungskreis an der Schule weit über den Vorkurs hinaus aus. Itten verknüpfte eigene Überlegungen mit Experimenten, die er mit den Schülern durchführte. So war es ihm beispielsweise gelungen, Goethes Farbkreis weiterzuentwickeln und die Gesetzmäßigkeiten farblicher Polaritäten in einem bis zu 24 Farbtönen aufgefächerten Farbkreis anschaulich zu machen. Die Grundfarben Rot, Blau und Gelb ordnete er, wie schon von Goethe dargestellt, deren Mischfarben zu: Rot bildete den Gegenpol zu Grün, Blau zu Orange und Gelb zu Violett. Zusammen mit den Schülern exerzierte er, darauf aufbauend, bei Übungen die Vielfalt der Farbkontraste durch und entwickelte so seine Farbtheorie. Erst vier Jahrzehnte später hielt er sie für so weit gereift, dass sie gedruckt werden konnte.

Gropius sah in der mathematisch-logischen Struktur, die Itten mit seinem Farbkreis entwickelt hatte, einen geeigneten Weg von der malerischen Farbgebung, wie sie Feininger oder Klee praktizierten, zur Farbgebung in Industrie und moderner Werbung. Im Vorkurs wirkte Itten als Impulsgeber, und er machte die Studierenden für das Selbsterfinden von Formen locker.

Das ging so weit, dass er den Unterricht mit Atemübungen und Körperbewegungen begann.

Johannes Itten war Anhänger der Mazdaznan-Lehre, einer Mischung aus den Glaubensgrundsätzen Zarathustras, des Christentums und des Hinduismus. Entsprechend agierte er im Unterricht, kleidete sich mit einem Gewand, das einer Mönchskutte ähnlich war, und hatte seinen Kopf von allen Haaren befreien lassen. Die neuen Studenten übertrugen die Freiheit, die sie in seinem Unterricht erlebten, auch auf ihre Kleidung, ihr öffentliches Auftreten und ihre private Lebenswelt. Aufbegehren mit einfachen Mitteln in Zeiten des Mangels an Geld, Lebensmitteln und Material.

Gropius konnte es ihnen nicht verdenken. Nur wenn die freie Meinungsäußerung der Schüler zu politischer Agitation führte, hielt er das in der Schule und erst recht in der Öffentlichkeit für bedenklich und bedrohlich für die Existenz der Schule. Das galt für die nationalkonservativen genauso wie für die spartakistischen Reden und Aktionen, mit denen einige der Studenten Aufmerksamkeit erregten. Seinem Freund Adolf Behne schrieb Gropius in einem Brief, dass Kunst und Politik, vor allem wenn das Politische zur ideologischen Agitation würde, nicht zusammengehörten.

Gropius' Vorstellungen, das Bauhaus aus der Politik herauszuhalten, sollten sich bald als Wunschdenken erweisen, als die konservativen Kunstkreise Weimars am 12. Dezember 1919 zu einer gegen das Bauhaus gerichteten Bürgerversammlung einluden.

DUNKLE WOLKEN ÜBER WEIMAR

Im Frühjahr 1919 standen die Sterne über dem Bauhausschulprojekt von Walter Gropius sehr günstig. Im Herbst zogen erste Wolken auf und zu Beginn des Jahres 1920 lag über dem Bauhaus eine schwarze Gewitterfront.

Am 12. Dezember hatte mit einer Bürgerversammlung der „Freien Vereinigung für städtische Interessen“ der Angriff gegen das Bauhaus begonnen. Nun herrschte eine Art Waffenstillstand, doch das Schlachtfeld und die entstandenen Verwüstungen waren groß und nicht mehr zu reparieren. Auf der einen Seite standen die neuen Bauhausmeister und die meisten ihrer Schüler, die enger zusammengerückt waren. Auf der anderen Seite hatten

Student Hans Grohs und seine Gleichgesinnten das Bauhaus verlassen und die alte Professorenschaft begann, die Abspaltung der traditionellen Malklassen von der Bauhausschule voranzutreiben. Unterstützung fand sie durch den Weimarer Politiker Dr. Emil Herfurth, der die konservative Kulturbürgerschaft dominierte, und die konservativen freien Künstler der Stadt. Diese hatten sich nicht zuletzt über die von Gropius 1919 mitorganisierte „Ausstellung für unbekannte Architekten" des Arbeitsrates für Kunst mokiert, die in Weimar präsentiert wurde und auch futuristische Ideen von Autodidakten zeigte.

Hätte der Bauhausdirektor dies mit kurzen Stichpunkten nach den vorliegenden Schriftsätzen notiert, würde sich das wie das Tagebuch eines Kulturkrieges lesen:

Bei der Bürgerversammlung im „Saal der Erholung" am 12. Dezember 1919 erhob Dr. Emil Kreubel im Namen der Veranstalter schwere Vorwürfe gegen das Bauhaus. Er unterstellte der Schule, dass sich in ihr „fremdstämmige Elemente" breitmachten und sie eine „spartakistisch-bolschewistische Institution" sei. Walter Gropius und sein Direktorenkollege von der Baugewerkeschule, Professor Klopfer, argumentierten mit klugen Worten dagegen. Dann hielt unerwartet der Bauhausstudent Hans Grohs eine Rede, in der er zwar das Bauhausprogramm unterstützte, zugleich aber forderte, es müsse auf eine nationale Grundlage gestellt werden, damit ein „deutsches Bauhaus" entstehe. Lauter Widerspruch der Mehrzahl der anwesenden Studenten folgte. Gropius stellte sich daraufhin gegen eine Politisierung der Schule gleich welcher Art, und Grohs wurde gemaßregelt.

Am 16. Dezember wandte sich Gropius an den Publizisten Max Osborn in Berlin mit den Worten: „Das blöde Spießertum in Weimar hat uns den Fehdehandschuh hingeworfen … wir haben den Kampf aufgenommen."

Er bat Osborn, das Bauhausprogramm überregional zu publizieren. Das war sinnvoll, denn das Programm entsprach den kulturpolitischen revolutionären Neuansätzen, die bereits seit einem Jahr auch an anderen Kunsthochschulen diskutiert wurden.

Ebenfalls am 16. Dezember erschien ein offener Brief von 16 unterzeichnenden Bauhaustudenten „An die Weimarer Künstlerschaft". Es war ein Aufruf zur Solidarität mit dem wegen seines Bekenntnisses zu einem „Bauhausgedanken auf deutscher Grundlage" gemaßregelten und deshalb aus dem Bauhaus ausgetretenen Hans Grohs. Außerdem baten die Unterzeichner um Unterstützung, da sie sich der Gefahr ausgesetzt sahen, dass trotz gegenteiliger Versicherung der Bauhausleitung eine Politik verfolgt werde, die alle deutsch denkenden Studenten im Bauhaus obdachlos mache.

Noch im Dezember kam es zu einer Schülerversammlung des Bauhauses, die in die Erklärung mündete, dass die Schülerschaft „Herrn Gropius, dem Träger des Bauhausgedankens, und seinen Mitarbeitern vollstes Vertrauen schenkt". Die Einwohner Weimars wurden aufgefordert, ihnen „endlich Ruhe zur Arbeit zu geben".

Am 18. Dezember diskutierte der Meisterrat des Bauhauses über die „Politische Betätigung der Studierenden". Gropius berichtete, dass Grohs ihm gegenüber persönlich und dann öffentlich mit gespaltener Zunge gesprochen habe. Itten äußerte, er empfinde Grohs als flegelhaft und gemein, und der betagte Professor Thedy nannte Grohs' Auftreten arrogant und unangenehm. Marcks erklärte, dessen Rede sei aus Phrasen zusammengedrechselt. Um vergleichbare Störungen in Zukunft auszuschließen, beschloss der Meisterrat einen Anschlagtext, der allen Studierenden jede politische Betätigung im Bauhaus, gleich von welcher Seite, unter Androhung des Ausschlusses untersagte. Es folgte ergänzend die Erklärung, dass Naturstudium und reine Malerei (Staffeleibild) weiterhin gepflegt würden. Professor Thedy ergänzte im Protokoll handschriftlich, dass er das Gefühl habe, „meine Schule und das Tafelbild würden an die Wand gedrückt". Das war eine Feststellung mit Folgen.

Bei einer weiteren Diskussion im Meisterrat am 20. Dezember konnte Gropius mitteilen, dass er mit Exzellenz Staatsminister Paulssen telefoniert und eine rein sachliche Prüfung der Tatsachen verabredet hätte. Am 27. Dezember berichtete Gropius dem Meisterrat von einer Zusammenkunft des Staatsrates unter Anwesenheit von Pressevertretern, bei der sich die Regierung loyal auf die Seite des Bauhauses gestellt hatte. Doch damit begann der Weimarer Kulturkrieg über Weimar hinaus Kreise zu ziehen.

Am 3. Januar reagierte die „Tägliche Rundschau" in Berlin mit einem Bericht „Aus dem Kunstleben". Geschildert wird, dass in Weimar „alteingesessene Kunstkreise und die gebildete Laienwelt … über die von Gropius eingeschlagene Kunstrichtung mehr als erbittert sind". Die sozialistische Regierung des Freistaates würde Gropius unterstützen und seine Bestrebungen billigen. Gropius' Gegner würden ihn beseitigen wollen.

So hätten sich zwei politische Lager, das sozialistische und das deutschnationale, gebildet. Es sei unklar, „wer durchdringen wird". Nun war genau das geschehen, was Walter Gropius hatte vermeiden wollen: Das Bauhaus war zwischen die Mühlsteine der großen Politik und der Machtkämpfe der Parteien im Reich geraten.

Am selben Tag schrieb Berlins oberster Museumsdirektor Wilhelm von Bode an Museumsdirektor Köhler, dass Gropius ihm vor seiner Berufung persönlich versprochen habe, zunächst nur die handwerkliche Ausbildung zu betreiben. Dass er dann ausgerechnet „zuerst den raffiniertesten Kubisten" (gemeint ist Lyonel Feininger) berufen habe, sei „nicht rechtens" gewesen und habe die Schule in eine künstlerische Richtung „gestupst", die Bode selbst nicht gutheißen könne. Vor seiner Antwort nach Berlin sprach sich Köhler vermutlich mit dem Bauhausdirektor ab und erklärte ihm, dass der Zorn auf ihn, Gropius, vor Ort wohl weniger an der unterstellten sozialistischen Ausrichtung der Schule liege. Verübelt werde ihm eher, dass er die Schule nicht nach alter Art führte, um das Gebiet der Architektur zu bereichern, sondern stattdessen die akademischen Landschafts- und Figurenmaler sowie ihre Meisterschüler mit einer ihnen fremden Formenwelt konfrontierte. Vor allem werde moniert, dass er moderne Künstler aus Großstädten berufen habe, die im ländlichen Thüringen fremd wirkten, etwa wie Besatzer zu Kriegszeiten. Offenbar bat Direktor Köhler Walter Gropius, seine Empfindungen über die Spießer in Weimer zukünftig in andere Worte zu kleiden; diese reagierten besonders aggressiv, wenn sie Spießer genannt würden. Das würde die Gegner nur unnötig herausfordern. Am 5. Januar schrieb Köhler nach Berlin, dass Gropius am Anfang böse Fehler gemacht habe, nun aber beginne, seine Beine aus den Wolken der Utopie los zu wickeln und auf die Erde zu setzen.

Von ihm nicht erwartet, lag ein Brief von Professor Thedy vom 9. Januar 1920 auf dem Tisch von Walter Gropius. Darin stand geschrieben, dass er, Thedy, sich bisher vor Gropius und sein Schulprogramm gestellt, nun aber begriffen habe, wohin es führe, wenn Gropius sein Schulexperiment an der „renommierten blühenden Schule" in Weimar unternehme. Dadurch „werde ein künstlerisches Proletariat gezüchtet, also gerade das, was Sie bekämpfen wollen". Thedy sei überzeugt, dass die Absolventen weder als Handwerker noch als Maler genügen würden. Er könne nunmehr Gropius' Programm nicht mehr unterstützen. Wenn den Malern als handwerkliche Lehre Dekorationsmalerei und Vergolderei angeboten würden, sei das etwas anderes.

Gropius trafen diese Zeilen vermutlich schwer. Nun war ihm klar, dass sich die Abspaltung einer Malschule vom Bauhaus nicht mehr verhindern ließ.

Nach den hektischen Tagen vor und nach dem Weihnachtsfest benötigte der Baushausdirektor Entspannung. Er fand sie für einige Zeit bei der Stuttgarter Zeitungsredakteurin und Buchillustratorin Lily Hildebrandt, die mit einem Kunsthistoriker verheiratet war. Lily Hildebrandt war für Gropius Trostspenderin in den schwierigen Weimarer Jahren und sie half ihm mit Kontakten zu einflussreichen Geldgebern.

Wieder zu innerer Ruhe gekommen, gab der Direktor am 29. Januar 1920 eine öffentliche Erklärung zu den jüngsten Vorgängen ab. Zuvor hatten die neuen Bauhausmeister und Adolf Meyer ohne die akademischen Lehrer die Folgen von Thedys Schreiben beraten. Sie kamen zum Schluss, dass es nicht darum gehen könne, nur die Natur von außen her nachzubilden, ohne ihre inneren Zusammenhänge zu begreifen und im Kunstwerk herauszuarbeiten. Das könne dann auch bis zum Reduzieren auf geometrische Grundformen führen.

Zum Staffeleibild äußerte sich Lyonel Feininger: „Ich meine, die Kunst muss sich stetig weiterentwickeln und sie muss jung bleiben. Aber junge Kunst benötigt Zeit zum Reifen. Max Thedy ist zu alt geworden, um das zu verstehen. Allerdings ist die Gefahr, dass sich am Bauhaus auch Schaumschläger herausbilden, nicht unbegründet. In der Schülerschaft gibt es einige, die denken, dass sie mit ersten gelungenen Übungsblättern im neuen Vorkurs von Kollege Itten bereits Kunstwerke geschaffen haben. Denen muss man begreiflich machen, dass es zur Meisterschaft noch ein langer Weg ist, sonst werden sie tatsächlich zum Kunstproletariat."

Gropius ergänzte zum Thema Bauen, dass er zusammen mit Adolf Meyer ebenfalls experimentiere. Sie würden überlegen, wie mit expressiven Formen Häuser entstehen könnten, die Ausdruck besäßen und zugleich ohne Abstriche nutzbar wären. Er beschäftige sich dazu mit der gotischen Formenlehre. Das Ziel sei, das starre System des rechten Winkels durch abgewinkelte Formen so zu ergänzen, dass im Gebäudeinneren und ebenso außen eine neue starke räumliche Wirkung entstehen würde.

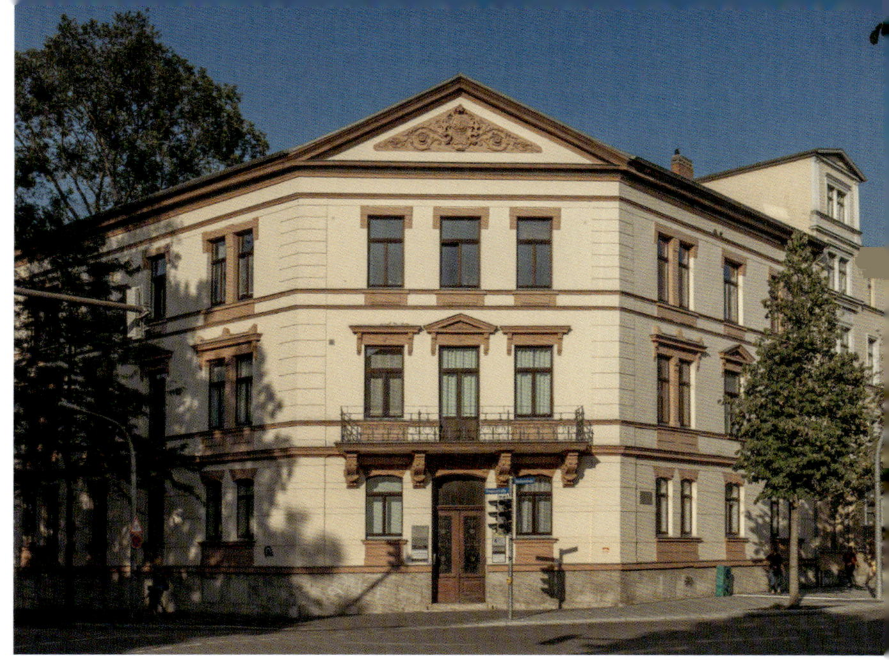

Wohnhaus Steubenstraße 32 in Weimar.
Das Gebäude war 1920 bis 1925 Wohnsitz von Walter Gropius

Zur Gefahr der Abspaltung einer Malschule meinte Gropius lakonisch. „Wir haben's danach viel einfacher, doch der Anstoß darf nicht von uns ausgehen, denn das würde neuen Angriffen den Boden bereiten. Warten wir ab, wie sich die Dinge entwickeln, noch haben wir die Staatsregierung auf unserer Seite!"

Für Anfang März hatte sich bei Gropius seine Noch-Ehefrau Alma zu einem Besuch in Weimar angekündigt. Ihm war es gelungen, in der Steubenstraße endlich eine Wohnung zu finden, die seinen Ansprüchen entsprach: Spätklassizimus. Ein Eckhaus mit Salons an der verbrochenen Hauptfront. Austritt im ersten Obergeschoss und im Dachbereich ein Giebelfeld mit einem prunkvollen Relief.

Die Handwerker waren dabei, die Räume nach den Vorstellungen des neuen Mieters zu renovieren. Alma Mahler-Gropius musste sich noch im Hotel Elephant einrichten. Sie wollte mit dem Gatten eine Einigung zu den Regularien der Scheidung erzielen. Von ihrer ursprünglichen Idee, sich die Zeit übers Jahr zwischen dem Architekten-Gatten und dem Dichter-Liebhaber aufzuteilen, musste sie mittlerweile Abstand nehmen, da sich beide Männer darauf nicht eingelassen hatten. Franz Werfel, im Augenblick weit

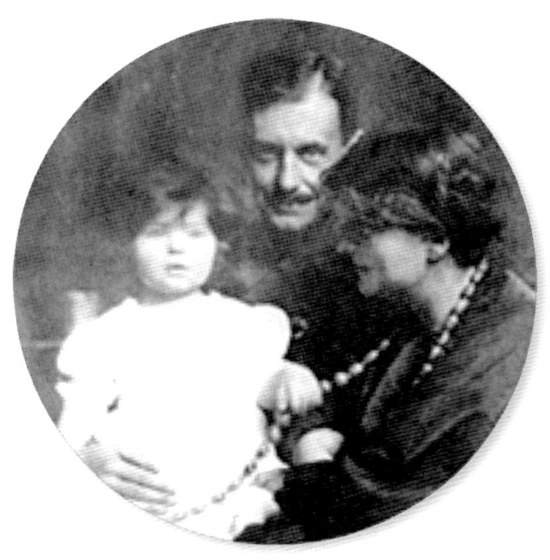

Walter Gropius mit Ehefrau Alma und Tochter Manon, um 1918

entfernt in Wien, war inzwischen zum Mittelpunkt ihrer Sehnsucht nach Liebe und Körperlichkeit geworden. Da blieb nur, auch den Lebensmittelpunkt in Wien und an seiner Seite zu wählen.
Die Zukunft von Manon nach der Scheidung war dabei Almas größte Sorge, denn wie sie Werfel erklärte, habe Gropius als Vater auch ein Anrecht auf das Kind, das er über alles liebe. Und sie dachte dabei daran, mit welcher Herzlichkeit Gropius die Tochter bei ihrem letzten Besuch in Weimar aufgenommen und an sich gedrückt hatte. Nicht ohne Grund hatte er bei der Namensgebung der Tochter auf den Vornamen seiner Mutter bestanden.

Mutter Manon Gropius, die Tochter eines preußischen Politikers, hatte Sohn Walter nicht nur finanziell unterstützt, als dieser in jungen Jahren Geld und Zeit vertändelt hatte, sondern sie war auch, als der berufliche Aufstieg ihres Sohnes begann, eine kluge Ratgeberin für ihn geworden. Die Mutter hoffte, dass der Sohn mit seiner Idee, eine neue Form der künstlerischen Ausbildung zu schaffen, dem Familiennamen in Preußens Baugeschichte weiteren Glanz verleihen konnte. Mutter Manon war zu diesem Zeitpunkt 65 und die Tochter Manon vier Jahre alt.

Von Weimar aus konnte Alma ihrem geliebten Franz Werfel mitteilen, dass sie mit Gropius nunmehr in harmonischer Freundschaft über alles reden könne, da er eine große Seele habe und durch seine Gabe, viel über Kunst zu wissen und davon weitergeben zu können, die abendlichen Gespräche mit ihm nunmehr entspannend und anregend seien. Diese Harmonie in den wenigen Tagen der Gemeinsamkeit wurde schlagartig durch eine Nachricht aus Berlin überschattet: Dort hatte es einen Putsch gegen die vom SPD-Ministerpräsidenten Gustav Bauer geführte Koalitionsregierung von SPD, Zentrum und DDP gegeben. Der bewaffnete Aufstand erhielt später den Namen Kapp-Putsch, da der ostpreußische Generallandschaftsdirektor Wolfgang Kapp die politische Führung übernommen hatte.

Der Auslöser des Putschs war die Festlegung im Versailler Vertrag, der am 10. Januar 1920 in Kraft getreten war, die Stärke der Reichswehr auf 100 000 Mann zu begrenzen. Vielen Offizieren und Mannschaften drohte die Entlassung. Unter Führung von Walther Freiherr von Lüttwitz, Kommandierender General einer Berliner Reichswehrgruppe, sammelten sich vor allem Reichswehroffiziere und nationalistisch gesinnte Freikorps und putschten gegen die Reichsregierung. Am 13. März besetzten sie das Berliner Regierungsviertel. Reichspräsident Friedrich Ebert und der für Militärfragen zuständige SPD-Minister Gustav Noske flohen über Dresden nach Stuttgart, während Wolfgang Kapp zum Reichskanzler ernannt wurde. Als Antwort riefen noch am selben Tag SPD-Minister und -abgeordnete zum Generalstreik auf, Gewerkschaften schlossen sich an und nach einigem Zögern auch die KPD. In Weimar war vordem Adolf Baudert wieder der Kopf der Regierung geworden. Putschisten unter General von Hagenberg setzten ihn am 13. März ab und ernannten Rechtsanwalt Hermann Jöck, der während der Novemberrevolution den Großherzog in seinem Haus versteckt hatte, zu seinem Nachfolger.

Von ihrem Hotelfenster aus konnte Alma beobachten, wie junge Arbeiter die uniformierten Putschisten anspuckten. Dann sah sie einen Abgesandten der Regierung von rechts mit weißer Fahne vom Regierungsgebäude kommen. Der erschien dann auf dem Rathausbalkon und verlas einen Text, der offenbar missfiel. Böse Zwischenrufe. Alma, die Beobachterin, öffnete das Fenster einen Spalt und hörte seine laute Stimme. Er wolle noch einmal verhandeln. Skeptische Blicke begleiteten seinen Rückweg zum Regierungssitz.

Am Bauhaus kochte die Stimmung hoch, als die Nachricht aus Berlin eintraf und die ersten der Putschisten gesichtet wurden, die für die Stadt den Ausnahmezustand erklärten. Gropius musste den Unterricht aussetzen. Einige Studenten wollten sich den sich zur Gegenwehr formierenden Arbeitern anschließen und Waffen beschaffen, andere tendierten zur Gegenseite. Der Riss, der durch das Bauhaus ging, begann sich blutrot zu färben.

Über Nebenwege begab sich Gropius ins Hotel. Es war dunkel geworden, als er zu Alma ans Fenster trat. Die Menschenmasse auf dem Platz verharrte in der Dunkelheit. Einige Zündholzflammen blitzten kurz auf. Die Eheleute schlossen die Fensterläden und hängten Kleider vor die Ritzen, damit kein Licht nach außen dringen konnte. Totenstille. Erschöpft zog Alma ihren Gatten zu sich und schluchzte an seiner Brust. Wohl ein letztes Mal waren beide in großer Sorge vereint. Er war in Gedanken bei seiner Schule, sie hatte Bilder von Franz Werfel und Manon vor ihren Augen. Alma würde die Erinnerung an diese Stunden später in ihrer Autobiografie festhalten.

Von dem, was draußen in der Stadt geschehen war, erfuhren die Noch-Eheleute erst am kommenden Morgen in der Hotelhalle aus Zeitungen, gedruckten Aufrufen und durch die Gerüchteküche: Der General hatte für den 14. März den Ausnahmezustand verstärkt und drohte allen, die sich dagegen auflehnten, mit strengsten Strafen. Staatsminister Baudert war verhaftet worden, als „Naumburger Jäger“ das Regierungsgebäude besetzten. Arbeiter hatten sich Gewehre beschafft und lieferten sich blutige Gefechte mit den Putschisten.

Am Tag darauf begann in Weimar der Generalstreik. Er zeigte Wirkung. Rechtsanwalt Jöck trat freiwillig zurück. Es fand sich kein Nachfolger. Alle Produktion stand still. Die Läden blieben geschlossen, nur für Kinder und Kranke wurde gesorgt. Am 15. März versammelten sich die Volksmassen im und vor dem „Volkshaus“. Gegen 14:30 Uhr befahl der Militärkommandeur den „Naumburger Jägern“, die Versammelten auseinanderzutreiben. Stummer Widerstand und Zögern. Scharfes Feuer in die Menge. Insgesamt neun Todesopfer und 35 Verletzte. Die Arbeiter aktivierten ihre Hundertschaften und schlugen zurück. Alma und Walter Gropius passten einen günstigen Augenblick ab und zogen wie Getriebene auf der Flucht in die unweit entfernte, noch unvollständig renovierte Steubenstraße 32.

Die toten Putschisten wurden, so erfuhr es Alma noch vom Hotelpersonal, über die Friedhofsmauer geworfen und erst Tage später in die

Erde gebracht. Ihre Opfer wurden am 18. März auf dem Hauptfriedhof bestattet. Alma stand am Fenster in der neuen Wohnung und beobachtete den Trauerzug, der vor ihren Augen vorbeizog. Sie schätzte, dass er weit über einen Kilometer lang war. Walter Gropius trat an ihre Seite und sah einige Minister unter den Trauernden. Ein würdevolles Gedenken. Sie konnte auch Plakate lesen wie „Es lebe Rosa Luxemburg! Es lebe Karl Liebknecht!"

Das Bauhaus war vollständig vertreten. Nur sein Direktor fehlte. Alma hatte seine Anwesenheit verhindert. In ihren Lebenserinnerungen schrieb sie später, sie habe Gropius verdeutlicht, dass er nicht im Zug mitgehen könne, denn man wisse nicht, wie es um Berlin stehe. Schnell könne er auf die falsche Seite geraten und den Fortbestand der Schule gefährden, wenn er „politisier'". „Politisieren" war damals eines ihrer Lieblingsworte, wenn sie sich vom politischen Durcheinander in Österreich und dem Reich distanzieren wollte.

Ihrem Noch-Gatten war nicht wohl dabei, denn er war im Krieg zwar Offizier gewesen, doch die ewig gestrigen Militärs und Monarchisten waren ihm zuwider. Als später zum Wettbewerb für das „Denkmal der Märzgefallenen" aufgerufen wurde, beteiligte er sich, um das Bild, das sein Fehlen im Trauermarsch in der Öffentlichkeit und in seinen eigenen Augen hinterlassen hatte, wieder geradezurücken.

Am 23. März war der Generalstreik beendet. Am 24. März rügte der Meisterrat der Schule mit den Unterschriften von Gropius, Engelmann, Feininger, Klemm, Itten, Marcks und Thedy die Studenten, die in den Räumen des Bauhauses anlässlich „der Beerdigung der in der Gegenrevolution gefallenen Arbeiter „Propagandaschilder angefertigt haben".

Die KPD hatte versucht, den erfolgreichen Generalstreik im Freistaat für die Bildung einer Arbeiterregierung zu nutzen. Dem Ansinnen verweigerte sich die SPD. Damit konnte Adolf Baudert wieder als Regierungschef zurückkehren. In Berlin gab es Versuche, die „Räterepublik" wiederzubeleben. Das blieb ohne Erfolg, doch trat Reichskanzler Gustav Bauer mit allen Ministern am 26. März zurück. Einen Tag später war sein SPD-Parteigenosse Hermann Müller mit einer neuen Regierung Reichskanzler.

SOMMERTAGE UND TRÜBE STUNDEN

In Weimar waren für den Bauhausdirektor endlich Tage der Entspannung gekommen. Alma war abgereist. Gropius hatte Zeit, Briefe an Lily nach Stuttgart zu senden und sich einer neuen Liebe zu widmen. Diese galt Maria Benemann, einer jungen Ehefrau und Mutter, die ihren Ehemann zu Kriegsbeginn verloren hatte und zwei Kinder mühsam aufzog. Zur kargen Witwenrente, die damals etwas mehr als 30 Mark im Monat betrug, musste sie mit Schreibarbeiten hinzuverdienen. Dabei galt sie schon vor dem Krieg als talentierte Dichterin, die vom Worpsweder Künstlerkreis und dann auch von Franz Werfel geschätzt wurde. Nun zog sie nach Weimar und vertrieb dem Bauhausdirektor trübe Gedanken. In deren Ursachen konnte oder wollte sie sich jedoch nicht hineindenken, und das war dem Bauhausdirektor zu wenig. Eine erhoffte Unterstützung für ihr musisches Talent und ihre alltäglichen Sorgen erhielt sie von ihm kaum, und so brach die Beziehung wieder auseinander.

Beim Ausbau der Werkstätten gab es Erfolge, doch Gerhard Marcks drängte, eine bessere Ausbildungsstätte zu finden: „Walter, so kann das nicht weitergehen, ohne einen Töpfermeister kommen wir mit der Werkstatt nicht voran. Hilfslehrer Leo Emmerich hat viel Ahnung von Glasuren, ich habe genaue Vorstellungen von Gefäßformen, die mir ein Töpfer drehen muss, und ich habe im Kopf, wie ich sie bemalen will. Doch Schmidt weiß nur etwas vom Abgießen der Kachelformen aus Gipsmodeln und kann uns nur zeigen, wie man aus Tonteilen ein Gefäß aufbauen kann. Für die Weihnachtsausstellung und den Geschenkeverkauf hat das gereicht. Nun fordern die Werkstattlehrlinge mehr."

Gropius sicherte dem Freund zu, sich persönlich bei der Suche nach einem geeigneten Töpfermeister und einer Werkstatt einzubringen. Am 3. April brachen er und Marcks mit dem Maler Friedrich Blau als Assistent mit einer Limousine in Richtung Jena und weiter nach Bürgel zu einer Erkundungsfahrt auf. Sie wählten die Fernstraße. Nach welligem Gelände schloss sich die Abfahrt ins Saaletal an. Die Straße neigte sich nach einem großen Schwung durch ein Waldgebiet in die Stadt und löste sich in Jenas engen Gassen auf. Am Saaleufer waren die Berge wieder sichtbar. Ein eigenwilliges Bild. Die Zuflüsse der Saale hatten tiefe Einschnitte in die Landschaft gegraben. Die Felsen ragten dazwischen wie alte stumpfe

Zähne empor. Eine breite Brücke führte über den Fluss und stieg zwischen zwei Bergen wieder an. Bis in das weithin bekannte Bürgel war es nicht mehr weit. Der Besuch dort war allerdings ernüchternd, denn das Bürgeler Töpferhandwerk hatte eine eigene Note, die sich nicht von einem Bauhausmeister umbiegen ließ.

Es fand sich auch keiner, der bereit war, fremden Lehrlingen das Töpfern beizubringen. Doch wenigstens erhielten Gropius und seine Mitstreiter einen Tipp: Weiter nördlich, auf der anderen Seite der Saale in Dornburg, könne man bei den Brüdern Krehan nachfragen. Die seien zu zweit und hätten vermutlich ein offenes Ohr dafür, ihr Wissen gegen Bezahlung weiterzugeben. Die drei beschlossen, nach Dornburg weiterzufahren. Die Strecke dorthin erreichte nach ausgedehnten Feldern einen Wald. Durch diesen führte die Straße hinab zur Saale und nach einer Brücke mit kühnem Schwung hinauf auf das Hochplateau, auf dem einst Weimars Herrscher die drei Dornburger Schlösser als Landmarken errichtet hatten. Hinter dem Ortseingang lag links der Markt, dahinter ragten die drei Schlösser, eigentlich Schlösschen, über die Dächer. Die Töpferwerkstatt war schnell gefunden.

Gropius stellte sich und seine Begleiter bei den Krehans vor. Das Wort Weimar wirkte, denn das tausendjährige Dornburg hatte die letzten Jahrhunderte bis 1918 zum Besitz des Großherzogtums Sachsen-Weimar-Eisenach gehört. Eine freundliche Begrüßung. Kaffee wurde angeboten, selbstverständlich in einem selbstgeformten Geschirr, und das wurde von den drei Besuchern als formschön und vor allem auch als praktisch empfunden. So entstand eine gute Gesprächsbasis, und die beiden Töpfermeisterbrüder, die ohne eigenen Nachwuchs auf Lehrlinge angewiesen waren, zeigten großes Interesse an dem Anliegen. Man habe durchaus eine Erweiterung des Formenprogramms im Sinn und da könnten Ideen von außen fruchtbar sein. Welch Unterschied zu den Leuten in Bürgel, dachten die drei aus Weimar.

Doch woher die Werkstatträume nehmen? Bei den Krehans war kein Platz, und sie wollten die Selbständigkeit ihrer Töpferei keinesfalls aufgeben.

Max Krehan kam ein Gedankenblitz: „Der alte Marstall steht doch leer, und der gehört nun dem Freistaat."

Das Gebäude wurde besichtigt und als geeignet empfunden. Die früheren Stallbereiche konnten zur Werkstatt mit Lagerflächen ausgebaut werden

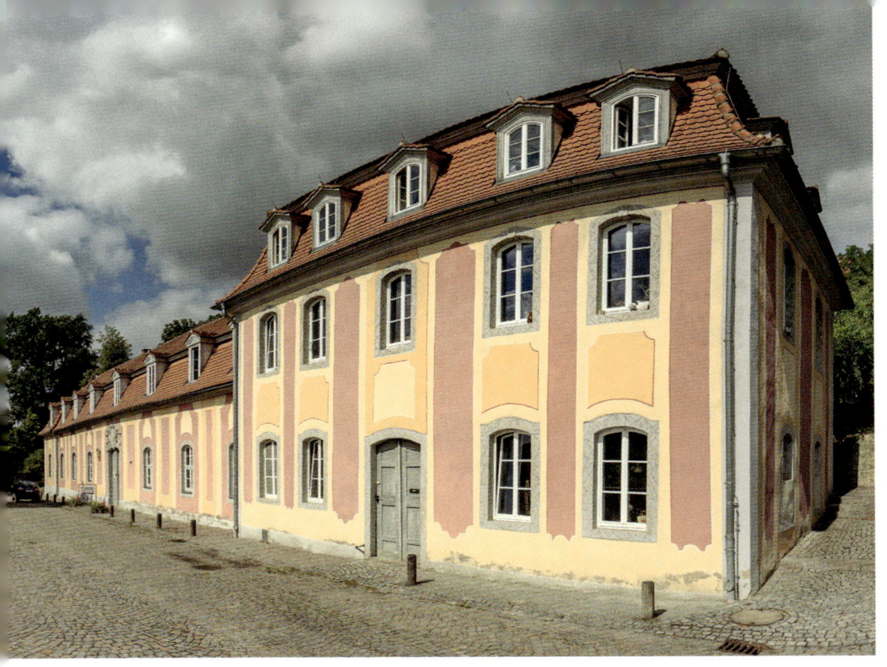

Marstall mit Kavaliershaus in Dornburg (Foto nach der Sanierung).
Von 1920 bis 1925 befand sich hier die Keramische Werkstatt des Bauhauses Weimar

und das Dachgeschoss mit den Kammern für die einstigen Kutscher und Stallburschen als Wohnräume dienen. Alles Weitere würde sich ergeben, wenn die erforderlichen Zustimmungen vorlagen. Bei einer Bestätigung der mündlichen Absprachen durch Meisterrat und Ministerium sollte den Krehans ein schriftliches Angebot unterbreitet werden.

Zeitgleich waren die Schüler selbst aktiv geworden. Auch sie hatten bei ihren Erkundungen nach einer geeigneten Werkstatt den Marstall entdeckt und die Krehans gewinnen können, mit ihnen das vom Direktor gewünschte Konzept auszuarbeiten. Endlich einmal etwas Positives, dachte sich der Bauhausdirektor und fühlte sich sehr erleichtert. Gerhard Marcks konnte sich allerdings nicht so leicht an die positiven Neuigkeiten gewöhnen, denn Dornburg bot zunächst keine Chance, für sich und die Familie, die in fünf Zimmern der Villa des Obersten von Harstall in der Weimarer Südstraße Platz gefunden hatte, eine Wohnung und einen eigenen Atelierraum aufzutun.

Inzwischen hatten sich allerdings die Zuständigen für die Bauhauschule und für die Schlösser in Dornburg grundlegend verändert. Am 1. Mai des Jahres 1920 hörte der Freistaat Sachsen-Weimar-Eisenach auf, als souveränes Bundesland zu bestehen. Mit der Gründung des Landes Thüringen am 1. Mai 1920 war die Staatsgewalt in neuen Händen. Nunmehr war das Bauhaus dem neuen Ministerium für Volksbildung unter dem SPD-Minister Max Greil zugeordnet.

Gropius verhandelte erfolgreich, ein erheblicher Betrag zum Ausbau des alten Marstalls mit sehr viel Eigenleistung der Schüler wurde zugesichert und am 21. Mai konnte der Bauhausdirektor das Angebot an die Krehans zur Post geben. Bereits vier Tage später erhielt er von den beiden Töpfermeistern die Antwort. Sie schrieben, „dass wir Ihr Angebot annehmen und wir gern mit Rat und Tat bei der Einrichtung der Kunstschule behilflich sein werden".

Gropius zeigte hocherfreut den Brief jenen Meistern, die er selbst berufen hatte, und konnte sich nicht die Anmerkung verkneifen: „Die Leute auf dem Land haben eher begriffen, was wir wollen, als die akademische Kunstmalertruppe hier in Weimar."

Wieder Sommer in Weimar – Ferien in der Bauhausschule. Walter Gropius zog es nicht mehr nach Wien, da er dort, wenn er seine Tochter Manon sehen wollte, nur noch quälende Tage verbringen konnte. Die Ehe mit Alma war im vergangenen Herbst geschieden worden. Als Ehemann hatte er alle Schuld auf sich genommen, indem er den Grund dafür inszenierte: Er ließ sich beim Ehebruch erwischen. Die dafür bezahlte Prostituierte schwieg und Zeugen waren vorhanden. Mutter Manon Gropius in Berlin war über die Trennung von Alma erleichtert und hoffte nun auf eine Schwiegertochter, die ihr zusagte. Alma konnte zum dritten Mal die Ringe tauschen: Allerdings heiratete sie Franz Werfel erst 1929.

Der Bauhausdirektor verband die sommerlichen Erholungsreisen mit Verhandlungen im Dienst der Schule und seines eigenen Büros. Vor allem beschäftigte er sich mit einem Auftrag des Berliner Holzgroßhändlers und Bauinvestors Adolf Sommerfeld. Der Bauhausdirektor hatte diesen Ende 1919 während der für ihn und die Schule besonders kritischen Monate kennengelernt und in ihm einen zahlungskräftigen Auftraggeber und Unterstützer für die Schule gefunden. Der umfangreiche Auftrag lag schon im Januar 1920 vor und überschritt die Kapazität von Gropius' privatem Büro weit. Geplant werden sollten ein großes Bürohaus am Berliner Asternplatz, ein repräsentatives Wohnhaus mit Nebengebäude sowie vier Wohnhäuser für leitende Angestellte. Gropius brauchte neue Mitarbeiter und fand sie in Carl Fieger, der vom Büro Peter Behrens übernommen wurde, dem jungen Ungarn Fred Forbát, der sein Diplom bei Theodor Fischer erhalten hatte, sowie dem jungen Praktikanten Ernst Neufert, der seinen Namen auf sehr wechselvolle Weise in der deutschen Architekturgeschichte verewigen sollte. Auch der spätere Künstlerische Leiter des Schocken-Baubüros Bernhard Sturtzkopf erhielt erstmals kleine Aufträge vom Büro Gropius.

Das Bürohaus für Adolf Sommerfelds Unternehmen, wohl aus Werbegründen als Holzbau vorgesehen und zweiteilig über eine Straße hinweg verbunden, blieb nur ein Entwurf. Die konzipierte Gebäudegruppe unterschied sich deutlich von den aufstrebenden Formen zeitgenössischer Bürobauten. Lagernde Teile dominierten, und die flachen Walmdächer waren auf fernöstliche Art an den Ecken nach oben gezogen. Aus Brandschutzgründen wäre wohl keine Baugenehmigung erteilt worden.

In Gropius' Büro begannen expressive Formen in spitzen bis stumpfen Winkeln die Reißbretter zu füllen. Er selbst dirigierte oft nur mit Blicken, einigen Worten und Handskizzen. Büroleiter Adolf Meyer spielte im kleinen Orchester der Entwerfenden die erste Geige, die anderen Mitwirkenden hatten kaum die Chance, hervorzutreten und genannt zu werden. Doch es gab auch Solisten, die ihre Spuren hinterlassen konnten, etwa beim „Haus Sommerfeld". Dem Zeitgeist entsprechend „Haus" genannt, war die Villa in klassischer Art und nach den Gewohnheiten großbürgerlichen Wohnens konzipiert: zurückgesetzter Mitteleingang mit Windfang, zweigeschossige Empfangshalle, dahinter der Empfangssalon mit Blick über eine Terrasse in den Garten. Zu beiden Seiten im Erdgeschoss Küche, Speisezimmer, kleine Salons und Nebenräume. Über eine abgewinkelte Treppe wurde das Obergeschoss mit den privaten Räumen erreicht. Das Besondere waren Material und Gestaltung, die unverkennbar von den „Prairie Houses" des Amerikaners Frank Lloyd Wright beeinflusst waren. Im Büro Gropius hatte man Abbildungen davon vorher genauestens studiert. Der Eingang der Villa wurde durch spitz hervortretende Wangen zum Portal erhoben. Das Obergeschoss kragte, auf sichtbare Balken gelagert, über das Erdgeschoss hinaus. Hinter einer breiten Traufe erhob sich ein Walmdach mit einer breiten, kantig gedeckelten Hechtgaube. Die äußere Hülle aus Teakholzbohlen, die von einem ausgemusterten Schiff stammten, war ungewöhnlich, genauso die hölzerne Innenverkleidung mit dazwischen eingebrachter wärmedämmender Schlacke.

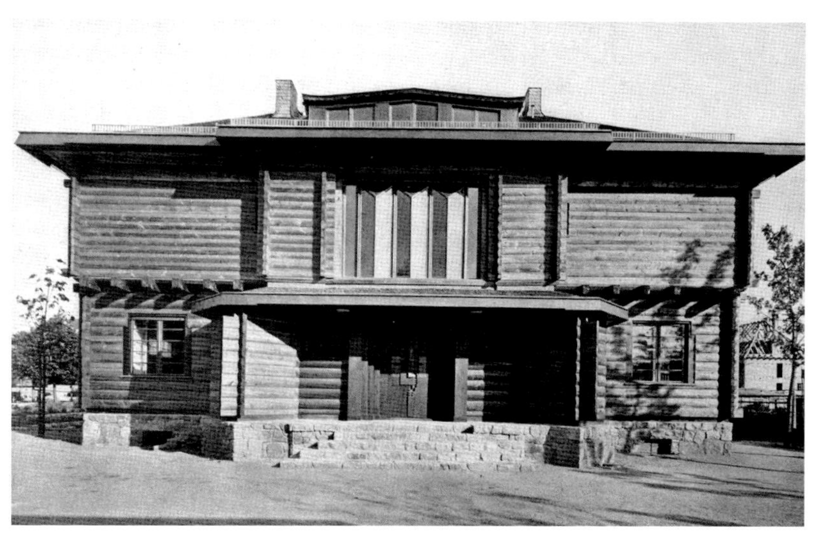

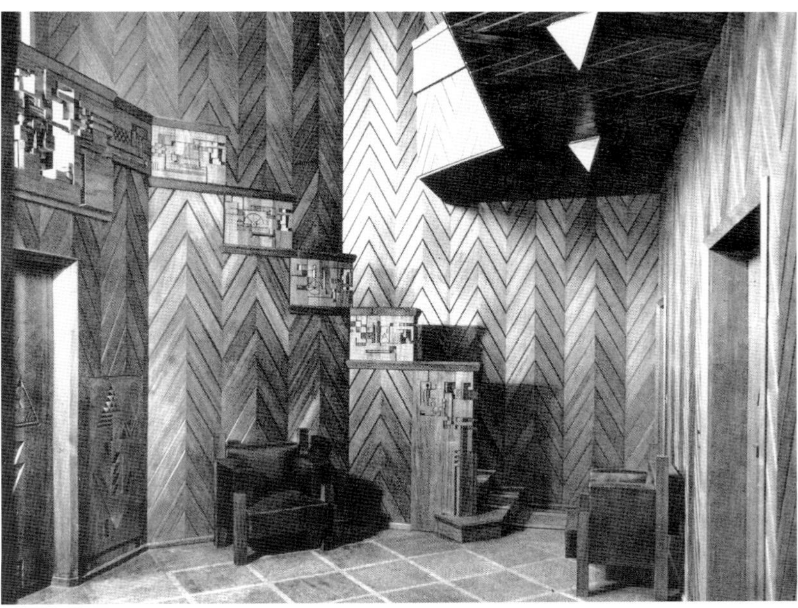

„Haus Sommerfeld", Hauptansicht (Bild oben) und Treppenhalle (Bild unten). Das Hauptgebäude wurde im Zweiten Weltkrieg zerstört. Entwurf von Walter Gropius und Adolf Meyer. Detailgestaltungen durch Bauhausstudenten

Einmalig und neuartig waren die Beiträge der Bauhauswerkstätten und einiger ihrer besten Schüler. Erstmals war es gelungen, die gemeinschaftliche Leistung verschiedener künstlerischer Gewerke unter dem Dach der Architektur zu vereinen. Josef Albers entwarf Glasfenster und Marcel Breuer Möbel, Dörte Helm steuerte einen farbigen Vorhang bei. Joost Schmidt war für die besondere Gestaltung der Holzelemente zuständig. Der einstige Meisterschüler Professor Thedys für figürliche Malerei gehörte zu den wenigen der alten akademischen Kunststudentengarde, die die Bauhausidee von den neuen Lehrern Johannes Itten und Oskar Schlemmer aufgriffen und zur persönlichen Meisterschaft nutzten. Büromitarbeiter Carl Fieger, der farbige Schaubilder und Möbelentwürfe geschaffen hatte, wurde hingegen kaum erwähnt.

Den Bauhausschülern muss bewusst geworden sein, dass „Haus Sommerfeld" die Idee ihrer Schule auch erstmals öffentlich erlebbar machte. Etliche reisten aus Weimar an und feierten die Einweihung des Hauses kurz vor Weihnachten 1920 gebührend: Die Männer trugen Zunftkleidung und die Frauen hatten sich mit selbstgestalteten bunten Kopftüchern für einen Umzug geschmückt. In Sprechchören feierten sie die Welt der neuen Formen.

Am Tag der offiziellen Übergabe hatte sich Walter Gropius vorab allein ins Haus begeben und betrachtete, auf einem von Marcel Breuers Stühlen sitzend, die Gestaltung der kleinen Empfangshalle mit der hölzernen Treppe ins Obergeschoss. Zur Verkleidung der Wände waren hölzerne Paneele im Fischgrätenmuster verlegt worden. Das erinnerte ihn an seinen Entwurf für ein Zugabteil auf der Werkbundausstellung von 1914. Bei der Gestaltung der beiden Türblätter, der Heizkörperverkleidung daneben und des Geländers am Treppenlauf sowie der Galeriebrüstung war Joost Schmidt über sich hinausgewachsen. Wie spielerisch, doch klug kalkuliert hatte er Ornamente aus Dreiecken, Linienrastern und Punkten ins Holz geschnitten. Bei den Brüstungen triumphierte die räumliche Geometrie mit Kugel- und Würfelformen und darüber strahlte das Tageslicht durch Joseph Albers' kleinteilig gegliederte Fenster.

Dem ersten Streich expressionistischer Architektur aus dem Büro Gropius folgten weitere, etwa der 1921 beauftragte Umbau der Villa von Albert und Bruno Mendel am Großen Wannsee. Das Haus sollte dem expressionistischen Zeitgeist angepasst werden. Expressive Architektur war vor allem durch Bühnenbilder und erste expressionistische Stummfilme wie „Das Cabinet des Dr. Caligari" bekannt geworden. Die Bauhäusler konnten sich in den „Reform-Lichtspielen" des Weimarer Hoffotografen und Filmenthusiasten Louis Heldt von der Ausstattung und der neuartigen Darstellungsweise der Stummfilmakteure begeistern lassen; Heldt-Kino wurde zu einem der wichtigsten kulturellen Treffpunkten der Bauhausstudenten. Der Umbau der Villa Mendel zum modernen Einfamilienhaus erfolgte mit expressiv geformten Verblendungen der vorhandenen Wände und Decken wie in einem Filmstudio. Gropius war das später zu viel Spektakel bei einer zu geringen Nutzbarkeit. Es strich den Bau wieder aus seiner Werkliste.

Anders war das beim „Haus Kallenbach", das 1921 beauftragt wurde. Hier war Adolf Meyer in seinem Element und nutzte sein Wissen über das Wechselspiel des Dreiecks mit dem Quadrat. Wie Gropius hatte Meyer sich mit dem Prinzip der Triangulation beschäftigt, das gotischen Kirchenplanungen zugrunde lag.

Der Lageplan lässt Folgendes erkennen: Das zurückgesetzte Wohnhaus war in den Außenformen des Grundrisses dem „Haus Sommerfeld" ähnlich, doch der Seitenflügel war seitlich angesetzt und begrenzte die Hoffläche, bei der um 45 Grad verdrehte Quadrate dominierten. Das Dreieck bestimmte die Reihung von Hecken und Blütenpflanzen an der Gartenachse.

„Haus Kallenbach" blieb ein interessanter Entwurf. Das einzige Objekt, das Gropius zu dieser Zeit realisierte, entstand am Südende des Weimarer Hauptfriedhofs als Denkmal für die beim Kapp-Putsch am 15. März 1920 ermordeten Weimarer Bürger. Gropius hatte sich an dem vom Weimarer Gewerkschaftskartell ausgeschriebenen Wettbewerb beteiligt. Er griff eine von seinem Arbeitsratskollegen Karl Schmidt-Rottluff aus anderem Anlass notierte Formenidee auf und nutzte sie als Impuls für seine Ideenskizze. Büromitarbeiter Fred Forbát fertigte danach ein Modell an. Idee und Modell überzeugten. Walter Gropius und das Büro erhielten den Auftrag.

Ein Grundrissplan und zeitgenössische Fotos blieben erhalten. Sie lassen die ursprüngliche Form des ausgeführten Denkmals besser erkennen als die nach der Zerstörung in der NS-Zeit erfolgte Rekonstruktion.

Viel mehr als ein Haus, das nach menschlichen Maßen nutzbar sein muss, bietet ein Denkmal die Chance zu einer rein künstlerischen skulpturalen Gestaltung. Gropius verzichtete auf einen ablesbaren Bezug zum

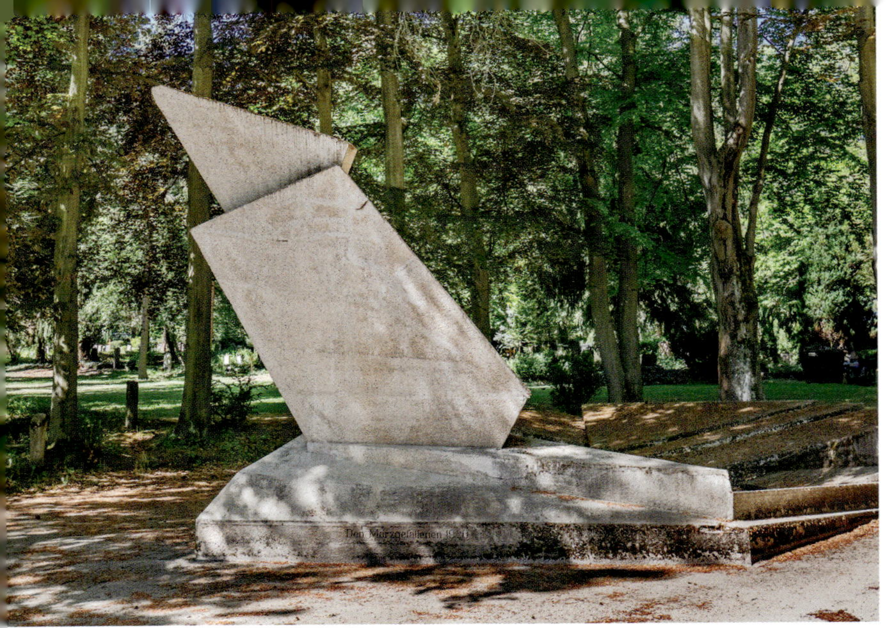

Märzgefallenen-Denkmal auf dem Weimarer Hauptfriedhof. Entwurf von Walter Gropius. Das 1922 eingeweihte Denkmal erinnert an die beim Kapp-Putsch 1920 gefallenen Weimarer Bürger. Es wurde 1936 zerstört und 1946 leicht verändert rekonstruiert

tragischen Ereignis. Er wählte vielmehr eine spannungsvolle Vieldeutigkeit: Untergang und Aufstieg. Dem Kunstkenner kommt Caspar David Friedrichs Bild „Das Eismeer“ in den Sinn. Ein Schiff, die „Hoffnung“, versinkt zwischen berstenden Eisschollen. Die Betonplatten am Boden des Denkmals liegen ähnlich geschichtet, bevor sie sich wie auf dem Bild schräg nach oben auftürmen. Beim Denkmal bleiben sie wie erstarrt stehen. Die im Bild aufragenden Türme aus Eis hingegen wird der Sog des versinkenden Schiffes zum Einsturz bringen. Ähnlich reckte sich die sinkende „Titanic“ nach dem Zusammenprall mit einem Eisberg auf. Das war vor dem Krieg. Nun sollte Hoffnung verbreitet werden, wie mit Wladimir Jefgrafowitsch Tatlins aufstrebender Spirale im „Monument der III. Internationale“, das Gropius vermutlich auch kannte.

Das Denkmal blieb das einzige gebaute Objekt, das Walter Gropius in Weimar hinterlassen konnte. Als es am 1. Mai 1922 eingeweiht wurde und mancher den fehlenden konkreten Bezug zu den Ereignissen im März 1920 bedauerte, ahnte keiner, wie sich die Weltgeschichte weiterentwickeln würde. So wurde die vieldeutige Skulptur zu einem Symbol, das über die Zeit hinweg und weltweit Gültigkeit hat.

SAND IM GETRIEBE DER SCHULE

Zugleich hatte sich auch an der Bauhausschule Entscheidendes vollzogen. Den bisher ausgetretenen Studenten hatten sich weitere angeschlossen, und ihre akademischen Lehrer folgten. Am 20. September 1920 kam es zur Abspaltung. Die neue Akademie für bildende Künste nannte sich „Hochschule für Malerei". Die Abtrünnigen und Gropius stritten zäh um den Namen.

Am 4. April 1921 wurde schließlich die „Staatliche Hochschule für bildende Kunst" gegründet, unter anderem auf Einwirken von Lyonel Feininger. Dieser war besorgt über die anhaltenden Konflikte zwischen dem Bauhaus und den Anhängern der alten Akademie und hatte sich in einem Schreiben vom Februar 1921 persönlich an Staatsminister Paulssen gewandt. Er machte darauf aufmerksam, dass die beiden gegensätzlichen Schulen mit Lehrern und Schülern in ein gemeinsames Haus „eingepfercht" und dadurch beide Seiten nicht lebensfähig seien.

Das Bauhaus konnte unter dem bestehenden Namen weitergeführt werden. Die Hälfte der Räume des Hauptgebäudes wurde der Kunstakademie zugesprochen. Diese erhielt ein Viertel des jährlichen Etats vom Volksbildungsministerium. Die Außenstellen des Bauhauses blieben weiterhin verfügbar, etwa das Wohn- und Ateliergebäude „Prellerhaus", das 1870/71 als erstes Atelierhaus Weimars vom Landschaftsmaler Louis Preller an der heutigen Geschwister-Scholl-Straße 6 erbaut worden war. Ab 1919 diente es Bauhausstudenten zum Wohnen und Arbeiten und gehört heute zur Bauhaus-Universität.

Wie eine Enklave war weitab von Weimar in Dornburg die Keramikwerkstatt entstanden. Um den Ort vom Bauhaus aus zu erreichen, mussten die Lehrlinge, die die dortigen Gebäude von September 1920 an bezogen, mit dem Zug bis Jena oder Apolda fahren und dann mehrere Kilometer zu Fuß bis zum Ziel zurücklegen. Das machte auch die Teilnahme an übergreifenden Vorträgen der Schule nahezu unmöglich. Gropius vertraute unterdessen auf die Energie und das Geschick seines Freundes Gerhard Marcks, die Einsatzbereitschaft der Lehrlinge und auf das Wissen und Können von Töpfermeister Max Krehan. Für den 1. Oktober 1920 war er zur Einweihung der Keramikwerkstatt eingeladen. Bis dahin war aus verfallenden Bauwerken,

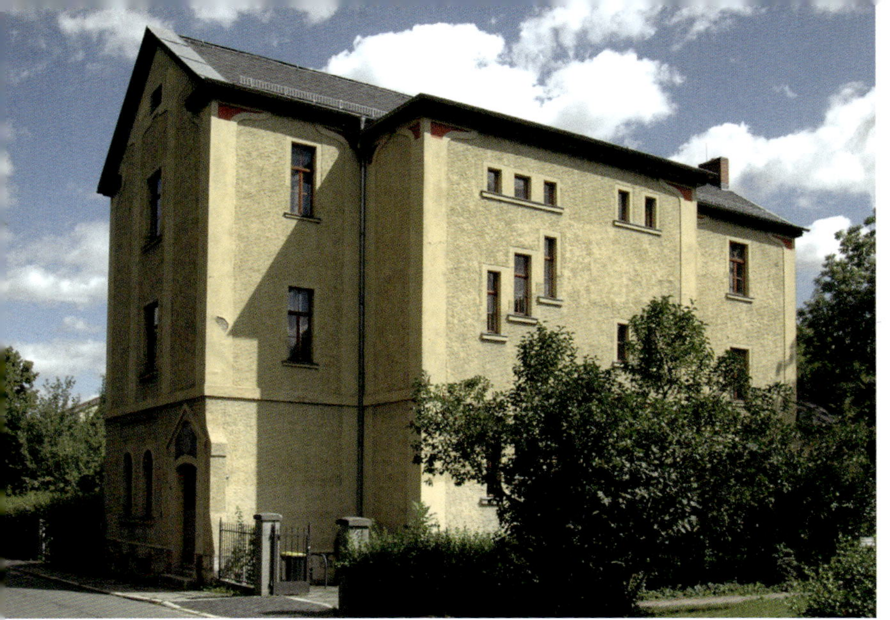

Prellerhaus. Das Wohn- und Atelierhaus wurde vom 1870/71 vom Landschaftsmaler Louis Preller errichtet. Heute gehört es zur Bauhaus-Universität Weimar

dem eingeschossigen Marstall und dem zweigeschossigen Kavalierhaus, eine Außenstelle der Bauhausschule entstanden.

Am 14. Mai 1920 hatte der Bauhausdirektor von der Staatsregierung das Signal erhalten, dass die Bauwerke übernommen und zum beantragten Zweck ausgebaut werden konnten. Die vorhandenen Möbel und erstaunlich viel Geld waren dafür freigegeben worden. Als Gropius zur Bauabnahme angereist kam, konnte er das Werk örtlicher Handwerker und der Bauhausstudenten aus den Weimarer Werkstätten begutachten: die neue Werkstatt im Marstall mit einem Holzbrennofen, einem Becken zum Schlämmen von Ton und dem Bereich für die Dreh- und Glasurarbeiten. Die Wohnkammern im Dachgeschoss über der Werkstatt erreichte man über eine steinerne Treppe. Der Blick aus den Fenstern der Dachgauben ging zum gepflegten Schlosspark. Im Dachgeschoss hatte jeder Lehrling hinter Türen, die mit unterschiedlich bunten Farben gestrichen waren, eine eigene, einfach möblierte Kammer mit Kachelofen. Die vielfarbigen Türen belebten den kargen Wohnbereich, in dem Wasseranschlüsse fehlten. Wasser gab es nur in einer gemeinsamen Waschküche.

Gerhard Marcks war es gelungen, für sich, seine Familie und sein Atelier ein Jahrhunderte altes Steinhaus auf dem Schlossareal – das „Töpfersche

Haus“ – auszubauen, ein Burglehngut aus dem 15. Jahrhundert Für die Familie Marcks wurde das Gebäude elektrifiziert, hatte aber keinen Wasseranschluss. Für den Formmeister war das aber weniger wichtig als die Lage des Gebäudes: Es bot einen faszinierenden Blick weit über das Saaletal. Die unvergleichlich schöne Lage des alten Gebäudes wog die Nachteile auf. Die Distanz zum Streit- und Intrigennest Weimar war wohltuend für ihn. Auch Marcks’ Kinder liebten bald den Blick auf den Fluss und die Gärten und fühlten sich in den von Fledermäusen bevölkerten tiefen Gewölben wie in einer Burg der Raubritterzeit.

Der Direktor nutzte seinen Besuch, um den Krehans und den Lehrlingen am Ort des handwerklichen Geschehens zu erläutern, wie die Idee für das Bauhaus als Einheit von Kunst und Handwerk praktisch umgesetzt werden sollte. Er stellte dar, dass am Beginn für alle gemeinsam in Weimar der einsemestrige Vorkurs bei Formmeister Johannes Itten stehe. Hierbei werde auch das Interesse der neuen Schüler für die verschiedenen Materialen wie Holz, Ton, Glas, Metall oder Garn getestet und beurteilt. Für alle, die sich für das Material Ton entschieden hätten, finde das folgende Semester dann als Probezeit in Dornburg unter Anleitung des Werkmeisters Krehan statt. In die zweijährige Lehre – dabei ein Jahr Töpferlehre in Krehans Werkstatt – könnten nur diejenigen eintreten, die diese Probezeit erfolgreich bewältigt hätten. Dann folge die eigenständige künstlerisch-schöpferische Arbeit in der neuen Werkstatt unter handwerklicher Betreuung und Anleitung von Max Krehan und künstlerischer Begleitung durch Meister Gerhard Marcks. Hierdurch sollten die Arbeiten am Beginn der Töpferlehre in bäuerlicher Keramik zu höherer künstlerischer Bedeutung geführt werden. Am Abschluss stehe die Gesellenprüfung, die in Übereinkunft mit der Handwerkskammer auch als Abschluss einer Berufsausbildung gelte und in ähnlicher Weise auch für andere Werkstätten angestrebt werde. Aus der Reihe der Gesellen könnten die „Jungmeister“ berufen werden.

In Weimar begannen mit dem Wintersemester 1920/21 zwei neue Formmeister ihre Lehrtätigkeit an der Bauhausschule. Es waren der noch weitgehend unbekannte Georg Muche und der Schweizer Maler und Zeichner Paul Klee.

Der damals 25-jährige Muche war Gropius durch seine Mitwirkung in der zum Kriegsende gegründeten Novembergruppe in Berlin und eine gemeinsame Ausstellung mit Paul Klee aufgefallen. Gropius hatte sich erkundigt und erfahren, dass der junge Zeichner und Maler als hochbegabt galt, jedoch keinerlei Abschluss an einer künstlerischen Lehranstalt besaß. Er dachte an seine eigene Entwicklung und sah darin keinen Hinderungsgrund, Muche als Meister für Holzschnitzerei an die Bauhausschule zu berufen. Bei dieser Aufgabe stellte Muche seine Fähigkeiten als Lehrer unter Beweis und er wurde Johannes Itten unterstützend für den Vorkurs zugeteilt. Schon 1921 wechselte er als Formmeister und Leiter in die Weberei, in der überwiegend Schülerinnen verschiedener Jahrgänge lernten und ihre Werkstücke häufig wie Bildkünstlerinnen entwarfen.

Die dem Bauhaus eingegliederte Weberei war als Textilwerkstatt aus der einstigen Kunstgewerbeschule hervorgegangen. Nach deren Auflösung hatte sie Helene Börner, die als Lehrausbilderin sehr erfahren war, privat weitergeführt und dann mit allen Maschinen in das Bauhaus eingebracht. Wie im Falle der von Lyonel Feininger geleiteten Druckerei konnte hier kurz nach der Gründung des Bauhauses mit der Lehrausbildung begonnen werden. Die meisten der weiblichen Studenten wurden der Weberei zugewiesen, auch weil die weiteren geplanten Werkstätten erst eingerichtet werden mussten. Überliefert ist, dass manche der männlichen Lehrer und Studenten Frauen eher für textile Arbeiten talentiert und befähigt hielten als für Berufe im Holz- und Metallbereich. Viele der selbstbewussten Frauen wollten ausschließlich kreativ tätig sein. Der von Direktor Gropius geforderten Serienproduktion von verkaufsfähigen Teppichen, Decken, Vorhängen und anderen Textilwaren setzten sie Widerstand entgegen. Das führte zu Konflikten, denn die Schule musste durch Einnahmen aus Verkäufen ihren Bestand sichern. Anregungen für Motive kamen u. a. von Formmeistern wie Paul Klee und Georg Muche.

Helene Börner bildete eine Vielzahl namhafter Textilkünstlerinnen aus. Die bekannteste war Gunta Stölzl, die nach ihrem Abschluss zur „Jungmeisterin" zunächst Werkmeisterin in Dessau wurde und dann bis 1931 die Werkstatt als Formmeisterin leitete.

Ende November 1920 unterschrieb Georg Muche zusammen mit Direktor Gropius, Johannes Itten, Lyonel Feininger und Gerhard Marcks ein Telegramm an Paul Klee in die Schweiz, das den Wunsch ausdrückte, Klee möge als Meister ans Bauhaus kommen. Der damals bereits erfolgreiche Künstler war am Ortswechsel und der Aufgabe mit einer festen Anstellung interessiert und zog mit seiner Familie nach Weimar. Bereits rund einen Monat später, am 1. Januar 1921, trat er die Stelle als Formmeister der Buchbindewerkstatt an. Er hielt der Schule weit über die Zeit von Walter Gropius als Direktor hinaus und bis zur erzwungenen Schließung in Berlin die Treue.

Die Buchbindewerkstatt, die Klee als Formmeister übernahm, war wie die Weberei aus der einstigen Kunstgewerbeschule hervorgegangen. Der handwerklich und gestalterisch hochversierte Otto Döpfner hatte sie privat übernommen und dann mit der Werkstatttechnik in die Bauhausschule eingebracht. Das funktionierte, bis Klee die künstlerische Leitung übertragen bekam. Döpfner war klassisch geprägt und ließ nur die klassische Gestaltung gelten. Klee stieß mit seiner modernen, malerisch bestimmten Auffassung bei ihm auf entschiedenen Widerstand. Schließlich blieb Gropius nur, den Vertrag mit Döpfners Buchbinderei aufzulösen und diese nur bei besonderen Publikationen des Bauhauses zu beauftragen.

Paul Klee hatte Glück bei der Wohnungssuche. Er fand eine mit elektrischem Licht ausgestattete Vierzimmerwohnung in einer auf der östlichen Seite des Parks an der Ilm gelegenen Villa. Diese stand frei nach allen Seiten inmitten eines großen Gartenhangs, Am Horn 53. Hausbesitzer Hugo H. Graf von Keyserlingk war 1919 aus Angst vor dem Bolschewismus nach Deutschland geflohen und hatte die Villa in Weimar erworben. Er war ein Freund von anspruchsvoller Musik, und da kam Paul Klee mit seinem Hobby als ernsthafter Musiker gerade recht. Man fand Gleichgesinnte, und Musikabenden stand nichts mehr im Weg. Bald gesellte sich auch Lyonel Feininger dazu, der ein vorzüglicher Geiger war.

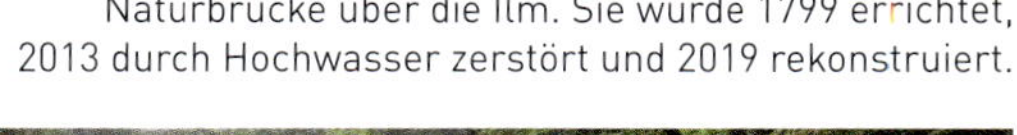

Naturbrücke über die Ilm. Sie wurde 1799 errichtet, 2013 durch Hochwasser zerstört und 2019 rekonstruiert.

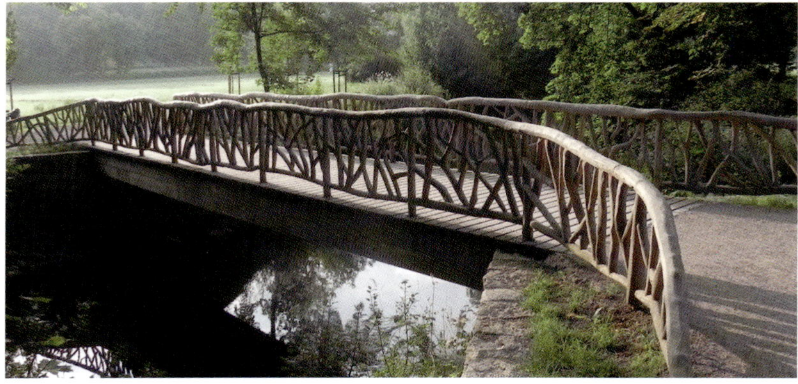

EIN NEUES LEITBILD

Zur Unterstützung bei der Ausbildung in den körper- und raumbildenden gestalterischen Bereichen kam zu Beginn des Jahres 1921 der Bildhauer, Maler und Bühnenbildner Oskar Schlemmer ans Bauhaus. Zunächst gab er Unterricht im Aktzeichnen und vermittelte Grundlagen über die menschlichen Körperproportionen und die Bewegungsabläufe im Raum. Schlemmer zog zunächst in Räume am hoch über Weimar gelegenen Rokokoschloss „Belvedere“ und später mit Frau und Kindern in die Prellerstraße 14.

Die Lehrlinge der nunmehr zehn Werkstätten – reaktivierte wie neu eingerichtete – hatten eine einjährige Ausbildungszeit hinter sich und der Meisterrat konnte bei einer Sitzung Mitte März 1921 erste positive Ergebnisse feststellen. Doch angesichts der Tatsache, dass die Dauer der Lehre auf drei Jahre ausgelegt war, war der Neuansatz der Schule noch nicht mit vorzeigbaren Werkstücken belegt. Die Diskussion der Meister untereinander machte für Gropius zwei Mängel deutlich: Die Werkstätten arbeiteten weitgehend isoliert voneinander und es gab wenig Rücklauf zu Ittens Vorkurs. Die Feststellung im Meisterrat, dass die Werkstattmeister kaum etwas über die künstlerischen Ideen und Gedanken der die Werkstätten leitenden Formmeister wussten, wog besonders schwer für die Umsetzung der Bauhausidee. In einer Erklärung, die sich noch mehrfach änderte, wurde dieser Zustand kritisiert.

Mit dem 15. März 1921 wurde eine neue Zuordnung der die Gestaltungslinie in den Werkstätten bestimmenden Formmeister vorgenommen, und zwar wie folgt: Oskar Schlemmer – Steinbildhauerei / Georg Muche – Holzbildhauerei sowie Weberei / Walter Gropius – Tischlerei / Gerhard Marcks – Töpferei / Johannes Itten – Gold-, Silber- und Kupferschmiede sowie Wand- und Glasmalerei / Lyonel Feininger – Kunstdruckerei / Paul Klee – Buchbinderei.

Darüber hinaus wurden Gespräche und Vorträge über die Fachgrenzen der Werkstätten hinaus als unerlässlich angesehen.

Johannes Itten, der den Vorkurs prägte und die gestalterische Linie mehrerer Werkstätten bestimmte, wurde mit seiner Lehrmethode und Lebensphilosophie im Laufe des Jahres 1921 zu einem erheblichen Problem für Gropius, als dieser sich wieder stärker der Weiterentwicklung des Bauhausgedankens widmete. Vordem hatten ihn die Macht-, Raum- und Finanzierungskämpfe zwischen der alten, wiedererstandenen Malerhochschule und der Bauhausschule ganztägig gebunden, und er war deshalb zunächst froh gewesen, dass Itten sich intensiv um die Ausbildung an der Schule kümmerte. Nun jedoch drängten neue Anforderungen auf eine Klärung und Lösung. Hierzu gehörten die aufgrund der beginnenden Inflation steigenden Kosten für Lehrbetrieb und Gebäudeunterhaltung. Außerdem trafen neue internationale Kunst- und Architekturentwicklungen auf die expressive Formenwelt, mit der die deutsche Kunstlandschaft, einschließlich des Bauhauses, auf die Niederlage im Krieg reagiert hatte.

Von 1917 an entstand in Siegerländern wie Sowjetrussland und den Niederlanden ein neuer Kunststil, der Konstruktivismus. Seine Gestaltungsmerkmale waren die Reduzierung der Bildsprache und der räumlichen Gestaltung auf geometrische Grundformen und die Grundfarben des Farbkreises sowie Schwarz und Weiß. Im Russischen Konstruktivismus erfolgte eine Weiterentwicklung zur „Ablösung von der Schwerkraft“ mit zum Himmel strebenden Formen. Dies wurde von Walter Gropius (Märzgefallenendenkmal) und weiteren Bauhauskünstlern (Freischwingermöbel von Marcel Breuer und Ludwig Mies van der Rohe) aufgegriffen. 1921 war der Konstruktivismus bis Weimar und in die Bauhausschule hinein vorgedrungen. Das erforderte eine Reaktion.

Gropius' Freund Adolf Behne hatte diese modernste Kunst 1920 bei einer Reise in die Niederlande entdeckt und brach mit seiner bisherigen schwärmerischen Zuneigung zum Expressionismus. Die Konstruktivisten orientierten sich am rechten Winkel und den Grundfarben Rot, Blau und Gelb sowie Schwarz und Weiß, die für die Malerei von Piet Mondrian bestimmend waren. Diese Formenwelt begeisterte vor allem Architekten wie J. J. P. Oud, Cornelis van Eesteren und Gerrit Rietveld, die sich mit Gleichgesinnten in der losen Gruppierung „De Stijl“ zusammengefunden hatten. Zentrale Person der neuen modernen Kunstentwicklung in den Niederlanden war der Maler, Theoretiker und Publizist Theo van Doesburg. Ihm gelang es ab 1917, mit der gleichnamigen Zeitschrift für die „De Stijl“-Gruppe einen publizistischen Mittelpunkt zu schaffen und deren Leitgedanken in der internationalen modernen Kunstwelt zu verbreiten.

Adolf Behne lud Walter Gropius und Adolf Meyer nach Berlin zu einem Treffen bei Bruno Taut ein, als Theo van Doesburg Ende 1920 die deutsche Hauptstadt besuchte. Nur zwei Wochen später stand der Niederländer vor

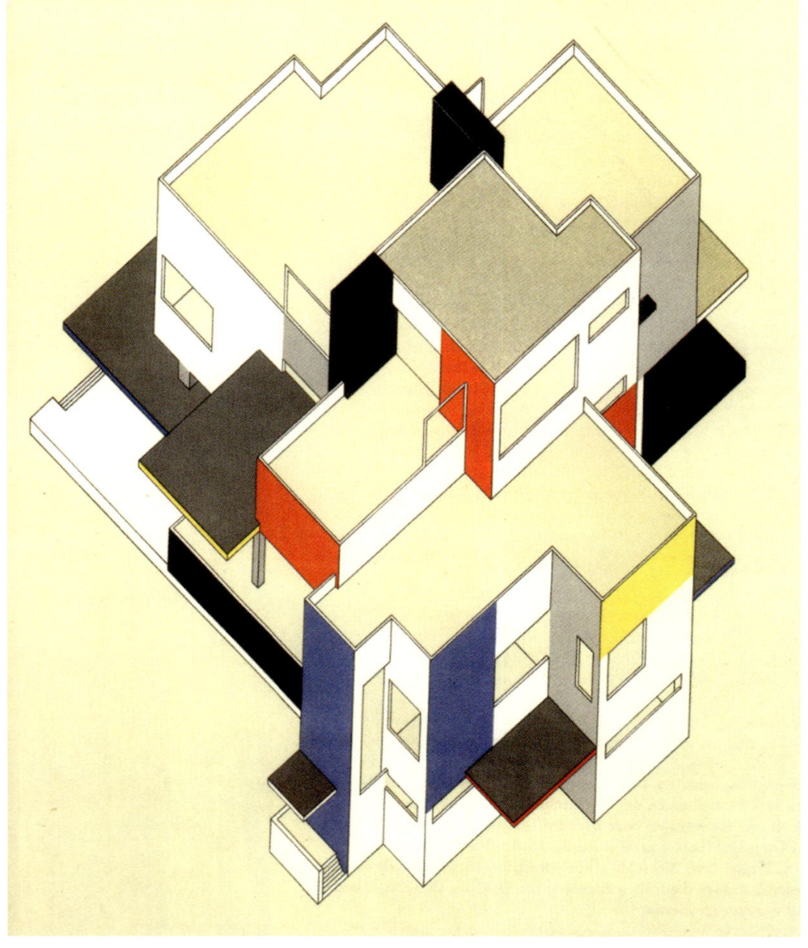

Maison Particulière von Theo van Doesburg und Cornelius van Eesteren, Isometrische Raumkomposition mit Primärfarben, Schwarz und Weiß, 1923

großem Publikum im Bauhaus in Weimar und hielt einen Vortrag, der für viel Interesse und Aufregung sorgte. Aufgebracht waren vor allem Itten und seine Anhänger, da van Doesburg offenbar unverhohlen gegen den für ihn überholten Expressionismus und das rein auf sich selbst bezogene Kunstschaffen wetterte.

Gerade war der Kulturkrieg zwischen den traditionellen Kunstvertretern Weimars und dem Bauhaus zur Ruhe gekommen, da brach schon ein neuer, nunmehr unpolitischer Krieg um die zukünftige Form von Kunst aus. Itten wollte das Individuelle mit spirituellem Einschlag, van Doesburg und die Mitglieder von „De Stijl" eine Kunst, die ohne Individualität Formenklangbilder schuf, die Betrachter inspirieren konnten. Dazu mussten diese jedoch lernen, die Sprache der neuen Kunst zu lesen.

Der Meisterrat hielt sich zurück, denn das Ziel des Vortrags von van Doesburg war spürbar: Er wollte als lehrender Meister an das Bauhaus berufen werden. Johannes Itten interessierte jedoch nicht, was Theo van Doesburg dachte, und es interessierte ihn auch nicht, was seinem Direktor schlaflose Nächte bereitete. Er ruhte in sich, getragen von seinem reinen künstlerischen Wollen und der Mazdaznan-Welt seines Glaubens, der christliche, hinduistische und zarathustrische Elemente verband. Diese versuchte Itten, wie der Prediger einer Sekte, auf die Schüler des Vorkurses zu übertragen.

Wie Lothar Schreyer, Oskar Schlemmer, Paul Klee und schließlich auch Wassily Kandinsky wurde Itten von der Musikpädagogin und -theoretikerin Gertrud Grunow unterstützt. Sie unterrichtete und publizierte zu Themen wie „Der Aufbau der lebendigen Form durch Farbe, Form, Ton" und hatte Tänzer und Musiker begeistert, ans Bauhaus nach Weimar zu kommen. Damit hatte sie das individuelle, schöpferisch-künstlerische Potenzial der Schule gestärkt. Nicht zuletzt durch ihre Unterstützung erlangte Itten eine Führungsrolle am Bauhaus. Er beeindruckte die Bauhausschülerschaft mit seinen Lehrmethoden und Lebensanschauungen. Die Schüler im Vorkurs und die Lehrlinge in den von Itten betreuten Werkstätten konnten sich allein der Kunst und einer Lebensweise widmen, die bis zu kultischen Körperhandlungen und vegetarischer Ernährung reichte.

Diese Entwicklung hatte der Direktor bisher angesichts seines eigenen früheren Hanges zum Spirituellen und zu symbolischen Formen toleriert und die kostengünstige vegetarische Ernährung der Schülerschaft wegen des Mangels an Lebensmitteln unterstützt: Ein Nebengebäude der Schule war zu einer Küche für Selbstversorgung ausgebaut und am östlichen Ilmhang, neben der Villa Am Horn, in der Paul Klee mit Familie wohnte, ein Gartengelände zum Anbau von Obst und Gemüse gepachtet worden.

Auch um den Ausbau von Internatsräumen kümmerte sich Gropius, weil viele avantgardistische Studenten, etliche von ihnen aus anderen Ländern, sich vom traditionellen Elternhaus abgenabelt hatten und von dort keine Unterstützung mehr erhielten. Direktor Gropius war für die Studenten der Kümmerer, doch in ihren Augen nicht mehr die zentrale Figur, die sie einst begeistert und zum Studium animierte hatte. An diese Stelle war nun Itten getreten, und seine Anhängerschar erschien den eingesessenen Bürgern

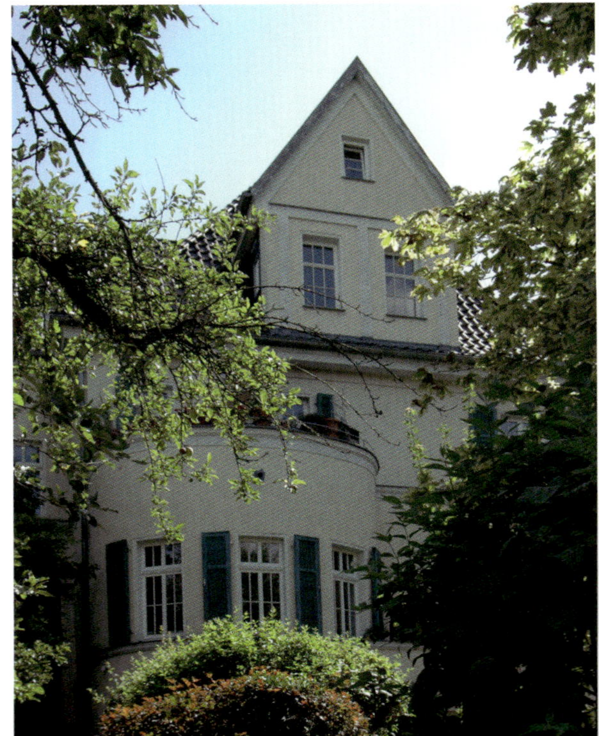

Villa von Hugo II. Graf Keyserlingk. Wohnung von Paul Klee von 1921 bis 1925. Auf dem Nachbargrundstück entstand 1923 das „Haus Am Horn".

von Weimar wie ein fremdes Völkchen, das in ihrem Thüringer „Inselreich" gelandet war. Als Gropius das bemerkte, war es fast schon zu spät. Doch die meisten der von ihm berufenen Formmeister hielten ihm die Treue, wie etwa Lyonel Feininger, der gegenüber seiner Gattin achtungs- und liebevoll beschrieb, wie sich ihr „Gropi" abrackerte, um die Schule vor einer Rückstufung zur Kunstgewerbeanstalt zu retten, was viele seiner Gegner in Weimar betrieben und erhofften.

Dieser „Gropi" war ein geschickter Stratege, der mit einem unerwarteten Vorstoß zu neuen Zielstellungen für das Bauhaus aufwartete. Bei der Meisterratssitzung am 3. Februar 1922 gab er eine Erklärung ab, die nach van Doesburgs Vortrag über Weihnachten hinweg in ihm gereift sein musste. Er erklärte, dass die ursprüngliche Hinwendung der Bauhauslehre zum Handwerk notwendig gewesen sei, um in den Jahren der Nachkriegsmangelwirtschaft überhaupt etwas gestalten und herstellen zu können. Deshalb sei auch die Orientierung auf die Gotik, die Blütezeit der Meisterschaft im Bauhandwerk, richtig gewesen. Nun jedoch stelle die moderne technische Welt mit ihren Fabriken, in denen in großen Mengen Waren aus neuartigen Materialien hergestellt würden, neue Anforderungen auch an die Gestaltung. Dem müsse sich das Bauhaus stellen, um nicht in romantischen Lebensvorstellungen und Eigenbrötelei zu versinken. Die Ingenieure der neuen technischen Welt seien auf das Funktionieren ihrer Maschinen und Fabriken orientiert. Zu ihnen müsse man den Kontakt suchen.

Seine neuen Ideen begann Gropius wenige Tage später aufzuschreiben. Er nutzte Gedanken aus dem Vortrag von van Doesburg, in dem dieser auf die Wechselwirkung von Leben, Kunst und Technik hingewiesen hatte. Bei den einführenden Gedanken müssen ihn Bruno Tauts utopische Überlegungen zur „Auflösung der Städte" geleitet haben, denn Gropius' Vorstellungen verstiegen sich auf einer utopischen Leiter in eine ferne Zukunft. Der Weg dorthin lässt sich aus heutiger Sicht mit den Worten umschreiben: Vorwärts, vorwärts und unaufhaltsam weiter.

In einem Deutschland, in dem sich die Hyperinflation und neue politische Kämpfe bereits andeuteten, war das Ausdruck von Hoffnung und zugleich gutwilliger Selbstbetrug. Gropius schloss sich diesem an, als er niederschrieb, dass die moderne technische Entwicklung und die vollständige Industrialisierung der Welt dazu führen würden, die Bedürfnisse aller Menschen anzugleichen, damit sie durch den technischen Fortschritt befriedigt werden könnten. Dabei würden sich die Rassen und die Völker auf der Grundlage eines „Weltverkehrs" auflösen und die Erde zur Heimat aller werden.

Bruno Taut verfolgte zu dieser Zeit den Gedanken, dass sich Häuser aus Stein und damit auch Städte aus „Steinhäusern", da sie fest an einen Ort gebunden sind, auflösen würden, denn die Zukunft gehöre dem mobilen Menschen. Deshalb seien vorgefertigte, montierbare und umsetzbare Behausungen anzustreben. Der französische Architekt Le Corbusier hatte derartige Behausungen mit dem Begriff „Wohnmaschine" bezeichnet. Gropius nutzte diesen Begriff für seinen vorgenannten Text, den er jedoch nicht öffentlich machte. Die Niederschrift des Manuskripts erinnerte Gropius wieder an die eigenen Ideen für Serienhäuser und seriell vormontierte Wohnsiedlungen, die er bereits nach 1910 verfolgt hatte. Diese Gedanken ließ er in die weitere Arbeit des Bauhauses einfließen. Später in Dessau erwies sich dieser Ansatz mit der Siedlung Törten und dem Stahlhaus als praktisch lösbares Konzept und schließlich bei Großsiedlungen mit vorgefertigten Bauelementen als eine praktikable Möglichkeit, der Wohnungsnot zu begegnen. Im Gegensatz zu den Vorstellungen von der Abschaffung von Rassen und Völkern blieb die Idee von der „Wohnmaschine" keine Utopie.

DAS BAUHAUS STELLT AUS – DIE KUNSTWELT LOBT UND WEIMAR IST EMPÖRT

Mit den im Februar notierten Gedanken hatte Walter Gropius einen völligen Umschwung vollzogen: von der These der Bauhaus-Gründungszeit „Kunst und Handwerk – eine Einheit" zu einer neuen These „Kunst und Technik – eine neue Einheit". Das äußerte sich in einem neuen Bauhaussignet. Bislang war der bei einem Wettbewerb preisgekrönte Entwurf des Schülers Karl Peter Röhl von 1919, das sogenannte „Sternenmännchen", genutzt worden. Dieses Signet zeigte mit expressiver Linienführung ein Strichmännchen, das von einem Schriftkreis umgeben war und auf dem Kopf eine vieldeutige Pyramide balancierte. Nun kam ein neues Signet mit einem von Oskar Schlemmer in konstruktivistischer Art entworfenen Männerprofil zum Einsatz. Lag das nur am Stilwandel des Bauhauses oder auch daran, dass Röhl als Überläufer galt, der vom Bauhaus in die Meisterklasse von Professor Klemm in der abgespaltenen Hochschule der bildenden Künste wechselte und nun im eigenen Atelier weiterstudieren konnte?

Der Umbruch in Gropius' gestalterischem Leitbild wirkte sich auf die Lehre am Bauhaus und zugleich auch in seinem Architekturbüro aus, das sich von der großen, eindrucksvollen Geste des Expressionismus verabschiedete. Die Grundrisse und die Gestaltung der Gebäude orientierten sich nun an ihrem Zweck, d. h. an den funktionalen Abläufen der Nutzung. Mit dem Haus Otte in Berlin begannen die Reduzierung der Gebäudeform auf klare Architekturelemente und der Verzicht auf allen Schmuck auf der Fassade. Nun gelang es Gropius auch, in der Nähe von Weimar, in Jena, ein Bauwerk zu planen und zu realisieren. Er erhoffte sich dabei, sein Büro in Thüringen profilieren zu können.

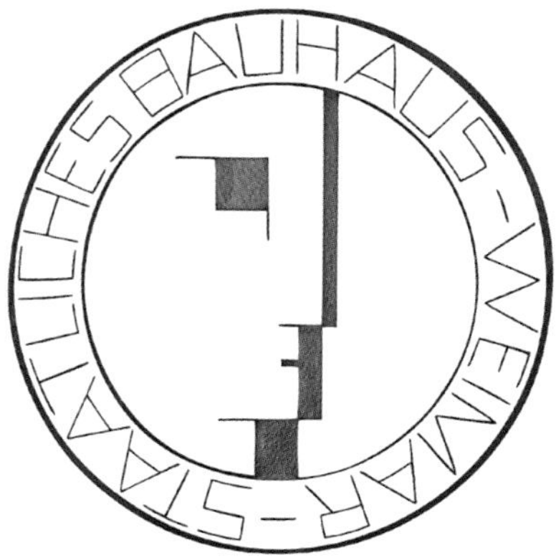

Zweites Bauhaus-Signet. Entwurf von Oskar Schlemmer. Es wurde ab 1922 genutzt

Der Auftrag war ein Umbau, zunächst unter Leitung des Jenaer Stadtbaudirektors. Dieser hatte für das alte Stadttheater, eine Spielstätte des von Generalintendant Ernst Hardt geleiteten Weimarer Theaters, nur eine halbherzige neue Gestaltung vorgesehen, was zum Streit mit den Auftraggebern führte. Dabei verlor der Stadtbaudirektor seinen Posten und Gropius erhielt die alleinige Bauleitung. Nun konnte er gemeinsam mit Adolf Meyer und Büromitarbeiter Fred Forbát seine nach den Maßstäben von „De Stijl" entwickelten Vorstellungen umsetzen: Alle späteren Anbauten und der historisierende Schmuck wurden entfernt. Es blieben die kubischen konstruktiven Strukturen, die durch die abschließende Farbgestaltung die beabsichtigte moderne Wirkung erlangten. Mit der Farbgebung wollte Gropius ursprünglich Theo van Doesburg beauftragen. Doch bei den Gesprächen der beiden wollte der niederländische Künstler seine eigenen Vorstellungen gegen Gropius durchsetzen. Deshalb erhielt Oskar Schlemmer den Auftrag, zusammen mit Werkstattlehrlingen die Ausmalung zu übernehmen. Zugleich wurde anstelle von van Doesburg der studierte Jurist, Maler und Dichter Lothar Schreyer am 21. Oktober 1921 zum Meister berufen.

Theo van Doesburg hatte sich mit Frau Nelly, die als dadaistische Pianistin „Petro" ebenfalls international bekannt war, bereits 1921 in Weimar niedergelassen und plante nun, sein eigenes Kunstkonzept gegen Gropius und das Bauhaus in der Stadt zu installieren. Die Wohnung im Haus Am Horn 53, in dem auch Bauhausmeister Paul Klee wohnte, gab van Doesburg auf, wechselte in die Lisztstraße 25 und schließlich in die Belvederer Allee 49, das Haus von Paul Undeutsch, dem einstigen Mitarbeiter van de Veldes.

Von einem gemieteten Atelier am Schanzengraben 8 (heute An der Falkenburg 3) agierte van Doesburg gegen das Bauhaus und richtete die Redaktion seiner Zeitschrift „De Stijl“ ein. Er hielt Vorträge, u. a. in der Villa „Dürkheim“ in der Gutenbergstraße, und gab 1922 Kurse für Interessierte. Diese fanden vorwiegend im Atelier des Bauhausstudenten Klaus-Peter Röhl statt und wurden auch von Schülern des Bauhauses und deren Freunden besucht.

Gropius seinerseits hatte sich nach einer Auseinandersetzung mit Itten wohl mit seinen engsten Vertrauten abgestimmt. Feininger könnte den Direktor gewarnt haben, als dieser fragte: „Was halten Sie vom Niederländer und sollen wir Itten halten, wenn sein Vertrag ausläuft?“

Gropius vermutete richtig, dass sich van Doesburg als Ittens Nachfolger sah. Der Niederländer verließ Weimar Ende 1922. Er war in seiner selbstgesetzten Mission, Meister im Bauhaus zu werden, gescheitert und zog mit Gattin Nelly nach Berlin. Dabei versäumte er nicht, Gropius mit herabwürdigenden Bezeichnungen zu belegen.

Die Wirkung Theo van Doesburgs auf das Bauhaus in Weimar und dann in Dessau war kraftvoller, tiefgreifender und nachhaltiger als der künstlerische Einfluss mancher der am Bauhaus Weimar wirkenden Formmeister. Erkennbar ist das beispielsweise an einem Gebäudemodell, das der junge Architekt Bernhard Sturtzkopf im Kurs bei van Doesburg geformt hatte und das erhalten blieb. Es ähnelt den später in Dessau entstandenen Meisterhäusern, bei deren Planung Sturtzkopf als Mitarbeiter in Gropius' Privatbüro mitwirkte.

Auch andere Büromitarbeiter und angehende Jungmeister müssen dem Niederländer in Weimar an den Lippen gehangen und viel von dem begriffen haben, was ihnen während der Kriegszeit von der internationalen Entwicklung vorenthalten worden war. Die Bauhausgebäude, Innenraumgestaltungen und Möbel, die später in Dessau entstanden, sind neben der Orientierung an ihrer Funktion deutlich vom künstlerischen Erbgut des „De Stijl“-Konstruktivismus geprägt.

Wenig beachtet blieb in der kunsthistorischen Betrachtung der Weimarer Bauhauszeit ein Kongress, der etliche heute als bedeutende avantgardistische Künstler ihrer Zeit genannte Künstler in Weimar und Jena zusammenführte. Theo van Doesburg und seiner Ehefrau Nelly war es gelungen, ohne jede Abstimmung mit dem Bauhaus einen Künstlerkongress der Konstruktivisten und Dadaisten zu organisieren. Sowjetrussische Konstruktivisten um El Lissitzky und Exilkonstruktivisten aus Ungarn wie László Moholy-Nagy und dessen Gattin gehörten zu den Teilnehmern.

Den Konstruktivisten war die Haltung gemeinsam, dass die Welt der alten Monarchien und deren Kulturbild zerstört und durch eine auf die neue technische Welt bezogene Formenkultur ersetzt werden müsse. Die ungarischen Exilkonstruktivisten wollten den alten Staat ganz abschaffen und hatten den Sieg der proletarischen Revolution im Visier. Die Niederländer um Theo van Doesburg, van Eesteren, J. J. P. Oud oder Gerrit Rietveld hingegen waren, und das verband sie mit Walter Gropius, Gegner aller Ideologie und setzten darauf, dass mit einer von klaren Formen und Farben geprägten Gestaltung die Welt der Zukunft entstehen würde.

Kongressteilnehmer waren auch abtrünnige Bauhäusler und Teilnehmer der Kurse von Doesburgs wie der spätere Theoretiker der Gestaltungslehre Max Burchartz mit seiner Frau sowie als Einzelkämpfer der damals 22-jährige Architekt Bernhard Sturtzkopf, der die konstruktivistischen Gedanken später bei seinen Warenhausentwürfen für den Schockenkonzern nutzen konnte.

Was die meisten der Eingeladenen nicht wussten, war, dass Theo van Doesburg auch zur 1916 in der Schweiz entstandenen Dadaisten-Szene gehörte und deren Protagonisten ebenfalls nach Weimar eingeladen hatte. Die Dadaisten wollten nur das Alte zerstören und hofften, dass sich aus den Trümmern etwas Neues formen würde. Ein Prinzip gab es dabei nicht. Angereist waren Künstler, die heute zu den namhaftesten Dadaisten der Kunstgeschichte gezählt werden, wie Hans Arp, Tristan Tzara und Kurt Schwitters.

Zu den Konzerten, die während des Kongresses stattfanden, waren Walter Gropius und die Bauhausmeister sicherlich nicht erschienen, aber viele Bauhausschüler kamen, die Beifall klatschten, während die „Kulturbürger" verschreckt den Saal verließen. Kursteilnehmer und abtrünnige Schüler des Bauhauses beteiligten sich an einem legendären Zug durch Weimars Kneipen und hinterließen eine dadaistischen Kartengrafik mit dem Motto „Wir verlassen das Bauhaus".

Zum Zusammentreffen von Theo van Doesburg mit Walter Gropius und Oskar Schlemmer kam es am 24. September 1922 vor der Wiedereröffnung des Theaters in Jena. Walter Dexel, Ausstellungsleiter des modern orientierten Jenaer Kunstvereins, der mit allen Anwesenden gut befreundet war, notierte nachfolgend, wie er das Treffen erlebte: Die neue Raumgestaltung hatte van Doesburg kritisch betrachtet, dann sei er aus der Rolle gefallen und habe Schlemmers farbige figürliche Deckengestaltung vernichtend beurteilt. Schlemmer habe deprimiert geschwiegen, Gropius ihn etwas kleinlaut verteidigt und dann bei nächster Gelegenheit auf eigene Kosten die Malereien Schlemmers wegstreichen lassen.

Noch einen anderen Konflikt löste der Theaterumbau aus. Dieser hatte einen ökonomischen Anlass, wurde dann jedoch zum Grundsatzstreit zwischen Johannes Itten und Walter Gropius über die Rolle der Bauhauswerkstätten. Mehrere davon hatte die Bauhausschule dank staatlicher Darlehen mit neuer Technik ausstatten können. Die Tilgung der Darlehen musste erwirtschaftet werden und das bedeutete, dass neben den künstlerisch-experimentellen Entwurfsarbeiten auch praktisch nutzbare Werkstücke für den Verkauf hergestellt werden mussten.

Das passte dem Thüringer SPD-Volksbildungsminister Greil ins Konzept, da er die künstlerische Ausbildung im Freistaat, konkret die mit dem Bauen verbundene Kunst, mit den Ansprüchen der Volksmassen verknüpfen wollte. Er gab Gropius und der Bauhausschule Rückendeckung, weil diese nicht auf die pure Befriedigung des Massenbedarfs, sondern auf die Qualifizierung von dessen Gestaltung orientiert waren. Noch wusste Minister Greil die Mehrheit im Landtag hinter sich und räumte dem Bauhaus für die Tilgung der Darlehen Zeit ein. Das war auch nötig, denn bislang erzielten nur die Arbeiten der Töpferei und Weberei, die nun sogar mit einem Stempel versehen wurden, einen Erlös, der half, die Raten des Darlehens abzutragen. Aber die Formmeister machten auch deutlich, dass die Zahl der vorzeigbaren und marktfähigen Werkstücke sehr gering sei. Davon hatten sich alle Meister auch bei der Werkstattausstellung von Lehrlingen und Gesellen ein Bild machen können, die im April 1922 präsentiert worden war. Diese Ausstellung war ein Grund, weitere Werkstätten technisch auszubauen und zu modernisieren. Dafür wurde der Schule ein weiteres Darlehen vom Staat gewährt.

Ebenso hatte Gropius entschieden, dass die Werkstätten in baupraktische Aufgaben eingebunden wurden, die meistens, wie beim Theaterumbau in Jena, über sein Büro kamen. Das führte zum Konflikt mit Itten, der sich Arbeiten wie dem Bau der Theaterbestuhlung verweigerte. Gropius setzte sich durch, erhielt die Unterstützung des Meisterrats, und Itten kündigte die künstlerische Werkstattbetreuung auf. Der schon seit langer Zeit schwelende Konflikt zwischen dem Vorkursmeister und dem Bauhausdirektor eskalierte nun und führte schließlich dazu, dass Itten das Bauhaus verließ.

Widerspruch gab es auch von vorwiegend älteren Bauhausschülern, die sich als Künstler und nicht als Produzenten von Marktartikeln verstanden. Die Problematik offenbarte sich spätesten mit dem Abschluss der Lehre, denn die Gesellenprüfung erfolgte gemeinsam mit der Handwerkskammer, und diese interessierte für die Ausstellung eines Gesellenbriefs nicht das originale und originelle Kunstwerk, sondern ein handwerklich und gestalterisch solides Produkt. Doch wer sollte Gesellen in der Zeit einer heraufziehenden Hyperinflation anstellen und beschäftigen? So entstand die Idee, dem Bauhaus Produktionswerkstätten anzugliedern, die wie ein Privatunternehmen losgelöst von staatlicher Finanzierung und damit aber auch frei von staatlichem Einfluss existieren konnten. Die Erlöse sollten helfen, die Schule mitzufinanzieren und unabhängiger vom Wohlwollen der staatlichen Finanzbehörde zu machen.

SPD-Volksbildungsminister Greil begrüßte den Gedanken, doch sein Genosse Finanzminister war gegenteiliger Ansicht. Dessen Worte dazu könnten gewesen sein: „Mir reicht es, wenn die Künstler gegen Honorar ordentliche bequeme Stühle auf dem Reißbrett im Atelier entwerfen und dann private Tischler und Polsterer in ihren eigenen Werkstätten die Herstellung übernehmen. Dann hätte der Staat mit den Werkstattkosten nichts zu tun und kann Steuern einnehmen. Sonst aber trägt der Staat das finanzielle Risiko, wenn die über Darlehen finanzierten Werkstätten der Schule nicht funktionieren."

Um die neue gestalterische Grundlinie des Bauhauses zu stützen, berief Gropius im Juni 1922 den mit einem Bezug zur Musik abstrakt malenden Wassily Kandinsky als Meister ans Bauhaus. Kandinsky hatte mit seiner Frau aus Sowjetrussland fliehen müssen. Vor dem Weltkrieg war er neben Gabriele Münter und Franz Marc das wichtigste Mitglied der expressionistischen Münchner Künstlergruppe „Blauer Reiter" gewesen. Nach der Revolution war er nach Russland zurückgekehrt und wollte helfen, eine neue moderne russische Kultur aufzubauen. Doch er geriet in Widerspruch zum Bolschewismus und verlor infolge der Flucht Geld und seine neueren Werke.

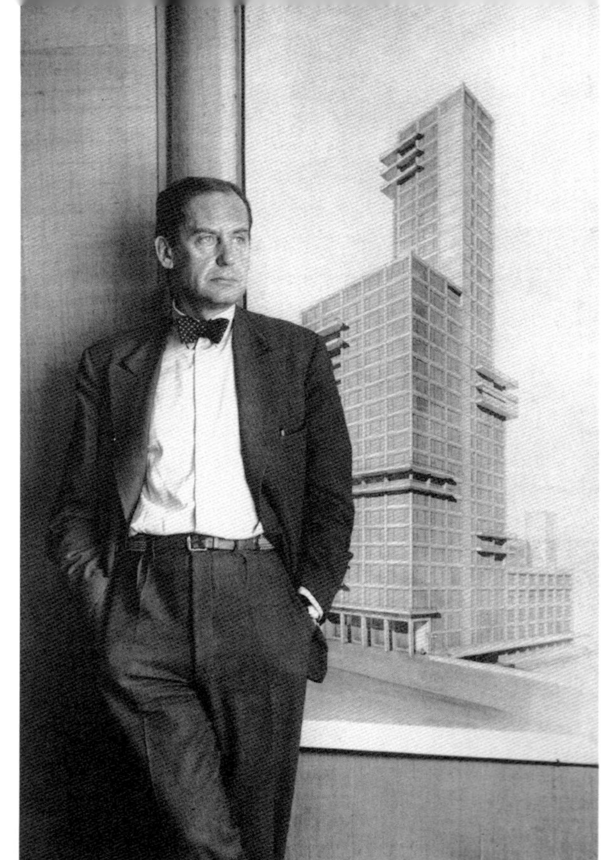

Walter Gropius vor dem Schaubild des von ihm und Adolf Meyer 1922 eingereichten Wettbewerbsbeitrags für den Neubau des Tower der Zeitung Chicago Tribune.

Kandinsky erwies sich als richtige Wahl für das Bauhaus, denn er reduzierte die Gestaltungslehre ebenfalls auf geometrische Grundformen. Seine Farb- und Formenzuordnungen beeinflussten bald die Entwürfe der Schule. Blau ordnete er dem Kreis zu, Rot dem Quadrat und gelb dem Dreieck. Seine Theorie publizierte er 1926 unter dem Titel „Punkt und Linie zu Fläche".

Im Juli 1922 präsentierte Gropius bei einer Ausstellung im Bauhaus alle Planungen seines privaten Büros ab 1911, unterbrochen von den Kriegsjahren. Zur selben Zeit wurde Fred Forbát mit der Entwicklung einer Kleinsiedlung für Studenten des Bauhauses auf dem Gelände Am Horn beauftragt. Dafür war eine Baugesellschaft gegründet worden. Forbát entwickelte Häuser in Würfelform aus typisierten Grundelementen, deren Wände zwischen Holzschalungen aus Beton gegossen werden konnten.

Die Planung war nicht ausgereift. Nichts davon wurde gebaut. Von da an planten Gropius, Meyer und ihre Mitarbeiter nur noch Häuser mit Flachdach. Ohne eine sichtbare Dachschräge war der Weg zum schmucklosen Kubus möglich, den nicht das Streben nach Ausdruck, sondern die reine Funktion bestimmte. Die entsprechenden Konstruktionen dafür ermöglichten Stahlprofile und Beton.

Das war auch das Konzept des Büros beim internationalen Wettbewerb für den Tower der „Chicago Tribune", der noch vor Ende 1922 entschieden wurde. Walter Gropius, Büropartner Adolf Meyer und Mitarbeiter Carl Fieger hatten sich für einen aus drei unterschiedlich hohen Kuben bestehenden Turmbau entschieden. Balkenartige Kragplatten, die an mehreren Stellen und in verschiedenen Höhen aus dem Bau hervorstanden, sollten den Blick an der Fassade in die Höhe rhythmisieren. Für die Konstruktion war ein vorgefertigtes Stahlskelett mit Terrakottaverkleidung im Quadratraster vorgesehen.

Die Preise gingen fast alle an amerikanische Teilnehmer, die 37 deutschen Entwürfe dagegen leer aus. Der danach realisierte erste Preis war ein Turm mit „gotisierender" Verkleidung und einem gotischen Bauwerken nachgeahmten Kronenaufsatz. Die avantgardistische europäische Architektur hatte das amerikanische Preisgericht und den amerikanischen Architekturgeschmack noch nicht erreicht.

RUHE VOR DEM STURM

Großsiedlungen und Großplattenbauten waren Schlagworte bei der Bewältigung der Wohnungsnot nach dem Zweiten Weltkrieg. Als sich in den 1960er Jahren die Siedlungen des Massenwohnungsbaus wie Medusenarme aus den alten Städten ins Umland hinausschoben, war kaum noch im öffentlichen Bewusstsein, dass Walter Gropius zu ihren Vätern gehörte. Bereits vor dem Ersten Weltkrieg hatte der spätere Bauhausdirektor über die Montage von Wohnhäusern aus getypten Bauteilen nachgedacht. Er erhielt dazu nur einige gut gemeinte Worte, aber keine reale Unterstützung. 1922 holte er die alten Manuskripte und Pläne wieder hervor, als sich in seinen Überlegungen zum Leitbild des Bauhauses mit „Kunst und Technik – eine neue Einheit" ein grundlegender Wandel vollzogen hatte. Auch sein Manuskript zum Thema „Wohnmaschinen" lag wieder griffbereit auf seinem Schreibtisch.

Die Schule hatte, um ihre Existenz und Entwicklung zu sichern, von der Landesregierung ein Darlehen in einem erheblichen Umfang erhalten. Volksbildungsminister Greil machte dabei deutlich, dass die Zustimmung des Landtags an die Bedingung geknüpft war, es müsse sehr bald öffentlich erkennbar sein, wie das Konzept der Schule erfolgreich umgesetzt würde. Er drängte Gropius zu einer Ausstellung, in der nicht nur, wie bei der kürzlichen Präsentation der Arbeiten von Lehrlingen und Gesellen, die Leistungen der Werkstätten zu sehen wären. Vielmehr müsse deren Zusammenspiel mit dem Bauen und der Architektur sichtbar werden. Die Bauhausschule müsse im Land Thüringen als eine Einheit wahrgenommen werden und einen klaren Blick in die Zukunft präsentieren. Greil erhoffte sich eine Vorbildwirkung für seine eigenen Schulstrategien, die er mit „Arbeitsschule" umschrieb. Direktor Gropius sagte zu und konzipierte in Gedanken die Ausstellung für den Sommer 1923.

Nun war die Zeit reif, über eine Wohnsiedlung nachzudenken, die mit Bauelementen vorgefertigt und dann auf der Baustelle montiert werden konnte. Nach den Vorstellungen des Bauhausdirektors sollte sie im Zentrum der von Greil geforderten Ausstellung stehen. Bereits am 24. März 1922 übergab Gropius im Meisterrat einen ersten Vorschlag. Seine Kollegen waren nicht begeistert, sie hielten nach dem erreichten Arbeitsstand der Ausbildung den Termin für verfrüht. Gerhard Marcks kommentierte trocken, dass nur einige „Stöffchen" und „Töpfchen" in den Schränken lagerten, die es wert seien, öffentlich begutachtet zu werden. Die Besucher aus Europa würden sich über die Ausstellung „amüsieren". Sein Direktor ließ sich nicht irritieren, denn es war noch mehr als ein Jahr Zeit, Vorzeigbares zustande zu bringen.

Bald darauf unterbreitete Gropius neue Vorschläge für die Bauhausausstellung. Er drängte, wenigstens ein Musterhaus auf der Straße Am Horn fertigzustellen. Die Planung war bereits in Arbeit, doch es sollten auch neue künstlerische Gestaltungen in den Bauhausgebäuden entstehen, die langfristig vorbereitet werden mussten. Die Idee, „Internationale Architektur" auszustellen, war noch im Reifen begriffen. Auch das Programm für eine aufsehenerregende Eröffnungswoche war zu entwickeln. Oskar Schlemmers „Triadisches Ballett", das im September in Stuttgart seine erfolgreiche Uraufführung erlebt hatte, war bereits ein fest eingeplanter Programmpunkt. Im Oktober wurde für die Bauhauswoche und die Bauhausausstellung eine

Kommission benannt. Ihr gehörten die Formmeister Schlemmer und Muche, Josef Hartwig, der Werkmeister der Stein- und Holzbildhauerei, sowie Kurt Schwerdtfeger als Vertreter der Gesellen und Marcel Breuer als Stimme der Lehrlinge an.

Für das geplante Musterhaus Am Horn stellte Gropius die in seinem Büro entstandenen Ideen vor. Student Farkas Molnár präsentierte einen Entwurf, den er „Roter Würfel“ nannte, und Georg Muche erläuterte mit einer beeindruckenden Rede seinen Entwurf, in den auch Gedanken von Schülerinnen und Schülern eingeflossen waren. Es kam zur Abstimmung unter Lehrern und Schülern. Muche hatte am meisten überzeugt und Direktor Gropius hatte schnell begriffen, dass es für das Ziel der Ausstellung, ein Gemeinschaftswerk öffentlich vorzustellen, günstiger war, wenn Muche mit den Schülern das Haus plante, es von Fachhandwerkern gebaut und von den Bauhauswerkstätten ausgestattet wurde. Hätten die jungen Bauhäusler nur die vom Büro Gropius geschaffenen Räume mit eigenen Arbeiten ausgefüllt, wäre der Effekt weitaus geringer gewesen. Entwurf und Bauleitung Muche zu übertragen, war für die Außenwirkung der Schule die bessere Lösung. Büroleiter Adolf Meyer sagte zu, Muche zu beraten.

Eine der wichtigsten Anregungen für das entstehende Architekturkonzept des Bauhauses war die im Oktober 1922 in der Berliner Galerie van Diemen & Co. eröffnete „1. Russische Kunstausstellung“ mit Objekten des russischen Konstruktivismus um El Lissitzky und Tatlin sowie figürlicher Malerei und Plastik, beispielsweise von Chagall und Archipenko. Es war ein Großereignis für die moderne Berliner Kunstszene ebenso wie für Interessenten, die von weither kamen. Walter Gropius, enge Mitarbeiter und Freunde vom Arbeitsrat durften nicht fehlen. Die russischen Konstruktivisten gaben ihnen die Gelegenheit, mehr zu sehen als die nach ästhetischen Prinzipien geschaffenen gegenstandslosen Kompositionen westeuropäischer Künstler. Vielmehr präsentierten die Russen nach ökonomischen Prinzipien und technischen Gesetzen geschaffene Konstruktionen, die sich auf das Ziel orientierten, eine neue sowjetische Gesellschaft zu gestalten. Ein Gedanke war das Überwinden der Schwerkraft mit Zuständen des Schwebens und der Balance Die späteren in Dessau realisierten Entwürfe von Gropius und die Ideen für das „Totaltheater“ von Erwin Piscator (1926/27) beruhen auf den Eindrücken, die die Ausstellung hinterließ.

Zur selben Zeit ging das Haus für den Rechtsanwalt Fritz Otte in Berlin seiner Vollendung entgegen. Die gebrochenen Kanten des Expressionismus waren noch im Dach vorhanden. Der Baukörper darunter zeigte bereits klare kubische Formen im rechten Winkel. Im Büro Gropius hatte der Stilwandel begonnen.

Schon zuvor hatten die Werkmeister aufbegehrt, dass sie gegenüber den im Meisterrat vereinigten Formmeistern zu gering bezahlt seien. Dabei konnten sie sich durchsetzen. Auch wollten sie dem Meisterrat angehören, was die Formmeister mit der Begründung ablehnten, sie seien die zur Kunst Berufenen, die Werkmeister aber die realisierenden Handwerker.

Weiteren Konflikt gab es um Dörte Helm, Bauhausschülerin in den Dekorationsmalerei- und Textilwerkstätten, die ihre Gesellenprüfung bei der Weimarer Handwerkskammer für Dekorationsmaler einen Eid abgelegt hatte und nun im Stand eines Gesellen auf dem Bau tätig war. Werkmeister Carl Schlemmer, Bruder von Oskar Schlemmer, stritt sich mit ihr bei Ausführungsarbeiten. Er wollte seinen Willen durchsetzen, sie berief sich auf Gropius. Carl Schlemmer fühlte sich zurückgesetzt und angegriffen. War er eifersüchtig? Unterstützt von Werkmeister Zachmann, der unter der Leitung von Gropius die Lehrlinge der Tischlerei betreute, unterstellte er Dörte Helm eine illegale Liebesbeziehung zum Direktor. Syndikus Dr. Beyer schloss sich den Anschuldigungen an, denn Gropius verdächtigte ihn einer unsauberen Buchführung und Abrechnung von Einnahmen der Schule.

Es kam zu einer Verhandlung im Meisterrat. Gropius hatte dabei klugerweise den Vorsitz niedergelegt. Die geheime Abstimmung ergab ein eindeutiges Votum für den Direktor. Die drei Denunzianten erhielten Hausverbot und wurden schließlich vom Arbeit gebenden Ministerium entlassen. Syndikus Lange wurde an die Stelle von Dr. Beyer berufen. Damit war der erneute innere Krieg im Bauhaus beendet.

Doch von außen wurde wieder zum Angriff geblasen, denn die drei aus der Schule Entlassenen hatten dem nationalkonservativen Landtagsabgeordneten Dr. Emil Herfurth nützliche Informationen zugespielt. Wie schon 1919 sah dieser damit die Chance gekommen, gegen Gropius und das Bauhaus ins Feld zu ziehen. Es kam Anfang 1923 zur öffentlichen Verhandlung im Landtag. Dr. Herfurth klagte an: Das Ausbildungsniveau der Bauhausschule sei mangelhaft, die Schüler und Lehrlinge seien undiszipliniert und unstet beim Lernen, die Verwendung der staatlichen Zuschüsse und Darlehen sei nicht sachgerecht dokumentiert, es fehle immer noch die Ausbildung im Bereich der Architektur sowie der Versuchsplatz zum Bauen. Schließlich kritisierte er die Verquickung des privaten Planungsbüros von Walter Gropius mit der staatlichen Schule. Er erklärte, dass sich der Freistaat das Bauhaus finanziell nicht leisten könne. Es solle sich realen Bedürfnissen anpassen und sich nicht auf verstiegene Ideen versteifen.

Der anwesende Walter Gropius erkannte: Wenn Dr. Herfurth nicht die neue Schule liquidieren konnte, wollte er wenigstens dafür sorgen, dass er, Gropius, auf der Strecke blieb.

Minister Greil antwortete für die Regierung und stellte fest, dass die Deutschnationalen das Ziel hätten, das Bauhaus als fortschrittliche Einrichtung zu beseitigen. Er argumentierte, dass man das Bauhaus als Versuch wagen müsse, wenn man im Land Fortschritt wolle. Dabei bezog er sich auf seinen Plan von „Arbeitsschulen“ in Thüringen, bei denen eine enge Verbindung zwischen theoretischem Unterricht und produktiver Tätigkeit erreicht werden sollte.

SPD-Abgeordneter Brill sah im Bauhaus eine Übergangsform zur sozialistischen Periode. Im Bauhaus habe man mit den Gedanken zur Normierung und Typisierung den Weg zur Industrialisierung begriffen und liefere dafür das notwendige „künstlerische Rüstzeug“. Zweifel hegte er an dem Gedanken vom „Gesamtkunstwerk“.

Gropius hatte Rederecht und konnte sachgerecht Erklärungen in eigener Sache geben. Er wies die Angriffe gegen die Schüler und die Vermengung von Kunst und Politik zurück. Dann stellte er das Konzept der Bauhausausstellung und des Musterhauses vor und erläuterte die Absicht des Meisterrates, in Werkstätten zu investieren, die für den Markt produzierten, um den Schülern Verdienstmöglichkeiten zu sichern.

Die Deutsche Volkspartei stand dem Bauhaus kritisch gegenüber. Ihr Sprecher bezweifelte den Zuspruch der Thüringer Industrie zum Bauhaus und nannte als Beispiel die Entwürfe für Textilien. Sie seien ungeeignet für eine industrielle Massenfertigung. Abgeordneter Krüger von der Deutschen Volkspartei sah, wie anfangs auch Gropius, die Quelle für den Widerstand gegen das Bauhaus in der Lokalpolitik. Er schlug vor, das Bauhaus nach Gotha zu verlegen, wo die demokratischen und sozialistischen Kräfte die Mehrheit besaßen.

Für die KPD sprach der Abgeordnete Tanner mit deutlichen Worten. Es sei nicht das Ziel der Kommunisten, mit Mitteln des Handwerks eine „sozialistische Kathedrale“ zu errichten. Handwerk sei das kleinbürgerliche Relikt einer untergehenden Epoche. Die KPD sehe die Zukunft in produzierenden Großbetrieben und Industrialisierung. Die Einheit von Kunst und industrieller Produktion werde wohl allerdings erst in einer kommunistischen Gesellschaft möglich werden. Man unterstütze das Bauhaus, doch nicht dessen kleinbürgerliches Programm. Dass dieses Konzept in einigen Jahrzehnten in Thüringen und anderen ostdeutschen Ländern unter dem Sammelbegriff „Volkseigentum“ zunächst umgesetzt wurde, zunehmend Widerstand auslöste und schließlich scheiterte, konnte damals keiner voraussehen.

Vor der Verhandlung am 24. Januar 1923 erschien im Amtsblatt des Thüringischen Ministeriums für Volksbildung ein programmatischer Text von Walter Gropius mit dem Titel „Idee und Entwicklung des Staatlichen Bauhauses“. Diesem folgten Vorträge in thüringischen Städten, deren Gedanken später im Text der Eröffnungsrede zur großen Sommerausstellung anklangen. Darin setzte Gropius sich mit der Erstarrung der reinen akademischen Kunstlehre auseinander und erläuterte, dass diese durch die Verknüpfung von durchdachter Gestaltungslehre und praktischer Werklehre überwunden werden könne. Die Einheit von Form, Technik und Ökonomie, die der Werkbund zum Ziel aller Gestaltung erklärt habe, könne nur bei der Arbeit am Werkstück, also in der Praxis, und nicht am Reißbrett entstehen. Gropius nannte als Beispiel für eine sinnvolle Lösung die für Thüringen geplanten „Versuchs-Arbeitsschulen“, wie sie Minister Greil anstrebe. Das war ein vom Bauhausdirektor ehrlich gemeinter Hinweis, doch für seine Gegner bot sich damit ein Angriffspunkt, das Bauhaus zum Sprachrohr der SPD-Politik zu erklären.

Wenige Tage vor diesem Artikel wurde der Entwurf für das Musterhaus Am Horn von Georg Muche und Adolf Meyer beim Bauamt in Weimar eingereicht. Damit konnte das Bauhaus belegen, dass nun der geforderte Weg zum realisierbaren Bauen an der Schule beschritten und das betont expressiv-künstlerische Leitbild der Formgebung von der Orientierung auf die Serienfertigung abgelöst wurde. Lothar Schreyer, der Leiter der Bauhausbühne, verließ deshalb 1923 die Schule. Oskar Schlemmer wurde sein Nachfolger.

Die große Politik steuerte in diesen Tagen auf eine Katastrophe zu. Deutschland konnte die Zahlungen an Frankreich, die sich aus dem Versailler Vertrag ergaben, nicht aufbringen. Die französische Regierung hatte deshalb beschlossen, sich die Kohlelagerstätten vom Rhein bis hin nach Dortmund als Pfand zu sichern und besetzte mit 100.000 Mann, unterstützt von belgischen Truppen, das Ruhrgebiet. Die Stadt Köln mit Oberbürgermeister Konrad Adenauer, die dem französisch besetzten Deutz am Rhein gegenüberlag, war als englischer Brückenkopf geschützt, das Umland jedoch nicht. Als die Reichsregierung zum passiven Widerstand aufrief, reagierten die Besatzungstruppen brutal. Es gab Tote. Im September stellte die deutsche Regierung den Widerstand ein.

Bei Besuchen in Berlin hatte Walter Gropius bei einer Ausstellung des „Sturm“ im Frühjahr 1923 den ungarischen Maler und Konstruktivisten László Moholy-Nagy und dessen Frau Lucia getroffen. Der Bauhausdirektor war von den beiden selbstbewussten Künstlern beeindruckt. Lucia war eine begabte Fotografin und László hatte das Malen aufgegeben, experimentierte konstruktivistisch mit neuen Medien und Materialien und nutzte seinen ingenieurtechnischen Verstand. Gropius hatte in ihm einen Ersatz für Johannes Itten gefunden. Er erläuterte Moholy-Nagy die Pläne zur Umgestaltung des Vorkurses, und mit dem 1. April 1923 war der Ungar als Nachfolger von Itten eingesetzt. Das Ehepaar Moholy-Nagy zog in Ittens einstige Wohnung in der Leibnizstraße 2.

Mit dem Wintersemester gliederte sich nun der Vorkurs in ein halbes Jahr bei Josef Albers, der die Werklehre übernommen hatte, danach unterrichteten László Moholy-Nagy zum Thema Material und Raum, Wassily Kandinsky zu Farbe und Paul Klee zum Thema Form. Mit dem Unterricht des Ungarn hatten einige ältere Formmeister allerdings Probleme. Gropius' Freund Gerhard Marcks empfand, dass mit dem „Neuen“ die Muse an einen Techniker verraten worden sei.

Im April begann der Bau des Musterhauses, die Baugrube wurde ausgehoben. In der Besatzungszeit hatte sich die Inflation zu einer Hyperinflation entwickelt. Das wirkte sich auch auf die Kosten der Bauhausausstellung aus. Diese explodierten und steigerten sich ins Unermessliche. Selbst die vom Reichpräsidenten Friedrich Ebert eingegangene Spende zerrann zwischen den Fingern, und alles Geld, das die 1922 gegründete Baugenossenschaft

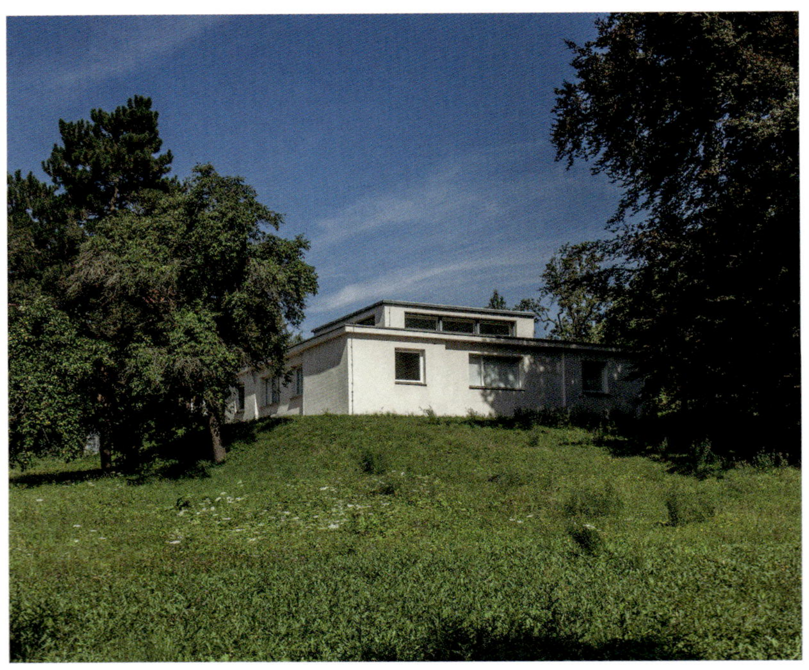

für das Musterhaus und die als Erweiterung gedachte Mustersiedlung eingeworben hatte, war wertlos geworden. Das zwang die Genossenschaft in die Knie. Gropius' Unternehmerfreund Adolf Sommerfeld fing schließlich die Baukosten auf. Er beschwerte sich laut über die Kostensteigerung, doch er zahlte und erwarb nach der Ausstellung das Haus.

Die Bauzeit betrug vier Monate Es wurden weitgehend kostengünstige Materialien genutzt, die unter den Nachkriegsbedingungen neu auf dem Markt waren und für die die Hersteller werben konnten Beispielhaft war vor allem die Küchen- und Haustechnik mit Zentral-Kohleheizung im Keller und moderner Technik in der Küche, dem Bad und für die Hauswäsche. Das Musterhaus diente vor allem der Demonstration der modernen, auf Zweckmäßigkeit orientierten Lebensweise einer drei- bis vierköpfigen Familie ohne Hauspersonal. Danach richtete sich auch die Möblierung, die von Bauhauslehrlingen und Gesellen in den Werkstätten angefertigt wurde. Das Musterhaus war folglich kein Musterwohnhaus, vielmehr ein Ausstellungspavillon, in dem Möbel und Gebrauchsgegenstände der verschiedenen Werkstätten präsentiert wurden.

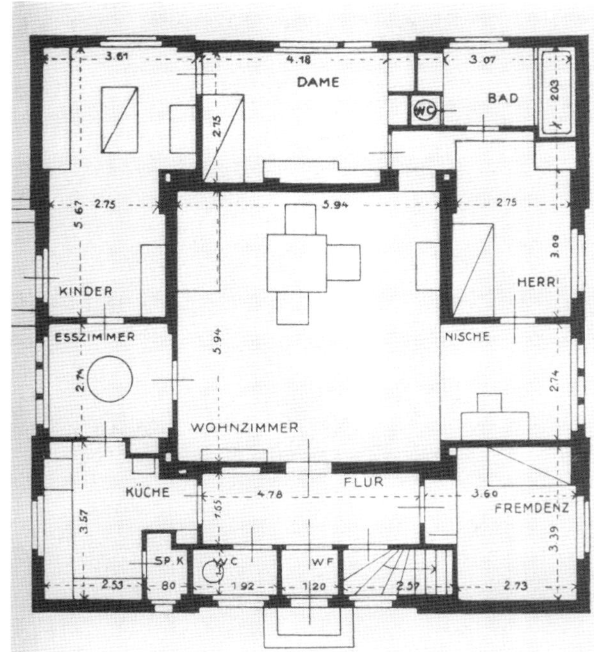

Musterhaus Am Horn. Das von Georg Muche entworfene Haus entstand anlässlich der Bauhausausstellung 1923 als Demonstrationsobjekt für die Auffassungen des Bauhauses zum modernen Wohnen

Grundriss des Hauses Am Horn. Die Räume waren als Ausstellungsräume konzipiert und mit Arbeiten der Bauhausstudenten und -werkstätten ausgestattet.

Das vom Bahnhof Weimar und dem Stadtzentrum weit entfernt liegende Musterhaus war der als dauerhaft konzipierte Teil der Ausstellung. In der geplanten Ausstellungszeit vom 15. August bis 30. September 1923 waren ferner die Eröffnung mit der fünftägigen „Bauhauswoche“ sowie Ausstellungen der Werkstätten im Hauptgebäude und dem gegenüberliegenden Haus der einstigen Kunstgewerbeschule vorgesehen. Dabei sollten dauerhafte Raum- und Wandgestaltungen von Oskar Schlemmer und Joost Schmidt die von Henry van de Velde geschaffenen Raumwirkungen in Treppenhausbereichen im Sinne der neuen Bauhausästhetik überformen. Das Direktorenzimmer, das Gropius bis 1925 nutzen würde, sollte zu einem mustergültigen Büroraum gestaltet und so die Formensprache des Bauhauses in drei Dimensionen erlebbar werden.

Das „Gropius-Zimmer“ entstand nach den Konzepten des „Gesamtkunstwerks“ im 1. Obergeschoss des östlichen Teils des Bauhaushauptgebäudes. Es wurde als ein Raumwürfel mit fünf Metern Kantenlänge in einem ursprünglich rechteckigen Raum geschaffen und umfasst drei Bereiche: Eingangsbereich mit Regalen, Gesprächsbereich mit Sitzmöbeln und Arbeits-

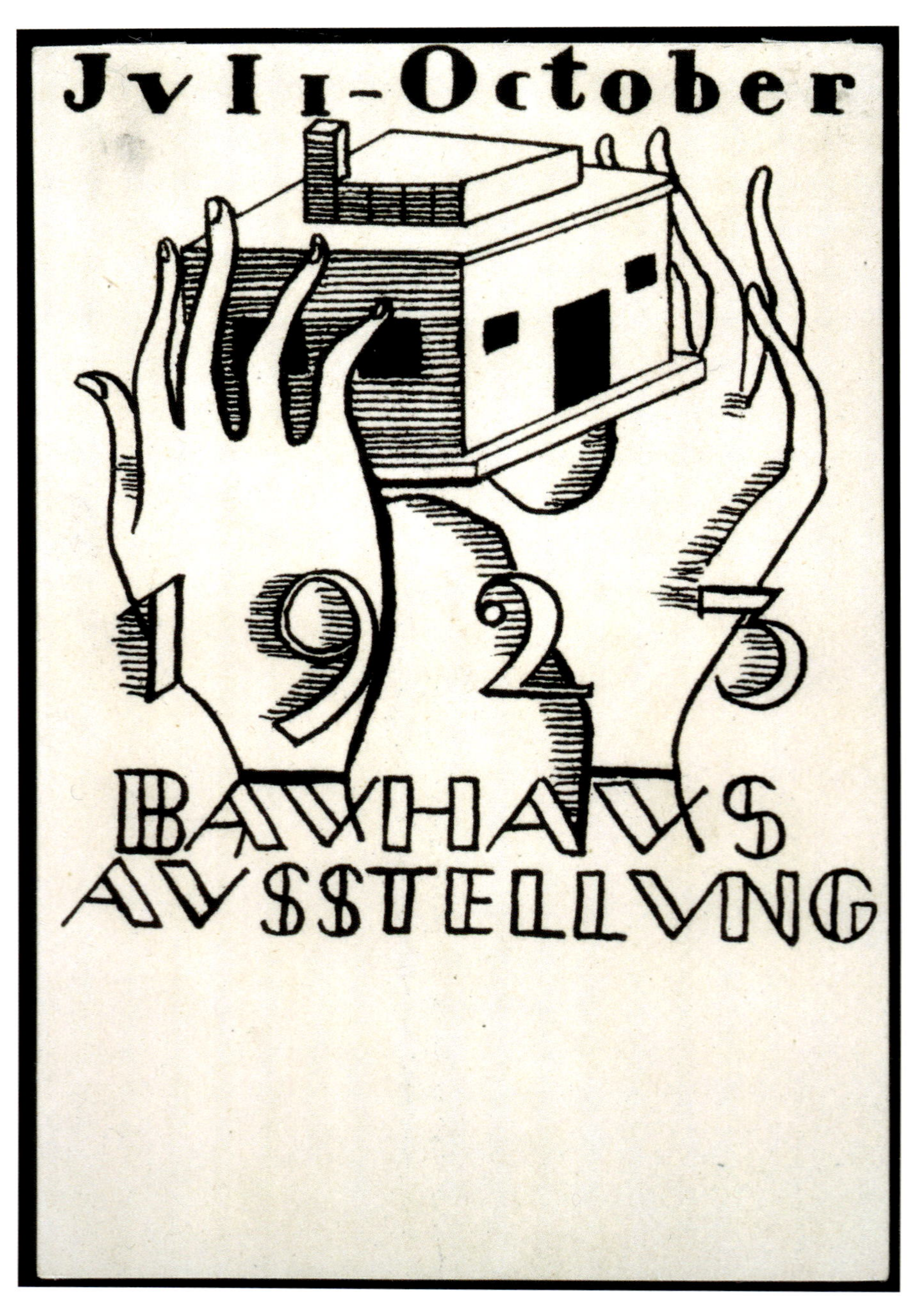

Bauhauspostkarte No. 6 von Gerhard Marcks.
Werbung zur Bauhausausstellung in Weimar 1923

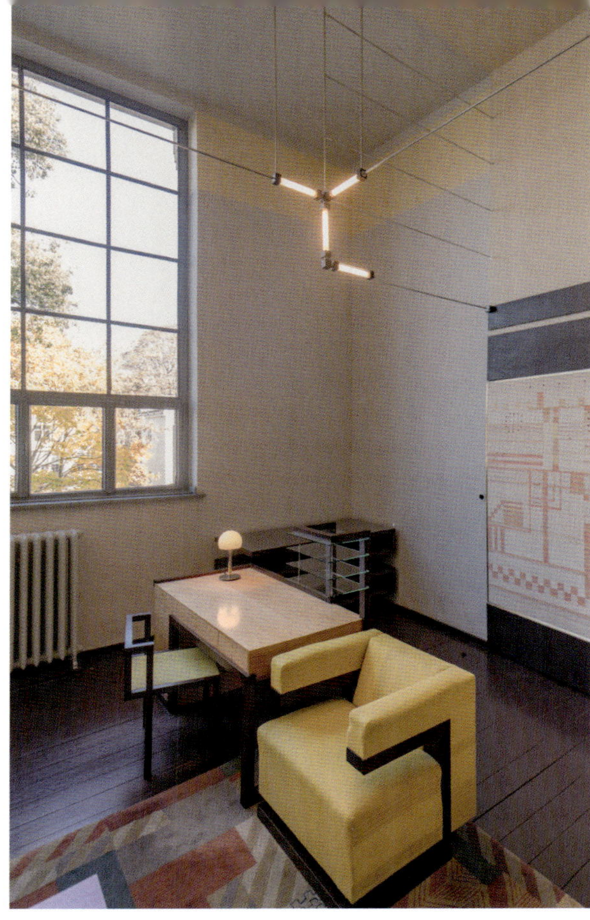

Büroraum des Direktors im Hauptgebäude des Bauhauses Weimar. Musterraumgestaltung anlässlich der Bauhausausstellung 1923

bereich mit Schreibtisch und Regal. Die Raumausleuchtung erfolgt durch eine Konstruktion in Stabform mit Souffittenleuchten. Mehrere Werkstätten waren mit Mobiliar, Teppich und Wandbehang an der Gestaltung beteiligt. Das Büro gilt heute als früheste Innenraumkomposition der modernen Architekturepoche. Der heute präsentierte Raum ist eine Rekonstruktion von 1999.

Das Hauptgebäude war auch als Standort für die von Gropius seit langer Zeit überlegte, doch erst vier Monate zuvor intensiv vorbereitete Ausstellung „Internationale Architektur“ vorgesehen. Hinter diesem Titel verbarg sich nicht nur, wie alle im Meisterrat dachten, eine Präsentation von Zeichnungen, Fotos und Modellen aktueller internationaler Bauwerke. Vielmehr verfolgte Gropius offenbar ähnliche Gedanken wie einst beim Vortrag zur aktuellen Industriearchitektur, den er in Hagen im Auftrag von Karl Ernst Osthaus gehalten hatte. Die Recherche zu diesem Vortrag ermöglichte ihm damals die theoretische Grundlage für die mit Adolf Meyer entworfenen Fagus-Werke in Alfeld. Die Ausstellung von Werken namhafter Kollegen, wie Mies van der Rohe, der Brüder Taut, des Holländers J. J. P. Oud, der modernen Tschechen und vor allem Frank Lloyd Wrights und Le Corbusiers, sollte nach den Vorstellungen des Direktors mehreren Zwecken dienen.

Um nicht erneut zu provozieren, sprach er nicht laut aus, dass er den Weimarer Provinzbürgern zeigen wollte, was in der Welt außerhalb von Thüringen vor sich ging. Wesentlich waren ihm aber andere Anliegen: die Information der Lehrer und Schüler über neue Entwicklungen in der Architektur, die Motivation der Mitarbeiter des eigenen Büros, die nach den vorherigen expressionistischen Entwürfen nun die neue konstruktivistische Formenwelt in eigenen Planungen umsetzen sollten, und schließlich eine Art Selbststudium. Gropius wollte durch die Analyse der Arbeiten seiner Kollegen jene neuen architektonischen Mittel erkennen, die ihn und sein Büro weiterbringen konnten.

Das war dringend notwendig, denn er hatte in der Weimarer Zeit in der Stadt selbst kein einziges Haus realisieren können, das sich nach modernen Maßstäben mit einem von Le Corbusier oder Erich Mendelsohn messen konnte. Da Gropius den organischen Formen von Hermann Finsterlin und Hans Scharoun nichts abgewinnen konnte, suchte er zur Komplettierung mit Hilfe von Adolf Behne Kontakte zu Architekten im Ausland, die seinen eigenen Formenvorstellungen entsprachen. Neben deutscher Architektur konnte er nun Beispiele aus den Niederlanden, Tschechien, Frankreich, Dänemark sowie Amerika ausstellen. Mit 21 Werken seines eigenen Büros wertete er dieses im internationalen Kontext auf.

Gropius wollte jedoch nicht nur den Blick auf das international Neue lenken, er suchte auch eine Antwort darauf, welche Wirkung dieses Neue im internationalen, d. h. einem weltweiten Zusammenhang bewirken konnte. Führte der Weg zu einer „Weltarchitektur“, die von einheitlichen Formen bestimmt war?

Gropius' Dauerthema war von Henry Fords Produktion kostengünstiger Personenkraftwagen am Fließband für große Käuferzahlen beeinflusst: Er strebte den Bau von Wohnsiedlungen aus vorgefertigten Bauteilen an. Damit waren eine Typisierung und Normierung verbunden, die es möglich machten, dass die Teile von der Außenwand bis zu den Inneneinbauten zusammenpassten. Varianten sollten Abwechslung ins Gesamtbild bringen.

Zu Beginn der erst jetzt einsetzenden Industrialisierung des Bauens war der rechte Winkel in der Planung bestimmend. Deswegen verabschiedeten sich Gropius und Adolf Meyer von den expressiven Schrägen im Grundriss und vermieden Kreisformen und schwungvolle Krümmungen, denn konstruktive Einfachheit und standardisierte Möblierung waren dabei nicht möglich.

Wie schon bei seinem Manuskript „Wohnmaschinen" bestieg Gropius wieder die Leiter zur Utopie. So, wie die Bevölkerung der modernen Zivilisation Kleidung trage, die sich über Grenzen hinweg immer ähnlicher werde, und so, wie die Autos sich in ihren Formen immer mehr annäherten, ob sie nun in Amerika, Deutschland oder Italien gebaut würden, so würden sich, vermutete Gropius, auch die Behausungen der Menschen weltweit annähern. Ein den Globus umspannender einheitlicher Baustil und damit eine zukünftige „Internationale Architektur" würden entstehen.

Den Gedanken hatte schon 1916 Hermann Muthesius in seinem Buch „Der Deutsche nach dem Krieg" publiziert, allerdings von der Vorstellung geprägt, dass sich ein zukünftiger klarer deutscher Formenwillen mit einem deutschen Erfolg im Ersten Weltkrieg international verbreiten würde. Muthesius hatte geschrieben: „Deutlich und kernhaft tritt hier das deutsche Wesen hervor und stellt sich in Gegensatz zu [...] romanisch beeinflussten. [...] Nach dem Krieg wird es zwei Welten geben, die niedergehende romanische und die kühn aufstrebende germanische."

Muthesius hatte damit zeitgenössische Gedanken vieler deutscher Architekten, Künstler und Unternehmer formuliert. Walter Gropius hingegen war das bittere Ende dieser nationalistischen Selbstüberhebung zwischen den Toten an der Front bewusst geworden. Seinen Vorstellungen von zukünftiger internationaler Formensprache war deshalb alles Politische fern. Es glaubte an den Siegeszug einer klaren, auf Funktionen bezogenen Formensprache, jedoch ohne jede Anbiederung an ideologisch geprägte Systeme.

Doch Gropius stieg bald von der utopischen Gedankenleiter wieder auf festen Boden herunter. Seinem städtebaulichen Denkmodell für den Massenwohnungsbau aus vorgefertigten Teilen blieb er hingegen bis zum Lebensende treu.

Etwas abgelegen von der Bauhausschule war mit dem von Dr. Köhler geleiteten Nationalmuseum Weimar eine weitere Ausstellung verabredet.

Hier sollten Meister des Bauhauses gemeinsam mit begabten Gesellen und Lehrlingen Werke der Malerei, Grafik und Bildhauerkunst zeigen.

Für die Eröffnungswoche hatte Walter Gropius alle Hebel in Bewegung gesetzt. Es war ihm gelungen, neben Vertretern der Politik auch namhafte Architekten wie Rotterdams Stadtarchitekten J. J. P. Oud zu einem Vortrag einzuladen. Mit großer Übersicht hatte er die Werbetrommel gerührt und die überregionale Presse zum Ereignis nach Weimar eingeladen. Die Bauhauskünstler fertigten 20 Motive für Kunstpostkarten an. Ein Bauhausverlag wurde gegründet, um das Buch „Staatliches Bauhaus in Weimar 1919–1923" mit Originallithografien in hoher Auflage selbst verlegen zu können.

Mitten im Trubel der Ausstellungsvorbereitungen hatte sich im privaten Leben des Bauhausdirektors eine entscheidende positive Wandlung vollzogen. Am 28. Mai 1923 reiste Gropius nach Hannover, um dort im Provinzialmuseum einen Vortrag zu seinem neuen Lieblingsthema „Einheit von Kunst, Technik und Wirtschaft" zu halten. Unter den Zuhörern waren Ilse und Hertha Frank, Töchter eines Regierungsbeamten in Wiesbaden und Miterbinnen der Frank'schen Eisenwerke. Vor allem Ilse Frank war nicht nur vom Vortrag, sondern auch vom Referenten selbst mehr als angetan. Gropius wurde ebenfalls auf sie aufmerksam und noch am selben Abend entschloss er sich, den Kontakt zu der sympathischen und offenbar klugen und belesenen jungen Frau nicht wieder abreißen zu lassen. Sie arbeitete weit entfernt von Weimar als Buchhändlerin in München. Der Weg war Gropius nicht zu weit. Er besuchte sie und lud sie zur Bauhausausstellung Mitte August ein. Ausgestattet mit dem Auftrag, das Ereignis für eine Münchner Zeitung zu besprechen, traf Ilse Frank kurz vor der Eröffnungswoche in Weimar ein.

Ilse Frank, die Gropius seit den gemeinsamen Wochenenden in München nur „Ise" nannte, wohnte während ihres Weimar-Aufenthalts im Hotel, nicht bei Gropius in seiner Wohnung in der Steubenstraße. Von dort ging oder fuhr der Bauhausdirektor früh zu den Ausstellungsorten, um den Fortschritt an den vielen Ausstellungsbereichen zu überwachen. In der Nacht eilte er wieder nach Hause. Für den Bedarfsfall hatte die Haushälterin eine Speise zur Nacht im Eisschrank verstaut. Zwischendurch beriet Gropius sich mit den Meistern, prüfte die Vorbereitung der geplanten Konzert- und Theateraufführungen und feilte an der eigenen Eröffnungsrede. Doch er fand Zeit, auch zum gemeinsamen Essen und Plaudern mit Ise. Seinen Freunden im Meisterrat stellte er sie als bereits lieb gewordene Freundin vor, den übrigen als „Fräulein Frank", die für die Münchner Presse berichtete. Das öffnete Ise die Türen in die Werkstätten.

Bei den Besuchen dort begleiteten sie Gropius' Lieblingsstudenten wie der erst 23-jährige Österreicher Herbert Bayer. Dieser hatte vor zwei Jahren am Bauhaus bei Itten begonnen, dann Kluges bei Klee vernommen und wurde nun von Kandinsky in die Geheimnisse der Wandmalerei eingeführt. Der andere Lieblingsschüler und Begleiter Ises war Marcel Breuer, noch zwei Jahre jünger als Bayer, ein Ungar jüdischen Glaubens und zum Erfinder geboren. Er hatte nach einer Lehre in der Bauhaustischlerei sein Gesellenstück für das Haus Am Horn geliefert: „Toilettentisch für die Dame". In der Werkstatt zeigte er Ise seine Experimente beim Bau von Stühlen aus kräftigen Holzlatten und erste Versuche, Stühle aus Stahlrohr zu fertigen. Er erklärte ihr, dass es sein Ziel sei, Möbel aus Grundelementen wie Maschinen zu montieren und zugleich auf ihre Nutzbarkeit zu achten.

Zum Schluss des Rundgangs durch die Schule, die sich auf das große Sommerereignis vorbereitete, wurde Ise zu den Wandgestaltungen in den Treppenhäusern geführt. Im Hauptgebäude hatte Joost Schmidt vier Reliefs mit stereometrischen Formen installiert und die durchbrochenen Treppengeländer mit einer dünnen Metallhaut überformt. Doch Schmidts Arbeiten sollten keine lange Lebenszeit haben, anders als die Figuren und Malereien von Oskar Schlemmer im Treppenhaus des Werkstattgebäudes. Ein Oberlicht brachte am Tag die Farben und Formen von Schlemmers Werken besonders zur Geltung. Er stilisierte in geometrischer Art, doch die menschliche Figur blieb dabei erlebbar. Erst als 1933 Paul Schultze-Naumburg, einer der Gründer des Deutschen Werkbundes und von 1930 an Mitglied der NSDAP, Direktor der Nachfolger-Schule wurde, ließ er Schlemmers Arbeit als entartet entfernen. Als einer der wichtigsten Propagandisten der NS-Kulturideologie war Schultze-Naumburg bemüht, die Spuren des Bauhauses zu tilgen. Schlemmers Figuren und Malereien konnten später rekonstruiert werden.

Herbert Bayer zeigte Ise stolz die Gestaltung, die er auf der Wand eines Nebentreppenhauses aus Anlass der Ausstellung hatte vornehmen können. Ise empfand sie als gut gemachtes Formenexperiment im modernen

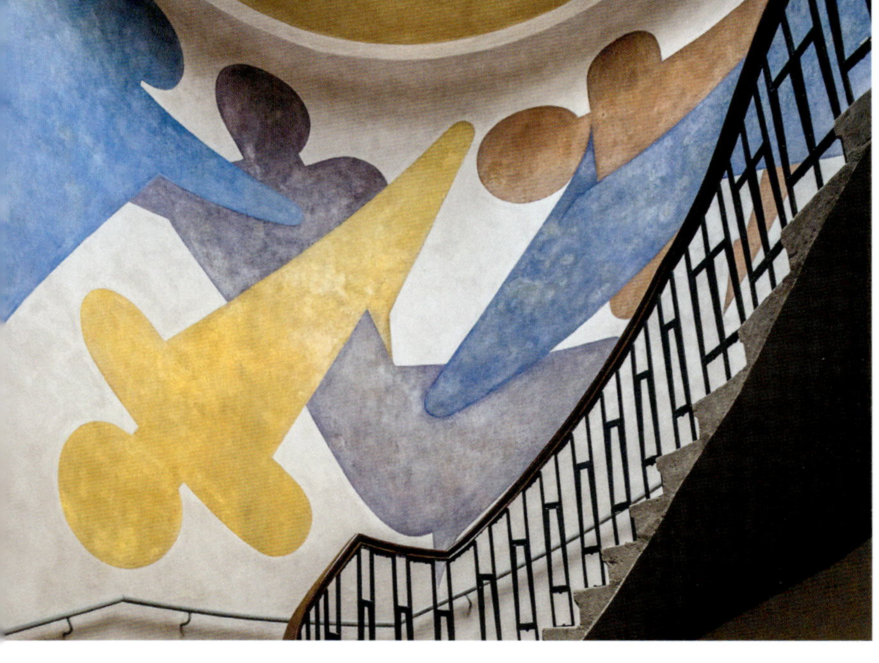

Figurenfries von Oskar Schlemmer im Treppenhaus des Bauhaus-Werkstattgebäudes, 1923, zerstört nach 1933, Rekonstruktion 1979

Reklamestil, aber nicht als Bild. Bayers Werk überlebte die Ausstellungswochen einige Zeit.

Gropius war froh, Ise bei seinen beiden Schülern in guten Händen zu wissen, denn auf ihn stürmten nun die ersten Presseleute und bald auch die persönlich geladenen Gäste ein. Rotterdams Stadtarchitekt Oud war im Hotel Elephant eingetroffen. Als Gropius ging, um ihn zu begrüßen, stand er wieder vor dem Hotel, in dem er viele Monate gewohnt hatte. Er schüttelte den Kopf bei dem Gedanken. Verstaubte Gründerzeit. Im Erdgeschoss ein Torbogen mit weit auskragendem verglastem Vordach und einer Elefantenskulptur als Markenzeichen oben aufgesetzt. Darüber zwei Geschosse mit den anspruchsvolleren Zimmern und einem „Marktblick", unterm Dach kleine Fensterchen. Zwillinge, vier nebeneinander. Die Zimmer des Personals. Links neben dem Hotel schmale Häuser. Ein Goldschmied und Uhrenhändler, ein Futtermittelhändler. Rechts daneben ein weiteres Hotel, „Zum Schwarzen Bären", Weimars älteste Beherbergungsstätte. So sah es auch aus. Die Marktfront rief nach frischer Farbe.

Der niederländische Gast erwartete Gropius in der Eingangshalle neben dem Empfang. Er hatte einen verschnörkelten Kamin vor sich, eine gewendelte Steintreppe sah er zur Linken und daneben war der Blick in den Innenhof frei. Über ihm drückte eine schwere Holzdecke aufs Gemüt. Die beiden begrüßten sich.

„Wie können Sie das ertragen, Gropius?“

„Gar nicht. Das ist das alte Weimar und viele seiner Bürger lieben es.“

„Man sollte das alles abreißen und neu bauen. Ich werde Ihnen im Vortrag zeigen, was ich in Rotterdam plane.“

Gropius bat Oud in den Garten, den ein Brunnen mit einer gewaltigen Elefantenfigur zierte. Es gab Sitzbänke und grüne Ranken, Sommerblumen und Buschwerk. Gropius erläuterte das Programm der Bauhauswoche: Er werde sie nach den Begrüßungsworten, die er sich von dem gesondert eingeladenen Reichskunstwart Edwin Redslob erhoffe, mit einem Vortrag zu „Kunst und Technik – eine neue Einheit“ eröffnen. Wassily Kandinsky würde über „Synthetische Kunst“ sprechen. Danach hoffe man Interessantes und Neues über die moderne Baukunst in den Niederlanden zu erfahren. Es würde das „Triadische Ballett“ im Nationaltheater zu sehen und neue Klaviermusik von Busoni zu hören sein. Paul Hindemiths „Marienlieder“ hätten Weltpremiere und die Aufführung von Strawinskys „Geschichte vom Soldaten“ solle im Rahmen einer Matinee erneut dargeboten werden. Im Nationalmuseum würden Bauhauskünstler aktuelle Arbeiten der Malerei und Plastik vorstellen und in Jenas Stadttheater habe Kurt Schmidts „Mechanisches Ballett“ Premiere.

„Leider kann ich nicht die gesamte Zeit in Weimar sein, aber die Ausstellung mit Beiträgen zur internationalen Architektur will ich dann doch sehen“, merkte Oud an.

„Die finden Sie mit den Arbeiten von Ihnen und denen der anderen Niederländer im Bauhaus-Hauptgebäude. Es wird mir eine Freude sein, Sie zu führen“, versprach Gropius. Dass er dabei vor allem an den Kommentaren des namhaften „De Stijl“-Mitglieds interessiert war, kam nicht über seine Lippen.

Zur Abschlussveranstaltung der Bauhauswoche auf der Wiese im Flussbogen der Ilm war Walter Gropius an Ises Seite. Bayer und Breuer durften dabei nicht fehlen und sorgten für Getränke. Viele der anderen Bauhausschüler hatten sich am Musterhaus versammelt, um in einem Lampion-Zug vom Hornberg hinab zur Festwiese zu laufen, bunt und heiter wie immer bei einem Schulspektakel. Am Ziel bildete Goethes Gartenhaus den Hintergrund. Die Lampion-Lichter waren die Ergänzung zur Inszenierung „Reflektorischer Lichtspiele“ der beiden Bauhausschüler Hirschfeld-Mack und Schwerdtfeger, die mit beginnender Dämmerung vorgeführt wurden. Zum Abschluss erfreute ein Feuerwerk zwischen den Ufern der Ilm die Besucher.

Ilse Frank und Walter Gropius hatten in den Tagen der Eröffnung der Bauhaus-Ausstellung trotz der vielen Gäste näher zueinandergefunden und beschlossen, den in diesem Sommer hektischen Zuständen in Weimar wenigstens für einige Tage zu entfliehen. Sie reisten über Verona nach Venedig. Als die beiden die Füße wieder in die Steubenstraße 32 setzten, begannen Hochzeitsvorbereitungen. Ise war inzwischen mit in die Steubenstraße gezogen, der 16. Oktober als Tag der Hochzeit festgelegt, kurze Zeit nach Ende der Ausstellung.

Vor diesem Termin drängte Ise auf einen Besuch der Keramischen Werkstätten in Dornburg. Sie hatte Gerhard Marcks am Ausstellungsstand der Dornburger Keramik im Hauptgebäude kennengelernt. Dort wurden auf einer abgetreppten Fläche Arbeiten aus der unteren künstlerisch-experimentell orientierten Dornburger Werkstatt und daneben Gebrauchsgeschirr aus der oberen Lehrwerkstatt für Töpferei zum Verkauf präsentiert. Ise interessierte sich für die Unterschiede in der Formenauffassung, und da sie bereits Plastiken von Marcks im Landesmuseum gesehen hatte, ließ sie sich sehr gern von ihm zu einem Besuch nach Dornburg einladen. Ihr Walter hatte keine Wahl, auch wenn er Ärger mit Marcks fürchtete, da er diesen drängte, in der unteren Werkstatt mehr Modelle für eine industrielle Fertigung und weniger künstlerische Originale zu fertigen.

Der Ausflug nach Dornburg führte zunächst über einen Umweg zum Haus Am Horn. Gropius hatte dort mit den Betreuern der Ausstellung Dienstliches zu besprechen. Ise wartete neben dem Auto und betrachtete das Musterhaus von der tieferlegenden Straße aus.

Es erschien ihr wie ein kleiner weißer Tempel, der seinen Turmaufbau mit lichtdurchfluteten Fenstern in die Höhe reckte. Die Sonne stand dahinter. Die Hauptansicht in Richtung Ilmpark lag im Schatten. Irgendetwas stimmte nicht. Das Haus war symmetrisch angelegt, doch die Fenster ins Tal waren das nicht. Auf der rechten Seite war das Haus „blind“. Ise wollte die Ursache ergründen. Sie stieg zum Eingang nach oben und besichtigte das Innere des Bauwerks. Es wirkte wie eine Abfolge von Schauräumen für modernes Wohnen, wie eine Einrichtungsschau inszeniert. Am meisten begeisterte Ise das Einrichtungskonzept der Küche: Kein Zentimeter

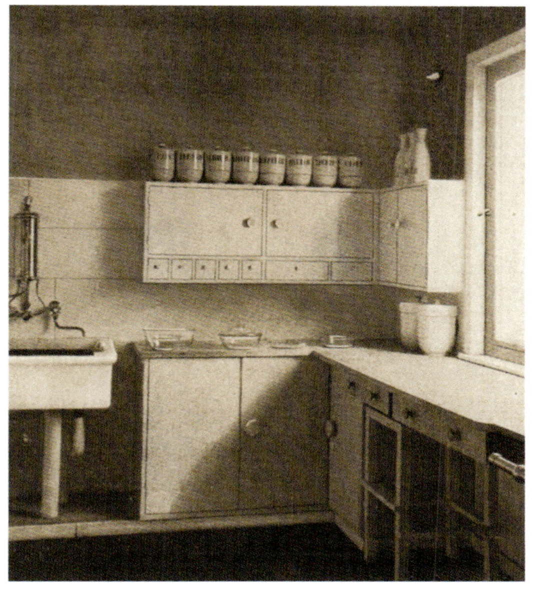

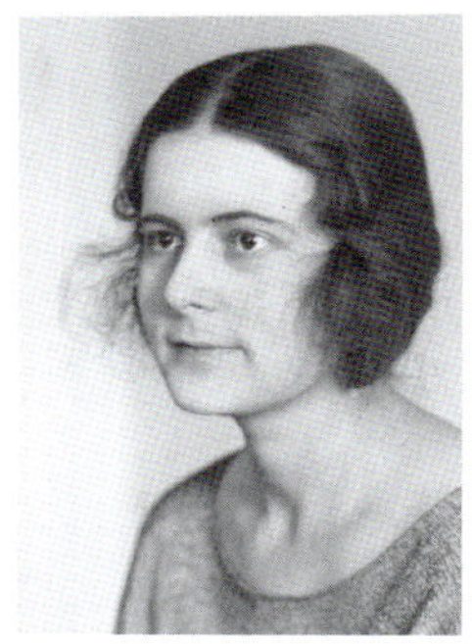

Küche im Ausstellungsgebäude Haus Am Horn 1923 (Entwurf Benita Otte) und Vorratsbehälter von Theodor Bogler (Abb. links)

Ise Gropius, Foto von Lucia Moholy, 1924 (Abb. rechts)

an Platz war verschenkt. Hier hatte eine Hausfrau keine weiten Wege. Moderne Küchen- und Haushaltstechnik machte das möglich. Die Frau im Haus fand Zeit, möglichst für mehr als für die Betreuung von Gatten und Kindern. Der Einrichtung war anzusehen, dass hier selbstbewusste junge Frauen mitgedacht hatten. Das imponierte Ise.

Gropius drängte nun zur Weiterfahrt. Zurück zur Ilmbrücke und bergauf. Oben folgte flaches Land. Ise merkte sich die Namen der Ortschaften, die sie durchfuhren: Umpferstedt, Frankendorf, Isserstedt. Dann lockte Gropius ein Umweg über Vierzehnheiligen wegen eines imposanten Kirchturms. Zwanzig Minuten später war der Marktplatz von Dornburg erreicht. Ise sah nur kurz, dass dieser rundherum von alten Häusern umsäumt war, denn ihr „Schofför“ fuhr weiter und hielt erst am Ende der Marktstraße vor einer gepflegten Parkanlage. Das Haus, in dem Marcks sein Atelier hatte und mit der Familie wohnte, lag mittendrin.

„Der Kasten sieht sehr nach echtem Mittelalter aus“, meinte Ise.

Gropius bestätigte: „Marcks hat erkundet, dass er aus einer Zeit stammt, bevor Luther die Ordnung der Kirche auf den Kopf stellte.“

Gerhard Marcks erwartete sie in dem für seine große Familie notdürftig wieder nutzbar gemachten Wohn- und Atelierhaus. Ises Wunsch wurde

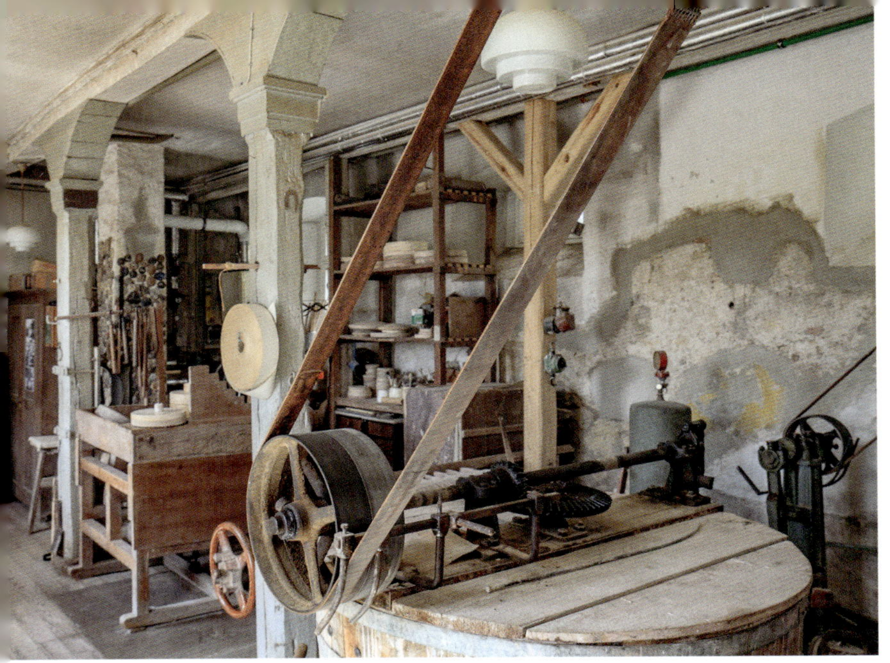

Untere Werkstatt im Erdgeschoss des Marstalls in Dornburg

erfüllt: Sie konnte im Atelier die Arbeiten des Bildhauers betrachten, die nicht im Nationalmuseum ausgestellt waren. Sie wirkten wie archaische Statuen der alten Griechen und zugleich wie Figuren, die voller Verinnerlichung mittelalterlichen Kirchenräumen eine besondere Würde verliehen. Ise konnte sich nicht sattsehen, doch die beiden Männer drängten. Töpfermeister Max Krehan wartete in der Werkstatt mit Kaffee und Kuchen vom besten Dornburger Bäcker.

Der Parkweg zur Töpferwerkstatt war kurz. Der Kaffee dampfte aus einer von Krehans Kannen, und auch alles andere Geschirr auf dem Tisch stammte von seiner Drehscheibe. Ise bewunderte es, lobte den Kuchen und stellte dann den drei Männern die Frage, die ihr am Herzen lag: „Worin besteht der Unterschied der Gefäße, die vor mir im Regal stehen?"

Sie zeigte auf eine volkstümliche Kanne mit weißen Punkten auf blauem Grund und auf einen streng geformten Krug, der wie eine Figur mit dickem Bauch und Armen oder ein Kopf mit abstehenden Ohren und hochgereckter Nase aussah. Dann stand da noch eine sehr hohe Kanne. Sie ähnelte einer sich drehenden Figurine von Oskar Schlemmer und hatte einen dünnen hochgereckten und einen gebogenen Arm. Das war als Ausgussteil und Henkel gedacht.

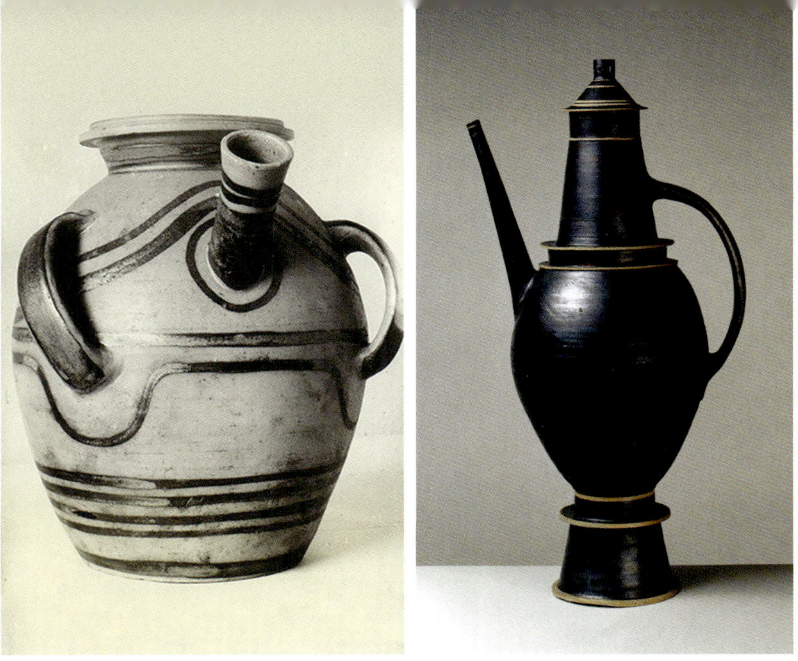

Krug, Form von Otto Lindig, Bemalung von Gerhard Marcks, um 1921 (Abb. links)
Hohe Deckelkanne, Otto Lindig, 1922 (Abb. rechts)

Töpfermeister Krehan erklärte Ise den ersten Krug: „Den habe ich nach altem Bauernmuster gedreht und bemalt. Die Form liegt einem Töpfer im Blut. Da wird kaum gestaltet oder gedacht. Im unteren Teil muss das Gefäß bauchig sein, um den Schwerpunkt bei einer Füllung tief zu halten. Der Henkel muss groß genug sein und an der richtigen Stelle sitzen, damit man gut anfassen und ausgießen kann, und die Form der Schnepfe muss dazu führen, dass sie beim Ausgießen der Flüssigkeit einen gezielten Strahl ermöglicht. Das klingt kompliziert, doch das weiß auch jeder Freizeittöpfer. Den zweiten Krug hat Otto Lindig nach den Wünschen von Meister Marcks geformt. Dem schwebte, wie er bestätigen wird, kein Krug vor, vielmehr die Form eines Kopfes oder, wie es auch deutbar ist, einer dicken Person. Die hat er dann mit Linien bemalt, die die Form betonen. Wir fanden dann, dass dies einer Kriegs- oder Festbemalung ähnelt wie das bei afrikanischen Stämmen gebräuchlich ist."

Gerhard Marcks fügte hinzu: „Wie bei meinen Figuren ist mir auch bei der Keramik, die ich bemale, eine einfache klare Form wichtig, die eine Rundumbemalung möglich macht. Die dritte sehr hohe Kanne stammt ebenfalls von unserem hochbegabten Gesellen Otto Lindig."

Ise unterbrach: „Die finde ich schön. Ein Kunstwerk. Doch kann man darin etwas aufbewahren und wieder ausgießen, bei diesem dünnen ‚Schnabel'?"

„Die dient tatsächlich nur der Schönheit. Ein Experimentierstück für neue Formen", kommentierte der Töpfermeister.

„Fast schon etwas überdreht", meinte Marcks, und der Bauhausdirektor sprach nun doch einen Gedanken aus, den er heute eigentlich nicht hatte kundtun wollen: „Experimente schön und gut. Die sind wichtig, um Neues zu finden. Aber sie dürfen kein Selbstzweck sein. Ich möchte, dass hier etwas modellhaft geschaffen wird, was in großen Werkstätten industriell nachgefertigt werden kann. Wir benötigen Einnahmen aus Musterverkäufen. Dazu zwingt uns der Staat und ebenso unser Syndikus Lange."

Schweigen. Ise bemerkte die plötzlichen Spannungen, die sie aufzulösen versuchte: „Gropius, dunkle Wolken ziehen auf. Wir sollten uns beeilen, zurück nach Weimar zu kommen."

Beim Abschied drückte Ise Marcks eine Einladung zur Hochzeitsfeier in die Hand.

In Gropius' Architekturbüro, das nur über die Ausstellungsbereiche im Hauptbau des Bauhauses zugängig war, diskutierten Adolf Meyer und die Mitarbeiter die eigenen Beiträge im Vergleich zu den ausgestellten Entwurfsplänen, Fotos und Modellen der Hochhäuser von Mies van der Rohe, den ersten Kubenbauten von Le Corbusier und den beeindruckenden Zeichnungen von Frank Lloyd Wright. Man müsse gewaltig zulegen, um Anschluss zu gewinnen, doch ohne große Aufträge werde das nicht gelingen.

Bedauert wurde die Kritik am Musterhaus, wenn diese auch sehr differenziert und nachvollziehbar war. Meyer hielt sich zurück. Der Entwurf von Muche und dessen Studenten war der Idee vorgezogen worden, die er zusammen mit Gropius entwickelt hatte, aber er hatte den „Nichtarchitekten" Muche beim Bauantrag und der Ausführungsplanung unterstützt. Auch Gropius mischte sich nicht weiter ein. Ihm war wichtig gewesen, der Öffentlichkeit mit einem ersten realisierten Bauwerk ein Gemeinschaftswerk der Werkstätten zu zeigen und damit auf die Kritik im Landtag vom März positiv reagieren zu können. Er selbst hatte mit 23 Jahren, als er fast noch Autodidakt gewesen war, für das Landhaus von Otto Metzler im Pommerschen Dramburg einen vergleichbaren Grundriss zu lösen gehabt und diese

Aufgabe mit der Nachahmung eines Nachbarhauses mit einem klassischen Villengrundriss bewältigt: Die Wohnhalle lag wie bei Muche in der Symmetrieachse, doch bei Gropius war der Blick nach außen in der gesamten Raumbreite möglich. Bei Muche schob sich ein Schlafzimmer dazwischen.

Bei Büromitarbeiter Carl Fieger, der als Architekt ausgebildet und in Peter Behrens' Atelier geschult worden war, waren vermutlich die kritischen Gedanken noch stärker. Er kannte aus dem Studium gute Beispiele für den erhöhten Mittelteil wie Palladios bedeutendste Villa, die „Rotunda" bei Vicenza. Da stimmte die Außenansicht mit dem Inneren überein, was bei dem Musterhaus nicht der Fall war. Das hatten auch der Werkbundvorsitzende Hans Poelzig und die Fachkritik bemerkt. Die innere Ausgestaltung und das Prinzip der Raumorganisationen fanden jedoch Beifall. Die Fachpresse lobte außerdem Arbeiten der Keramikwerkstatt, der Weberei und der Metallwerkstatt, die im Haus Am Horn ebenfalls zur Ausstattung gehörten.

Gropius ließ auch Paul Westheims Verriss der Bauhauswoche im „Kunstblatt" diskutieren. Er hatte das Exemplar vom VII. Jahrgang 1923 mitgebracht. Zu lesen war: „Drei Tage in Weimar und man kann auf Lebenszeit kein Quadrat mehr sehen."

Westheim schrieb parodierend, das Talent sei das Quadrat und das Genie das absolute Quadrat. Die Meinung in der Runde der Büromitarbeiter war dazu einhellig: „Der Westheim versteht etwas von expressionistischer Kunst, doch offenbar nichts von Architektur."

„Aber er hat wenigstens das Gemälde ‚Gelmeroda' von Meister Feininger als hohe Kunst gelobt, was er im Landesmuseum bewundert hat. Das ist doch auch Bauhaus", fügte Gropius noch an.

Am Ende der Bauhauswoche offerierte Syndikus Lange die Ergebnisse, die in den Geschäftsbüchern ihren Niederschlag gefunden hatten: mehr als 15.000 Besucher und zugleich hohe finanzielle Verluste. Viel Meckerei aus der Nachbarschaft, doch die überregionale Resonanz war enorm. Das „Bauhaus Weimar" wurde nun besonders im Ausland als eine neue Größe in der deutschen Kultur wahrgenommen. Die örtliche Presse und die meisten Politiker sahen das allerdings nicht. Das Bauhaus war für sie nach wie vor eine Last für die Staatskasse und kein Anlass zum Stolz auf die von Gropius und seinen Mitstreitern in den vergangenen vier Jahren erzielten Leistungen.

Dann zeigte das Kalenderblatt den 16. Oktober 1923. Zwischen der ersten Begegnung von Walter und Ise Ende Mai in Hannover und dem

Tag der Hochzeit waren nur gut vier Monate vergangen. Gropius' Mutter Manon kam aus Berlin angereist. Sie verstand sich schon auf den ersten Blick und beim ersten Händedruck mit ihrer zukünftigen Schwiegertochter. Mit Paul Klee und Wassily Kandinsky waren zwei bereits international renommierte Künstler die Trauzeugen. Der warme Herbstabend wurde genutzt, um außerhalb der Wohnung auch im Garten Gäste zu empfangen.

Die Meister brachten kleine eigene Kunstwerke als Geschenke mit. Am meisten freute sich Ise über einen Holzschnitt von Feininger: „Gelmeroda". Nur wenige schwarze Linien und Flecken in schräger Lage. Doch sie fielen nicht auseinander, sie schienen sich zusammenzufügen.

Ganz anders war das zweite Geschenk. Es stammte von Gerhard Marcks. Ebenfalls ein Holzschnitt. „Saalemärchen" nannte er das Blatt. Vor einem Baum stand ein nackter Jüngling, kein heiliger Sebastian, von Pfeilen durchbohrt, nein, ein Bursche voller Tatendrang. Im Wasser ein Boot und dahinter stieg, ebenfalls ohne jede Hülle, eine junge Frau aus dem Fluss. Vier Jahre nach dem Krieg, mitten in der Inflation, hatte Gropius' Freund eine Botschaft der Hoffnung ins Holz geschnitten.

UNWETTER VERTREIBEN DAS BAUHAUS

Wenige Tage später waren die Düfte der Hochzeitssträuße verflogen und die Geschenke in den Magen, in Vitrinen oder an die Wand gebracht, als sich über Thüringens politischem Himmel erneut schwarze Wolken türmten. Die ersten Gewitterboten waren bereits kurz vor der Hochzeit aufgezogen, als die rechtskonservative Regierung in München den Ausnahmezustand über Bayern ausgerufen hatte. Reichspräsident Friedrich Ebert antwortete mit dem Ausnahmezustand über das gesamte Reich. Er übertrug die vollziehende Gewalt auf die Leitung der Reichswehr und damit auf den Chef der Heeresleitung General von Seeckt. Während in Bayern eine rechte Diktatur entstand, die den Marsch auf Berlin und die Machtübernahme durch die rechtsradikalen nationalkonservativen Kräfte um Adolf Hitler und General Ludendorff vorbereitete, organisierte sich vor allem in Sachsen, Thüringen und Hamburg die kommunistische Arbeiterschaft, um Deutschland zur sozialistischen Republik auszurufen.

Bereits im August hatte die sowjetische Kommunistische Partei erkannt, dass die Situation dafür günstig war. Sie ermunterte und unterstützte ihre deutschen Genossen, nach dem Vorbild der Oktoberrevolution von 1917 die sozialistische Revolution zu wagen. Vorrangig in den weniger beobachteten Dörfern rings um die großen Städte wurden „Proletarische Hundertschaften" mit Waffenlagern angelegt. Sie sollten auch genutzt werden, um einen Marsch der Hitleranhänger nach Berlin, vergleichbar mit dem von Mussolini nach Rom, zu verhindern.

Als sich die unabhängigen Sozialisten in Sachsen und Thüringen zerstritten, bot die KPD ihre Mitwirkung in den Landesregierungen an. Am 10. Oktober wurde in Dresden eine linkslinke Regierung gebildet, und am 16. Oktober, am Hochzeitstag von Ise und Walter Gropius, in Weimar ebenfalls. Die Reichsregierung erkannte die Gefahr für die Demokratie. Reichspräsident Friedrich Ebert befahl am 29. Oktober die Reichsexekution in Sachsen und am 6. November in Thüringen. Dabei gab es Dutzende Tote und Verwundete.

In Thüringens Hauptstadt suchten nun schwer bewaffnete deutsche Regierungstruppen nach Waffen, Propagandamaterial und Rädelsführern. Sie standen auch vor der Tür des Bauhausdirektors. Einer seiner Gegner hatte Gropius als Gesinnungsgenossen von Bolschewiken angezeigt. Bei Haus- und Wohnungsdurchsuchung wurde nichts gefunden. Am 30. November schrieb Gropius schwer beleidigt an den Chef der Heeresleitung in Berlin, Generalleutnant von Seeckt. Er erhob Beschwerde, dass man ihn als völlig unpolitische Person bolschewistischer Machenschaften verdächtigt und ihm Unrecht getan habe und forderte eine Entschuldigung der Militärbefehlshaber der Reichswehr in Weimar sowie eine Aufklärung der Umstände.

Der Militärchef nahm den Chef einer Kunstschule offenbar nicht als Gesprächspartner an und ließ den Fall mit einem für Gropius ernüchternden Ergebnis enden: Die Hausdurchsuchung wurde mit den Aussagen von Zeugen begründet, dass sich Bauhausschüler an kommunistischen Umzügen mit selbstgefertigten Fahnen und Transparenten beteiligt hätten, dass vor allem ausländische Bauhausschüler kommunistische Propaganda betrieben und schließlich Gropius selbst geäußert habe, dass er die Ziele der Schule nur mit einer kommunistischen Regierung durchsetzen könne. Die Hausdurchsuchung sei folglich rechtens gewesen, auch wenn keine Beweise gefunden worden seien.

Ministerpräsident Fröhlich beschäftigte die Beschwerde des Bauhausdirektors. Er empfahl diesem dringend, den aussichtslosen Streit mit dem Chef der Heeresleitung aufzugeben. Der General sei eine Nummer zu groß für einen gedienten Leutnant. Gropius musste sich bei von Seeckt entschuldigen. Der Entlastungsversuch war nach hinten losgegangen.

Die Reichswehr entließ die kommunistischen Minister, die „Proletarischen Hundertschaften" wurden aufgelöst. Das Unternehmen „deutscher Oktober" hatte nicht stattgefunden. Bereits Ende Oktober war der bewaffnete Aufstand bei einer Beratung der KPD in Chemnitz nach Einschätzung der Kräfteverhältnisse abgesagt worden. Der Aufstand in Hamburg, der ebenfalls die linke Weltrevolution mit einläuten sollte, fand am 23. Oktober statt, endete aber bereits in der Nacht. KPD-Führer Ernst Thälmann gelang die Flucht.

Auch der rechte Versuch von Adolf Hitler und General Ludendorff, die Weimarer Republik zu zerschlagen, scheiterte. Der Marsch nach Berlin fand in der Nähe der Münchner Feldherrnhalle sein Ende. Erfolglos waren auch Separatistenbewegungen im Rheingebiet und der bayerischen Oberpfalz. Hier waren Angliederungen deutscher Gebiete an Frankreich beziehungsweise Belgien oder die Gründung eigenständiger Kleinrepubliken versucht worden.

Die Große Koalition der Reichsregierung unter Gustav Stresemann überstand das Jahr 1923 nicht. Dieser war es zwar gelungen, mit einer Währungsreform, bei der eine „Rentenmark" eine Billion Papiermark ersetzte, die Inflation zu beenden. Doch der Koalitionspartner SPD verübelte die Absetzung von SPD-Regierungen in Dresden und Weimar und zog seine Minister zurück. Stresemann scheiterte mit seinem entstandenen Minderheitskabinett bei einer Vertrauensabstimmung. Das neue Minderheitskabinett führte nun Wilhelm Marx von der Zentrumspartei.

Mit dem Jahr 1924 begannen in Deutschland die „Goldenen Zwanzigerjahre". Doch Walter Gropius und das Bauhaus sahen sich in Weimar mit zunehmendem politischem Widerstand konfrontiert. Zu weiteren Anfeindungen durch das konservative Kulturbürgertum der thüringischen Landeshauptstadt kamen Finanzierungsschwierigkeiten. Auch flammten erneut Konflikte mit den Malern und Bildhauern der Hochschule für bildende Künste sowie der städtischen Künstlerschaft auf. Die bildenden Künstler forderten schließlich unverhohlen, dass sich die „Kunstgewerbler" des Bauhauses ihnen, den „Malerfürsten", unterwerfen sollten. Hauptfeind dabei war eine Person: Walter Gropius.

Als die Reichswehr wieder aus Weimar abgezogen war und nicht mehr die Offiziere das Sagen in der Stadt hatten, spürten die Meister, Gesellen und Lehrlinge des Bauhauses, dass für sie nichts mehr so sein würde wie vordem. Das Gefühl hatten vor allem Direktor Gropius und Syndikus Lange, als sie mitbekamen, was im Volksbildungsministerium hinter vorgehaltener Hand getuschelt wurde. Nach vorgezogenen Landtagswahlen am 21. Februar 1925 würde es eine neue Regierung geben, die sich weitaus weniger auf die Seite des Bauhauses stellen würde als die alte. Der Landtag war bereits zurückgetreten und Regierungschef Fröhlich nur noch geschäftsführend tätig. Direktor und Syndikus hatten die Idee entwickelt, nur noch den reinen Schulbetrieb unter der Obhut des Staates zu belassen und alle Werkstätten zu privatisieren. Das Ziel war, vom Staat unabhängig Gewinne zu machen und damit langfristig auch die Bauhausschule als private Kunsteinrichtung zu finanzieren. Sie planten zunächst eine „Bauhaus-Produktiv-GmbH". Das Konzept war beim Ministerium eingereicht, und am 19. Januar 1924 konnte dazu noch eine Sitzung von Bauhausvertretern mit denen des Ministeriums stattfinden. Unter Zeitdruck beriet man den weiteren Fahrplan für die Trennung von Schule und Produktion. Doch es wurden bereits Befürchtungen laut, dass eine neue Regierung die Umsetzung verhindern würde.

Bei erfahrenen Meistern wie Gerhard Marcks fand diese komplette Trennung von Lehrlingsausbildung und Produktion aus künstlerischen Gründen keinen Beifall. Es hatte sich schon beim Besuch von Ise und Walter Gropius in Dornburg angedeutet, dass Marcks sich nicht mit dem Gedanken anfreunden konnte, dass die fähigsten Gesellen dann ebenfalls produzieren sollten und nicht mehr unter seiner Obhut experimentieren könnten. Am 2. Januar 1924 erhielt das Bauhaus ein mahnendes Schreiben von seinem Meister Marcks aus Dornburg. Er machte darauf aufmerksam, dass die talentiertesten Studenten etwas „Mustergültiges" aus dem besagten Talent machen sollten, und das könne nicht erfolgen, wenn sie, statt „Modell- und Versuchsarbeiten" durchzuführen, die Hauptzeit beim Produzieren von Waren verbringen würden. Dann sei die Bauhauswerkstatt die „101. Fabrik" neben „100 schon bestehenden". Aufgrund dieser unterschiedlichen Ansichten begann sich die alte Freundschaft zwischen Marcks und Gropius aufzulösen.

Diese internen Gegensätze waren allerdings belanglos gegenüber den Attacken, die mit dem Landtagswahlkampf begannen. Das Bauhaus und Walter Gropius gerieten nun wieder ins Visier der rechtsnationalen Parteien. Vor allem gegen Gropius wurden Artikel in die Presse lanciert. Es wurden ihm künstlerische Unfähigkeit und Verschlagenheit unterstellt und erklärt, er sei ein Ideendieb und eigentlich eine Memme. Gropius stellte Strafanzeige und erzwang nach einigem Kampf eine Entschuldigung. Doch der Ärger setzte sich fort, als bei den Neuwahlen die rechtskonservative Vereinigung „Thüringer Ordnungsbund" mit einem Minderheitskabinett die Macht übernahm. Richard Leutheußer von der Deutschen Volkspartei wurde leitender Staatsminister und war nun auch zuständig für das Bauhaus, das seiner Ansicht nach bisher als „Parteiangelegenheit" behandelt worden war. Gropius wies diese Anschuldigung in einem Brief vom 31. März mit dem Hinweis zurück, dass das Bauhaus eine Kulturangelegenheit des Deutschen Reiches sei.

Am 30. März hatte die Vossische Zeitung Berlin auf das „Schicksal des Weimarer Bauhauses" aufmerksam gemacht und die Hoffnung geäußert, dass die Mehrheit im Thüringer Landtag nicht Kultur und Politik verquicken und für den „Weiterbestand des Gropius'schen Werkes sorgen wird". Einen Tag später titelte die Frankfurter Zeitung „Das Weimarer Bauhaus bedroht" und startete einen Aufruf: „Jeder, dem an der deutschen Kultur liegt, muss seine Stimme erheben. Helft das Bauhaus erhalten, wie es ist. Ihr erhaltet die geistige Zukunft Deutschlands in ihm."

Im April versandte Syndikus Lange Briefe an führende Politiker. Er versuchte, Hintergründe von Verleumdungen gegen das Bauhaus und seinen Direktor aufzudecken. Das war naiv, denn den meisten Empfängern kamen die Verleumdungen entgegen. Das Urteil über die Zukunft des Bauhauses war bei ihnen bereits gefallen. Auch der einmütige Aufruf der Studierenden des Staatlichen Bauhauses war ein Kampf gegen Windmühlenflügel. Sie forderten den Fortbestand der Schule und stellten sich hinter Walter Gropius. Alles umsonst, denn es waren nun wieder die alten Kräfte der Kunstakademie am Werk.

Allen voran war Bildhauerprofessor Engelmann bemüht, Hans Poelzig, der nun als Professor für Architektur in Berlin tätig war, gegen seinen Werkbundkollegen Gropius in Stellung zu bringen. Engelmann bekannte sich offen dazu, das Bauhaus liquidieren zu wollen, denn zwei Hochschulen

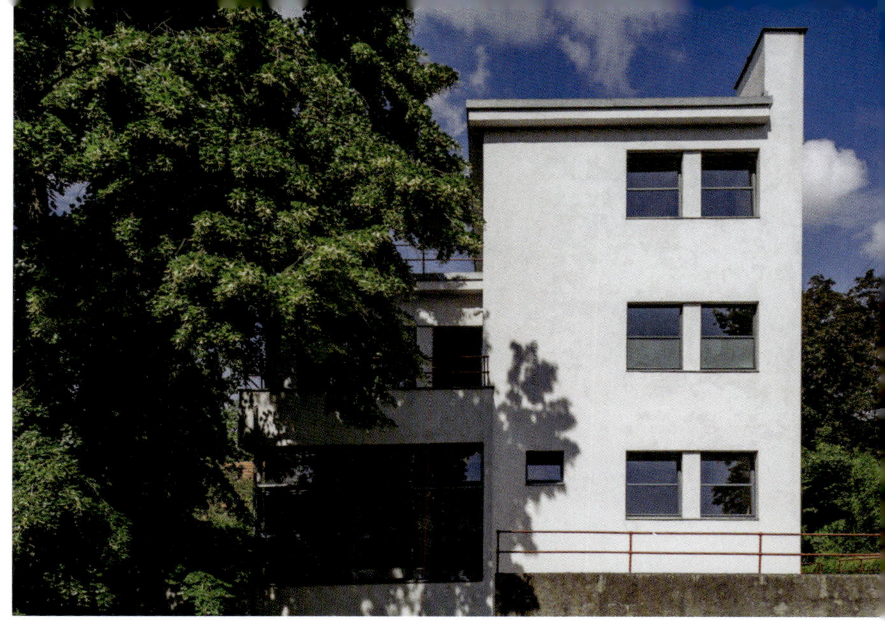

„Haus Auerbach“ in Jena. Es entstand 1925 nach Plänen von Walter Gropius und Adolf Meyer für den jüdischen Physiker und Universitätsprofessor Felix Auerbach

in Weimar seien zu teuer. Die Hochschule für bildende Kunst habe den Vorrang, sie sei der Oberbau, der Unterbau sei die Kunstgewerbeschule. Als eine solche sah er das Bauhaus an. Werde das anerkannt, so Engelmann, könne man die Schulen wieder zusammenführen. Das sei aber nicht denkbar, „solange Gropius am Ruder ist“.

Am Bauhaus war nun, Mitte des Jahres 1924, endlich die unerlässliche Abteilung für Architektur eingerichtet worden. Geld für eine befähigte Lehrkraft war nicht vorhanden, Gropius und Adolf Meyer hielten Kurse ab, stellten Aufgaben, leiteten an und korrigierten. Die Hauptübung bestand im Bau von Modellen für Häuser in Serienfertigung. Die beiden Architekten hatten zu dieser Zeit zum ersten Mal die Chance, in Thüringen ein privates Wohnhaus zu planen. Bauherren waren Felix und Anna Auerbach aus Jena. Erstmals für Gropius' Büro war das mit klaren Kanten und rechten Winkeln entwickelte Bauwerk kein geschlossener Kubus. Vielmehr wurden zwei Kuben ineinander verzahnt. Die Außenflächen wurden weiß gestrichen und im Inneren ein Farbkonzept mit Pastelltönen umgesetzt, das Bauhausstudent Alfred Arndt im Auftrag von Gropius entworfen hatte.

Zugleich begann eine emsige Suche nach einem Ort, an dem die Bauhausschule weitergeführt werden konnte. Die Zeit dafür war knapp, denn der Landtag hatte alle Verträge mit dem Direktor und den Bauhausmeistern nur bis zum 31. März 1925 verlängert. Gropius hatte zuvor noch einmal versucht, eine große Rettungsaktion für Weimar zu starten, und bei vielen namhaften und auch vermögenden Freunden um Unterstützung gebeten. Mit neuem Kapital wollte er die Schule schrittweise privatisieren und vor dem Zugriff des Staates retten. Letzterer schraubte jedoch die Bedingungen dafür so hoch, dass nichts mehr zu retten war. Daraufhin erklärten der Direktor und alle Bauhausmeister selbstbewusst, dass sie ab dem 1. April 1925 für eine Lehrtätigkeit in Weimar nicht mehr zur Verfügung stehen würden.

In die Suche nach einem Ersatzstandort brachte sich auch Ise Gropius ein. Sie warb in Köln bei Oberbürgermeister Konrad Adenauer für die Ansiedlung der Schule. Interesse am Rhein, doch mehr zunächst nicht. Ebenfalls Interesse bekundeten die Städte Hamburg, Frankfurt a. M., Mannheim, Darmstadt, Hagen und Krefeld. Aber auch hier keine konkreten Angebote.

Ganz anders stand es mit Dessau. Bürgermeister Hesse nahm das Anliegen ernst. Er war für die liberale DDP im Amt und regierte mit der SPD als Koalitionspartner.

Gropius wäre das Engagement einer größeren Stadt lieber gewesen. Er reiste erst einmal mit Ise für vier Wochen nach Italien. Dabei schöpfte er Kraft und vermittelte seiner jungen Frau, die ihm mit wachem Geist und aufmerksamen Augen folgte, vieles von seinen beruflichen Zielen und dem Weg, den er für das Bauhaus vorgezeichnet sah. Alma Mahler-Gropius hatte sein Wissen um Kunst und Architektur sehr geschätzt, doch da ihr Musik und Dichtkunst näher waren, ihm nie fachlich im Gespräch eine Hilfe sein können. Sie hatte ihn gefordert und ihm Mut in schwachen Stunden gemacht, ihn aber auch mit ihren Affären drangsaliert. Bei Ise war das nun anders.

Unvermittelt stand am 12. Februar 1925 der Dessauer Bürgermeister mit sachkundiger Begleitung in Weimar vor der Tür. Kein Direktor anwesend, doch sehr freundliche Meister, die nicht nur an die Schule, auch an ihre eigene Zukunft dachten. Das Empfangskomitee bildeten Kandinsky und Feininger als landesweit bekannte Künstlerpersönlichkeiten. Der redegewandte und einnehmende Moholy-Nagy führte zusammen mit Georg Muche die Dessauer durch die Werkstätten und verabredete einen Gegenbesuch. Eine Woche später konnten Kandinsky und Muche zusammen mit ihren Frauen besichtigen, was Dessau zu bieten hatte. Die Meister im Rat waren vom Angebotenen begeistert und telegrafierten sofort eine grundsätzliche Zusage nach Dessau.

Gropius saß in Sizilien und konnte nur feststellen, dass sein Meisterrat auch ohne ihn handlungsfähig war, wenn es darauf ankam. Am 9. März fuhr er selbst nach Dessau, um die klug vorbereiteten Verträge zusammen mit Bürgermeister Hesse in die notwendige Fassung zu bringen. Sie wurden am 12. März 1925 im Stadtrat vorgestellt. Vier Tage später hielt Direktor Gropius in Dessau einen öffentlichen Vortrag zur Idee und den Zielen des Bauhauses. Er hatte das Heft des Handelns wieder in der Hand.

Am 24. März, eine Woche vor dem offiziellen Ende in Weimar, erhielt der Plan zur Ansiedlung des Bauhauses 26 Stimmen im Dessauer Stadtrat. Dagegen stimmten 15 Abgeordnete. Proteste mit Flugblättern hatten dies vermuten lassen. Doch Hesse hatte sich mit seiner Koalitionsmehrheit durchgesetzt. Mit Gropius hatte er bereits die Räumlichkeiten für die Übergangszeit bis zur Fertigstellung neuer Bauhausschulgebäude abgestimmt. Eine leerstehende Lagerhalle der Firma Anhalt-Versandexpress war für die Bauhauswerkstätten geeignet. Meisterateliers konnten zunächst in der städtischen Kunsthalle eingerichtet werden, und für die Bauhausverwaltung und für den theoretischen Unterricht standen Räume in der städtischen Kunstgewerbe- und Handwerkerschule an der Mauerstraße zur Verfügung.

Große Freude bei allen, die mit nach Dessau zogen. Diejenigen, die in Weimar blieben, hatten ihre Gründe. Gropius musste schmerzlicherweise auf Adolf Meyer verzichten und für sein Büro eine neue personelle Ordnung finden. Jedenfalls konnten sich die Weimarer Gegner des Bauhauses nicht über einen Sieg freuen, bei dem die Bauhäusler mit betretenen Mienen die Stadt verließen. Diese hatten vielmehr ihre Gegner wie eine muffige Last abgeworfen und konnten lächeln. Freude gab es bei den akademischen Künstlern. Sie hatten nun die Hochschulgebäude wieder für sich allein.

Gropius' Jugendfreund und langjähriger Vertrauter Gerhard Marcks hatte Dornburg mit seiner großen Familie bereits für immer verlassen. Er erwartete eine Berufung an die Hochschule Burg Giebichenstein. Das war für ihn eine glückliche Fügung, denn er wollte den neuen Weg, den Gropius mit der Bevorzugung der Ingenieurkunst eingeschlagen hatte und wie ihn Mohloy-Nagy vertrat, nicht mitgehen.

Eine Woche, nachdem das Schild „Bauhaus-Keramik" an der unteren Werkstatt in Dornburg entfernt worden war, schloss Töpfer- und Werkmeister Max Krehan für immer die Augen. Gropius und seine Mitstreiter empfanden das wie ein schmerzliches Zeichen. Krehans Tod symbolisierte auch den ihrer Schule, wenigstens in Weimar. Auch das „Staatliche Bauhaus Weimar" war zu Grabe getragen worden. Keiner, der, von auswärts kommend, sich hier eingebracht hatte, wollte wieder an den Ort der Demütigungen zurückkehren, jeder hoffte auf einen guten Neubeginn in Dessau.

Es war die Stunde des Abschieds im engsten Freundeskreis gekommen. Walter und Ise Gropius luden am Ende ihrer Weimarer Zeit Lyonel und Julia Feininger zu einem Abschiedsessen in die Steubenstraße 32 ein.

Gropius sprach dabei nachdenklich, aber auch gelöst: „Als ich im Februar '19 in Weimar ankam, wurde gerade die neue Republik geboren. Das motivierte und machte mir Hoffnung. Als die ersten Weimarer Spießer gegen mein neues Schulprogramm begannen, ins Feld zu ziehen, hätte ich da schon aufgeben sollen?" Er blickte in die Runde.

„Nein", sagte sein erster berufener Meister und Freund Feininger. „Du hättest dir das nie verziehen. Du bist keiner, der in aussichtslose Gefechte zieht. Fünf Jahre hast du den Kampf um die Schule durchgestanden, weil du immer einen Hoffnungsstrahl gesehen hast. Doch in dieser Zeit wollte auch die politische Mehrheit im Landtag ein modernes Thüringen und stand auf der Seite des Bauhauses und deiner Ideen. Als das vor einem Jahr zu Ende war, gewannen die Gegner die Oberhand. Nun sitzen wir auf gepackten Koffern. Ganz schuldlos sind wir aber nicht, denn wir waren zu hartnäckig dabei, der alten Weimarer Kunstwelt unseren eigenen modernen Hut auf den Haarschopf zu stülpen, der schon zu Goethes Zeiten in Mode war. Sogar die modern geprägten Politiker in Weimars Regierung sind schließlich 1924 an ihren politischen Gegenspielern gescheitert."

„Mein lieber Gropius", Ise nannte den Gatten wie früher „Gropius", wenn sie offiziell wurde, „ich denke, es gibt dabei auch einen persönlichen Aspekt. Den sehe ich, seit ich deine Mutter kennengelernt habe. Du hast deine Wurzeln im preußischen Denken. Die Leute hier in Thüringen hingegen stammen überwiegend aus fleißigen Kramer-, Bauern- und Handwerker-, auch Pfarrer- und Lehrerfamilien, die über Jahrhunderte von Natur umgeben in kleinen Fürstentümern lebten und wirkten. Wenige von ihnen werden wie wir Erlebnisse aus der ‚weiten Welt' in sich tragen. Ihre heimatlichen

Traditionen sind ihnen deshalb wichtig. Wer sie anzweifelt, wird schnell zum Feind."

Gropius starrte Ise an und wurde nachdenklich.

Julia kommentierte: „Wo sie recht hat, hat sie recht!"

„Schädigende Gegensätze, vor allem politische, wollte ich aber immer für die Schule verhindern", warf Gropius ein, „ich hatte gehofft, dass wir beim Tanz auf Messers Schneide zwischen den politischen Mächten nicht abstürzen. Deshalb wollte ich die Kunst von der Politik fernhalten und hatte geglaubt, dass Leistung Zuspruch findet und nicht das Bekenntnis zu einem Parteiprogramm."

„Mein lieber Gropius, das ist nicht gelungen und in Dessau wird es wahrscheinlich ebenso sein. Doch die Stadt dort ist anders", sagte Feininger und fuhr fort: „War es nicht ein Glück, dass in der Zeit des Aufstiegs die Schule in der Welt bekannt wurde und sich nun die aufstrebende Industriestadt Dessau erfolgreich bemüht hat, für das Bauhaus einen finanziell abgesicherten Platz zu schaffen?"

„Das ist wunderbar, doch beim Umzug nach Dessau vermisse ich einige der hoffnungsvollen Talente wie Wagenfeld und ebenso meinen treuen Mitstreiter Adolf Meyer. Erfreulich ist, dass wir Marianne Brandt und Gunta Stölzl mit nach Dessau nehmen, zwei Frauen, die der Metallwerkstatt und der Weberei große Impulse geben können", fügte Gropius an. Er wollte das letzte Wort haben: „Für meine Idee, die Künste wieder unter dem Dach des Bauens zu vereinigen, war die Zeit richtig. Weimar war damals der einzige Ort, der dafür die Chancen bot. Doch Weimar erwies sich dann als ein völlig ungeeigneter Ort."

„Vergiss Weimar, Walter!" Julia Feininger beendete nun doch mit letzten Worten den ernsteren Teil des Gesprächs: „Die Luft in Dessau hat den Duft der Industrie und der zukünftigen Welt. Dort fließt die Elbe und man kann auf ihr Hamburg und das Meer erreichen. Freuen wir uns doch einfach auf einen Neubeginn und erinnern wir uns an Weimar später."

DIE JAHRE IN DESSAU

EMPFANG MIT OFFENEN ARMEN

Nach der Aufkündigung ihrer Arbeitsverträge in Weimar blieben Walter Gropius und den Bauhausmeistern sechs Monate Zeit für den Transport der Einrichtung aus Ateliers, Werkstätten und den gemieteten Wohnungen nach Dessau. Dann begann das Wintersemester am neuen Standort. Der provisorische Werkstattbetrieb konnte in der leerstehenden Halle der Firma Anhalt-Versandexpress beginnen. Für die Meister standen zum Übergang Räume in der „Anhaltischen Kunsthalle" an der Askanischen Straße zur Verfügung.

Wer es sich leisten konnte, verlebte entspannte Urlaubstage. Von den Schülern waren das wenige. Die Mehrzahl musste mit Ferienarbeit für das kommende Schuljahr vorsorgen oder half den Jungmeistern beim Einrichten der provisorischen Werkstätten. Ise Gropius reiste währenddessen quer durch Deutschland. Sie hatte einen großen Freundeskreis, den sie besuchen konnte. Gropius verbrachte hingegen viele Tage im Übergangsquartier seines privaten Architekturbüros in der Mauerstraße 36. Hier, in der städtischen Kunstgewerbe- und Handwerkerschule, waren als Interim Räume für die Bauhausverwaltung und den Unterricht bereitgestellt, in denen für den Moment auch Gropius' Büro unterkam.

Im Büro arbeitete anfänglich nur ein kleines Team, das die Konzepte und Vorentwürfe für den Neubau des Bauhausgebäudes und anderer Häuser, die die Stadt für die Meister errichten lassen wollte, in Angriff nahm. Zunächst fehlte Gropius beim Entwerfen die Kreativität Adolf Meyers, doch Carl Fieger konnte die Lücke bald füllen. Die Organisationsaufgaben im Büro und dessen Leitung hatte Gropius Ernst Neufert übertragen, während die konstruktiv-planerische Umsetzung der Ideen vorwiegend Bernhard Sturtzkopf übernahm, der in Weimar von Professor Klopfer geschult worden war. Sturtzkopf hatte 1922 mit ersten Hilfstätigkeiten im Büro begonnen und inzwischen genügend Erfahrung gesammelt.

Gropius bewohnte zunächst ein Gästezimmer im Haus des Dessauer Luftfahrtpioniers Hugo Junkers. Schon im März 1925, als Gropius gemeinsam mit Ise zu einem ersten Vortrag in Dessau weilte, hatte er Junkers kennengelernt und die Einladung zu einer Besichtigung seiner Motoren-

und Flugzeugwerke angenommen. Der geniale Erfinder, Konstrukteur und Unternehmer befand sich auf dem Höhepunkt seines Erfolgs.

Vor dem Beginn des Rundganges hatte Ise nachgelesen und konnte nun, während sie in Junkers' Büro auf den Gastgeber warteten, ihren Gatten informieren: „Junkers ist 24 Jahre älter als du. Er hat den Gasbadeofen und den Durchlauferhitzer erfunden, ist Professor für Maschinenbau und betreibt hier eine Motorenfabrik und ein Flugzeugwerk sowie die ‚Junkers Luftverkehr AG' mit einem Streckennetz von London bis Ankara und von München bis St. Petersburg. Seit 1915 entwickelt und baut er Ganzmetallflugzeuge und das hier in dem kleinen Freistaat Anhalt."

Gropius dachte laut nach: „Da bin ich hier in Dessau wohl doch richtiger als in Köln oder Frankfurt? Der Metallbau interessiert mich."

„Noch etwas", Ise hatte eine farbige Wandkarte von Mitteldeutschland in Junkers' Büro entdeckt und mit schnellem Blick für sie Neues erkannt, „mir war bislang nicht bewusst, dass dieser kleine deutsche Staat rings um Dessau die große preußische Provinz Sachsen bis auf einen schmalen Durchlass in der Mitte durchtrennt."

Junkers, der im Laufe des Gesprächs zu den Eheleuten Gropius getreten war, nickte nun bestätigend und begann den Rundgang. Er zeigte seinen Besuchern die Montagehallen und das Rollfeld der Flugzeuge, das er auf ein trockeneres Gebiet nördlich der Bahnlinie nach Köthen verlegt hatte. Abschließend hatte er dem Ehepaar angeboten, ihnen im Sommer Dessau und die hiesige Flusslandschaft zu zeigen.

Doch bevor es soweit war, hatte Gropius noch einiges an Arbeit vor sich. So musste eine Lösung für die Einordnung der Schulgebäude in das bereitgestellte Bauareal sowie deren Form gefunden werden.

Das fragliche Gelände lag westlich des Bahnhofs auf einer weiten, erst nach 1900 erschlossenen Flur. Die Straßen waren schon festgelegt, doch erst wenige Häuser gebaut. Die Hauptstraße, an der das Bauhaus entstehen sollte, trug den Namen Ebertstraße. Mitten durch das vorgesehene Baufeld führte eine abzweigende Straße. Ein vermeintlicher Nachteil, der bei der Planung dann allerdings zu der neuartigen Gebäudestruktur inspirierte, durch die das Bauhausgebäude später weltweit bekannt wurde.

Zunächst hatte Gropius noch keine bildhafte Vorstellung für diese Struktur, jedoch ein klares Ziel vor Augen: Das Bauwerk musste mit einer neuartigen Gestaltung zum Sinnbild der Schule werden. Gropius begann die

Planung wie einst Peter Behrens: Er holte zunächst seine Mitarbeiter als Gruppe zusammen, erläuterte die Aufgaben und seine Vorstellungen und betraute dann jeden mit dem, was er am besten konnte.

Denkbar ist, dass Gropius das Entwerfen wie folgt koordiniert hat: „Neufert, Sie sind der Organisator, stellen Sie die Funktionsbereiche nach den fünf hauptsächlichen Nutzungen zusammen. Diese sind: ein Haus für die Werkstätten, Bereiche für Mensa, Aula und eine Bauhausbühne, weiterhin Verwaltungs- und Nebenräume sowie gesondert, den Wünschen der Stadt entsprechend, ein Gebäude für die gewerbliche Berufsschule. Wichtig ist, dass Sie die Nutzungszusammenhänge und die jeweiligen Bereiche in ihren räumlichen Dimensionen aufs Papier bringen, damit wir eine Vorstellung von den erforderlichen Flächen gewinnen."

Neufert entwickelte auf dieser Grundlage ein Funktionsschema. Fieger und Sturtzkopf formten danach aus fester Pappe kubische Körper für jeweils drei übereinanderliegende Etagen: einen Hauskörper für die Werkstätten, einen für die Berufsschule und einen für Atelier- und Wohnräume der Studenten.

Gropius dachte nach und erklärte dann: „Das Studentenhaus ist dem der Berufsschule zu ähnlich. Das wirkt langweilig. Stellen wir es senkrecht auf. Dann sind es fünf Etagen über einem schmaleren Grundriss."

Er schob den Modell-Körper der Berufsschule auf die nördliche Seite der trennenden Straße und fuhr fort: „Gut so, nun laufen wir nicht Gefahr, eine gründerzeitliche Stadtschule mit symmetrisch angelegter Baumasse zu entwerfen. Wir wollen keine Monumentalität! Wir wollen Lebendigkeit, und dazu ist eine asymmetrische Gliederung größerer und kleinerer Baukörpern genau richtig."

Vermutlich kannte Gropius die aktuellen Überlegungen zur Pavillonschule, bei der die Bauten für Klassenräume voneinander getrennt und durch querliegende Gänge verbunden wurden. Beim nächsten Schritt legte er seinen Mitarbeitern ein Foto von Frank Lloyd Wrights Robie House in Chicago auf den Tisch, das wie eine Komposition aus unterschiedlichen Kuben, scheibenartigen Kragdächern und Wänden wirkte. Zu sehen waren geschlossene Flächen im Wechsel mit Fensterbändern und eine Gliederung durch starke, schmucklose Simsbänder. Eine weitere Anregung fand das Team in Mies van der Rohes Entwurf einer Baukörpergruppierung, die von oben wie Flügel einer Windmühle aussah. Gropius und Meyer hatten sich

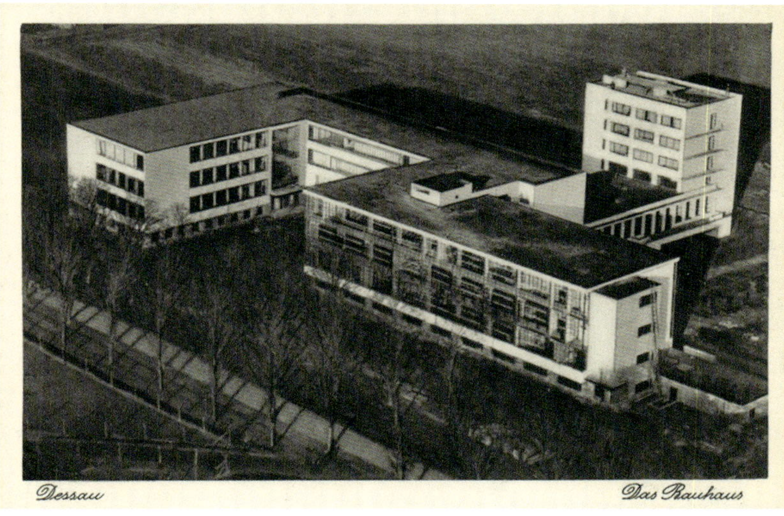

Bauhaus Dessau. Das Gebäudeensemble schuf Walter Gropius mit seinem Privatbüro 1925/26 in einer neuartigen Baukörperzuordnung nach dem Prinzip einer Windmühle

davon schon bei einem Entwurf für die Philosophische Akademie Erlangen inspirieren lassen.

Auf diesen Ideen aufbauend, entwickelte Gropius mit seinen Mitarbeitern Varianten der gegenseitigen Zuordnung der Baukörper. Zwei dieser Entwürfe konnten im Juni 1925 dem Gemeinderat vorgelegt werden. Den Vorzug erhielt schließlich ein Ensemble, bei dem das Werkstattgebäude längs zur Ebertstraße, der Berufsschultrakt quer dazu nördlich der Nebenstraße und wiederum quer zu diesem der aufgerichtete Kubus des Studentenwohnhauses stand. Wie bei den Pavillonschulen wurden hohe Baukörper mit flacheren verbunden. Der Hauptzugang mit einem Treppenhaus und das Foyer waren zwischen Werkstatttrakt und Wohnbau angeordnet. Das erschloss Versammlungsraum, Bühne und nachfolgend Mensa und Studentengebäude.

Die gewerbliche Berufsschule stand mit einem Sockel- und drei Vollgeschossen parallel gegenüber. Zum Geniestreich wurde die bauliche Verbindung zwischen den beiden Schulbauten. Gropius hatte die Idee für einen Brückenbau mit zwei Geschossen, der wie ein Tor wirkt. Vermutlich hatten ihn Industriebauten dazu angeregt, bei denen vergleichbare Brückenkörper über Bahngleise, Straßen oder gar Flüsse führten.

Am fertigen Modell konnten Gropius und seine Mitstreiter feststellen, dass das Gebäudeensemble, wie erhofft und angestrebt, von oben wie eine Windmühle wirkte. Eine neuartige Gebäudeform war entstanden. Das Modell wurde nun in Pläne für die Baugenehmigung umgesetzt: Lageplan, Grundrisse, Schnitte und Schaubilder. Neue Mitarbeiter mussten eingestellt werden. Die Ausführungsplanung erfolgte zügig. Schon im September 1925 konnte mit dem Bauen begonnen werden.

Zuvor war Ise Gropius nach Dessau gekommen. Sie wollte sich um den Bau und die Einrichtung des Direktorenhauses kümmern. Doch wo unterkommen, bis dieses bezugsfertig war?

Ise konnte Hugo Junkers gewinnen, das Gästezimmer zu einer Gästewohnung zu erweitern, und zog dort mit ein. Nun konnte auch die versprochene Besichtigungsfahrt unternommen werden.

„Es wird eine Tour von der Mulde durch Dessau bis zur Elbe", erklärte Junkers und startete im offenen Wagen vom Wohnhaus an der Albrechtstraße 109, an der er 1885 seine erste Fabrik gegründet hatte, zum Schillergarten.

„Im Norden", er wies nach links, „fließt die Mulde in die Elbe. Dort quert die Eisenbahn vom Hauptbahnhof kommend die Flussauen in Richtung Roßlau und teilt sich dann in die Strecken nach Magdeburg und Berlin. Die Bahnstrecke daneben beginnt am Wörlitzer Bahnhof, schwingt sich vor der Waggonfabrik und der Friedrichkaserne im großen Bogen in Richtung Süden."

Junkers ergänzte, dass man mit dem Auto die Mulde erst am Tiergarten in Höhe von Rathaus und Marienkirche erreichen könne. Das Ehepaar konnte nur kurz das imposante Rathaus betrachten, denn Junkers fuhr vorbei und hielt hinter dem kleinen Lustgarten an einer Mühle. Hier gab es für ihn und seine an Technik interessierten Gäste mehr zu sehen: flussaufwärts ein Wehr mit eisernem Gestänge, das den Fluss aufstaute. Hier wurde einst das Wasser des Mühlrades abgezweigt. Flussabwärts überspannte den Mühlgraben eine Straßenbrücke. Rechts davon lag der Tiergarten. Ise konnte sich nicht sattsehen, doch Junkers drängte zur Weiterfahrt. Zurück durch die Altstadt, dann folgte Junkers den Straßenbahnschienen bis zur Anhaltischen Kunsthalle, in der bereits einige Bauhausmeister übergangsweise Ateliers eingerichtet hatten.

Weiter ging es entlang der Straßenbahnschienen nach Süden. Gropius erzählte Junkers beim Vorbeifahren an der Mauerstraße 36, dass hier sein

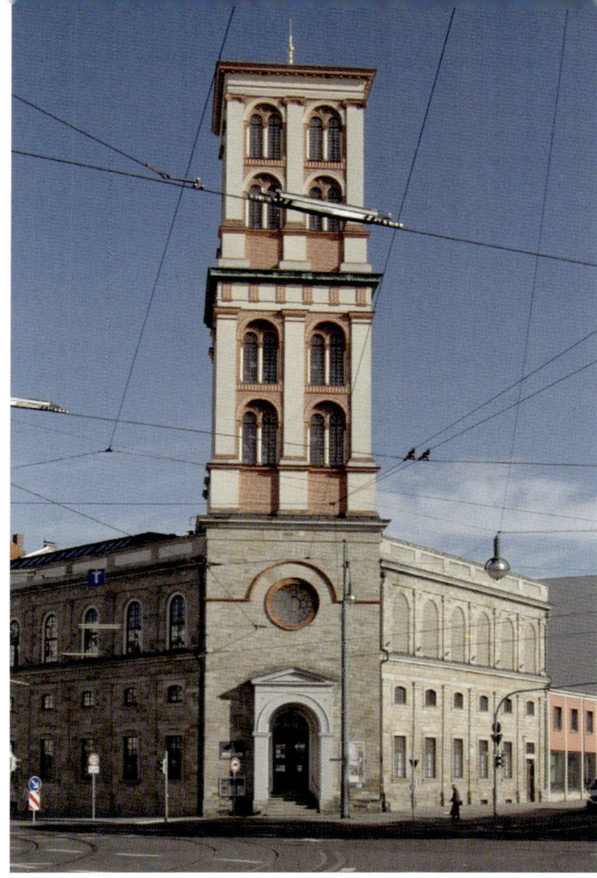

Ehemalige Anhaltische Kunsthalle, heute Museum für Naturkunde und Vorgeschichte, 1925/26 Interim von Bauhaus-Meisterateliers.

privates Büro und die Bauhausverwaltung übergangsweise tätig waren. Sie fuhren durch ein Tor aus hohen Bäumen und Bauwerken der Totenruhe: der Friedhofseingang, das Krematorium. Hier endete die Straßenbahn. Dahinter offene Landschaft mit eingestreuten Industriebauten und Schrebergärten. Das Dorf Törten, davor Landvermesser.

„Was geschieht hier?", fragte Ise.

Gropius konnte antworten. „Hier soll die erste Bauhaussiedlung entstehen. Die Stadt hat mich beauftragt, diese mit meinen Leuten zu planen. Wir entwickeln bereits Entwürfe für Versuchsbauten."

Junkers schaute erneut auf seine Taschenuhr und drängte: „Wir müssen uns sputen, ich will Ihnen noch etwas zeigen, das Sie bestimmt überraschen wird."

Sie machten kehrt und erreichten bald darauf die Ebertstraße. Links waren die Krankenhäuser zu sehen, rechts markierten Stangen den Bauplatz des zukünftigen Bauhauses. Sie kamen in den Ortsteil Ziebigk, der gerade nach

Dessau eingemeindet worden war, am Beginn ein idyllischer Kiefernhain. Hier sollten die Meisterhäuser entstehen.

„Dafür habe ich mitgesorgt", erklärte Ise, während Junkers schneller als erlaubt durch den Ort fuhr.

Gerade noch rechtzeitig erreichten sie den Elbeschutzdamm. Junkers parkte am Elbpavillon. Sie eilten auf den Dammweg. Vor ihnen lag der Leopoldshafen, links vor der Nachmittagssonne die Silhouette des einst fürstlichen Kornhauses. Propellergeräusche. Ein Wasserflugzeug, eine Junkers G 24, zog sanft nach unten und landete auf ihren bootsähnlichen Schwimmern auf dem Fluss. Dann schwenkte sie in den Leopoldshafen zu einem Zwischenstopp ein. Zwei Passagiere stiegen aus, keiner zu. Bald darauf war das Flugzeug startbereit. Mit lautem Dröhnen erhob es sich wieder in die Luft.

„Wohin geht's?", fragte Ise.

„Nach Dresden!", erklärte Junkers.

„Sie sind Ihrer Zeit voraus!", kommentierte Gropius voller Anerkennung.

„Warten Sie ab, im kommenden Jahr will ich hier Starts mit Raketen testen."

Junkers sprach's und ließ seine Gäste ins Auto steigen. Unter dem nun geschlossenen Wagendeck erzählte er: „Ich hatte die Flugzeuge für Fernflüge mit starken Motoren ausgerüstet. Durch die Regelungen des Versailler Vertrags musste ich schwächere einbauen. In einem Zweigwerk in Schweden erhielten die Maschinen dann wieder die alte Stärke und aus der Junkers G 23 wurde wieder die Junkers G 24. Erst jetzt im Sommer hat die französische Armee das Ruhrgebiet verlassen. Die Reglementierungen sind aufgehoben. Nun kann ich hier in Dessau meine Flugzeuge bauen, wie ich sie will."

Keiner im Wagen ahnte, dass vor allem für Junkers und wenige Jahre später auch für das Ehepaar in Dessau keine Luft zum Atmen mehr sein würde.

DAS BAUHAUS BAUT

Im Gropius-Büro begann nun die Feinarbeit an der Planung von Bauhaus und Meisterhäusern. Die Ansprüche waren hoch, denn es galt, Details zu entwickeln, die die neuartige Gesamtwirkung bei näherer Betrachtung noch steigern sollten. Die Schaufront des Werkstatttraktes erhielt eine

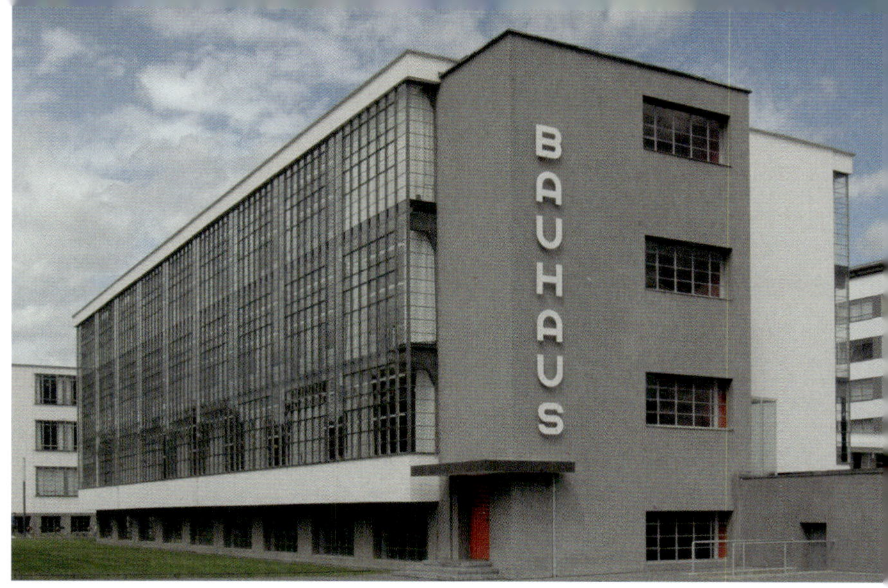

Hauptansicht des Bauhauskomplexes an der heutigen Gropiusallee

Vollverglasung über drei Geschosse, die wie bei der Schuhleistenfabrik und dem Bürobau der Kölner Werkbundausstellung um die Ecken herumgeführt wurde. Bei der späteren fotografischen Werbung für die Neuartigkeit des Bauwerks sollten sich die durchsichtigen gläsernen Ecken der Glaswand als ein Haupteffekt erweisen. Schmale Metallprofile und polierte Kristallglasscheiben wurden für diese gläserne Hülle vorgesehen. Abends sollte sie wie eine Botschaft aus einer zukünftigen Welt wirken, hoffte Gropius; er steigerte den Effekt, indem er die Glasfront weit über die Außenwand des Sockelgeschosses hinausschob und für die darunter liegende Fläche eine dunkle Farbe vorsah, damit die erleuchteten Werkstatträume abends wie über dunklem Grund schwebten.

Gropius' damalige Mitarbeiter konnten auch im Detail gefühlvoll Formen und spannungsvolle Proportionen bestimmen. Der „Goldene Schnitt", der bei Rasterfassaden von Industriebauten keine Rolle mehr spielte, war hier bei der Gliederung der Fensterflächen, der Formgebung der Betonstützen, der Möblierung und der Gestaltung der Treppenhäuser wieder gefragt. Gropius' wichtigstes Ziel war, Betrachter wie Nutzer beim Gang um und durch den Gebäudekomplex eine dynamische Wirkung der Wandflächen und Räume erleben zu lassen. Das wurde durch den spannungsvollen Wechsel von Richtungen, Flächengrößen und Gliederungen innerhalb einer von rechten Winkeln bestimmten Struktur erreicht. Vor-

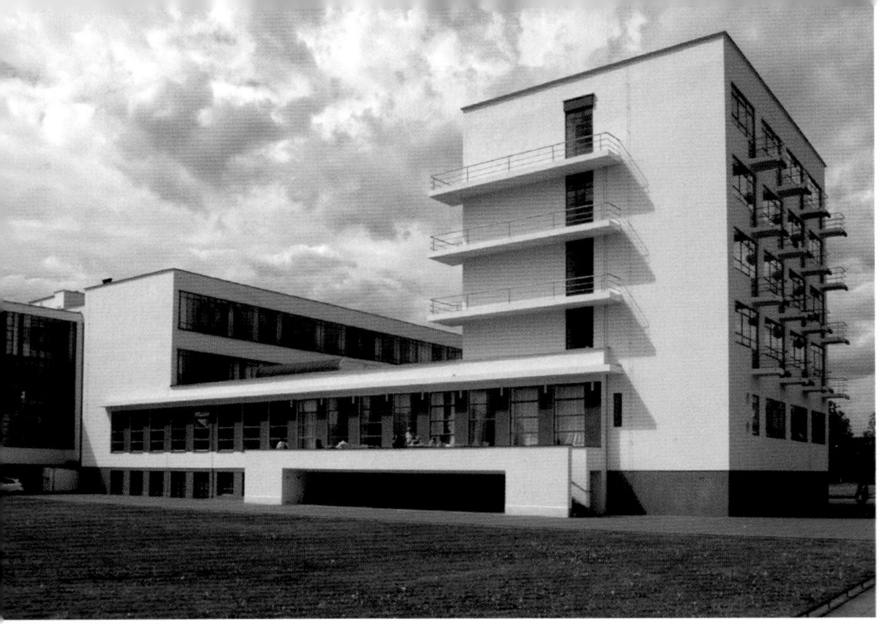

Bauhaus Dessau, Blick auf den Mensatrakt und das „Prellerhaus" (rechts)

und Rücksprünge schufen, besonders im Sonnenlicht, außen eine sich wandelnde Schattenwirkung. Auch die von Jungmeister Herbert Bayer entwickelte Schrift für die äußere Firmierung hatte den gewünschten neuartigen, aus der Maschinenwelt hergeleiteten Charakter. Die Farbigkeit im Inneren, die neuartige Form der Beleuchtungskörper und die von den Bauhauswerkstätten gefertigte Ausstattung rundeten das angestrebte Gesamtkunstwerk ab.

Gropius hatte absichtsvoll alle Werkstattleiter in Weimar bzw. Dornburg gelassen und mit den erfahrenen Meistern und als Jungmeister berufenen Absolventen der Bauhausschule die Werkstätten neu organisiert. Er wollte sichergehen, dass in den Werkstätten eine Formensprache entstand, die mit seiner Architektur korrespondierte. Die Meister waren nun für Theorie und Praxis gleichermaßen zuständig

Zu den Meistern Klee, Kandinsky, Schlemmer, Muche und Moholy-Nagy kamen die Jungmeister Josef Albers, Herbert Bayer, Marcel Breuer, Hinnerk Scheper und Joost Schmidt. 1927 stieß Gunta Stölzl und 1928/29 Marianne Brandt dazu. Lyonel Feininger hatte bereits seit Weimar keinerlei Lehrverpflichtungen mehr. Er war gewissermaßen in dem für ihn errichteten Meisterhaus ein Ehren-Bewohner von Dessau geworden, mit dessen zunehmendem Ruhm sich die Stadt schmückte.

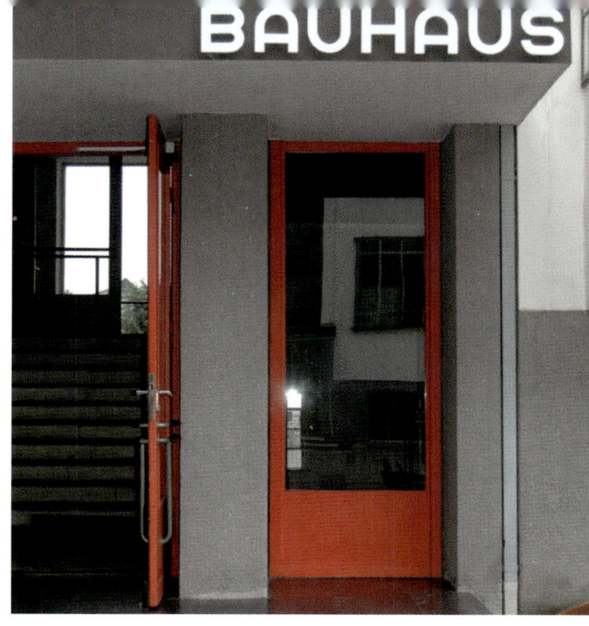

Eingang zum Foyer vor dem Mensatrakt und dem Werkstattgebäude

Einen Dämpfer erhielt Gropius, als während der Fertigstellung des Rohbaus sein Büroleiter Ernst Neufert nach Weimar ins Haus der alten Bauhauswirkungsstätte wechselte. Er hatte von Otto Bartning, Direktor der dort wiederentstandenen Weimarer Kunsthochschule, seit 1. April 1926 „Staatliche Hochschule für Handwerk und Baukunst", die Berufung zum Leiter der Architekturabteilung erhalten. An seine Stelle im Büro trat Otto Meyer-Ottens.

Am 21. März 1926 konnte Richtfest gefeiert werden. Am 1. September erfolgte der Einzug in den Ateliertrakt, der in die weiteren Räume am 10. Oktober. Nach der Fertigstellung der Einrichtung wurde am 4. Dezember 1926 der Schulkomplex eingeweiht. Zum Festakt waren mehr als 1000 Gäste aus dem In- und Ausland angereist. Diesem folgten Führungen durch das Haus, zu den Meisterhäusern und dem ersten Bauabschnitt der Siedlung Törten. Der Abend stand im Zeichen der Bauhausbühne. Erstmals konnte Gropius seine Bauten und künstlerische Gestaltung an der Schule im Zusammenhang präsentieren, und die regionale wie internationale Presse würdigte das Ereignis zumeist mit überschwänglichen Worten.

Im Rückblick kann man die offizielle Eröffnung der Neubauten als bedeutendstes Ereignis in der Bauhausgeschichte und künstlerischen Höhepunkt im Berufsleben von Walter Gropius bezeichnen. Besonders auf den Entwurf des Bauhauses Dessau bezogen sich spätere Ehrungen, Berufungen, Würdigungen und vor allem auch Aufträge.

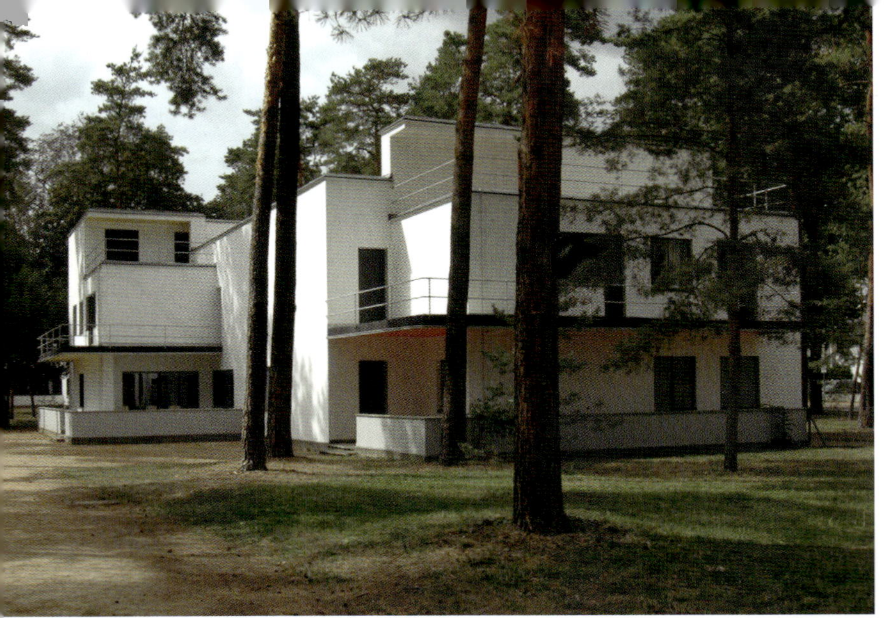

Blick auf die westlichen Meister-Doppelhäuser. Haus Muche / Schlemmer (vorn) und Haus Kandinsky / Klee (hinten), Foto nach der Sanierung

Ebenfalls ab 1925/26 wurden für den Direktor und sechs Meister – es waren weitgehend jene, mit denen Oberbürgermeister Hesse den Umzug von Weimar nach Dessau ausgehandelt hatte – auf städtische Kosten Wohnhäuser im Kiefernhain an der Burgkühnauer Allee errichtet. Den Planungsauftrag für das Haus des Direktors und drei Doppelhäuser für die Familien Moholy-Nagy und Feininger, Muche und Schlemmer sowie Kandinsky und Klee erhielt ebenfalls das Gropius-Büro. Die Häuser sollten in ihrer Formensprache dem Schulgebäude und in der funktionalen Zuordnung der Räume modernen Lebensweisen entsprechen. Auch die haustechnische Ausstattung und die genutzten Baumaterialien waren das Neuste und das Richtige, was sich für schnelles Bauen mit hohem technischem Standard eignete.

Für die neuen Gebäudeformen hatten Gropius und Adolf Meyer mit dem Haus Auerbach in Jena bereits vorgearbeitet: Zwei Kuben, vom rechten Winkel bestimmt, wurden ineinandergeschoben, und mit den entstehenden Vor- und Rücksprüngen entstand eine interessante Gebäudeform, die für eine neuartige Wirkung der Innenräume genutzt werden konnte. Schon 1922 war Gropius' Mitarbeiter Bernhard Sturtzkopf ein Hausmodell nach diesem Prinzip gelungen, und zwar in einem Kurs bei „De Stijl"-Künstler Theo van Doesburg. Als Foto ist es erhalten geblieben. Wie auch Carl Fieger hatte Sturtzkopf das Prinzip, das nun für die Meisterhäuser genutzt wurde,

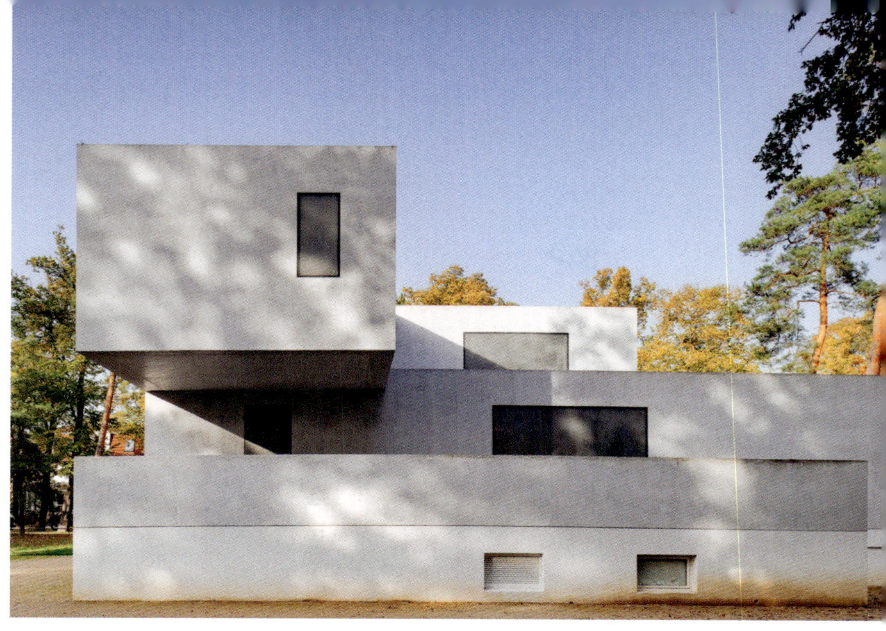

Direktorenhaus. Symbolische Neuinterpretation des im Zweiten Weltkrieg zerstörten Gebäudes. Entwurf: Bruno Fioretti Marquez Architekten, Berlin, 2010-2014

bereits verinnerlicht. Gropius' Vorstellungen fielen bei seinen Mitarbeitern auf fruchtbaren Boden.

Das Direktorenhaus war eine Weiterentwicklung des „Verschachtelungsprinzips". Dabei entstand eine stereometrische Skulptur. Ise Gropius achtete genau auf die Lage der Fenster, Blickrichtungen zwischen innen und außen und die Wirkung des Tageslichtes. Wichtig war ihr vor allem die Gestaltung der Küche. Modern in der Form, zweckmäßig für die Nutzung und pflegeleicht musste sie sein. Vermutlich dachte sie dabei an die Haushaltshilfe, die wie der Hausmeister einen eigenen Bereich im Haus erhielt.

Die Doppelhäuser der Bauhausmeister wurden zum Komprimat der Formenelemente des Bauhausgebäudes: Wohnbereiche und Terrassen nach Süden. Ateliers zur Straße nach Norden. Von dort aus ist zu erkennen, dass die Ateliers Wand an Wand lagen.

Gropius war bemüht, die Grundrisse zu typisieren und dies durch Verdrehen der Doppelhaushälften um 90 Grad zu überspielen. Die Außenanstriche waren durchgehend weiß. Akzente schufen schwarze Türen und Fensterrahmen. Umso farbiger zeigte sich nach einem Jahr Planungs- und Bauzeit das Innere, da es die Meister sehr individuell selbst bestimmten. Gebaut wurde mit den neuesten Baumaterialien. Die allgemeine Ausstattung erfolgte mit Hilfe der Bauhauswerkstätten und Geräten aus Junkers'

Werken. Die Baukosten stiegen dabei auf mehr als das Doppelte der damals üblichen Beamtenhäuser an, die Betriebskosten später ebenso. Entsprechend hoch waren die Mieten. Gropius und die gutverdienenden Meister konnten sich diese leisten, die Jungmeister hingegen nicht. Sie fühlten sich benachteiligt und einige Studenten distanzierten sich von der Verschwendung städtischer Mittel.

Heute ist das vergessen. Die Meisterhäuser wurden und werden weltweit in unzähligen Varianten nachgeahmt und mit dem Etikett „Bauhausstil" möglichst gewinnbringend vermarktet. Das Haus Gropius, in dem nacheinander auch der zweite Direktor Hannes Meyer und der dritte und letzte, Mies van der Rohe, wohnten, sowie die Doppelhaushälfte von Moholy-Nagy wurden im Krieg zerstört. Nach langen Diskussionen fiel nach 2003 die Entscheidung, dass sie wie Symbole neu errichtet werden sollten – stereometrisch stilisiert, bezogen auf die Außenmaße der Originale, doch in Distanz von deren ursprünglicher Wirkung.

WETTERUMSCHWUNG

Im Oktober 1926 wertete die Regierung des Freistaats Anhalt die bis dato städtische Schule zum „Bauhaus Dessau – Hochschule für Gestaltung" auf und unterstellte sie der staatlichen Hochschulaufsicht. Damit wurden die Meister zu Professoren und die Schüler zu Studenten. Doch gleich unter welchem Namen – mit der Eröffnung des neuen Schulgebäudes Ende 1926 konnten alle am Bauhaus unmittelbar erleben, dass Gropius' Ziel, die Künste unter dem Dach des Bauens zusammenzuführen, nach sechs Jahren endlich erreicht war. Dazu hatten auch die neu formierten Werkstätten und deren Meister Wesentliches beigetragen.

Ab 1925 wurden die Werkstattleitungen durch Neuberufene und Jungmeister wie folgt besetzt: Josef Albers, 1925–1928 Lehrkraft im Vorkurs bei Moholy-Nagy, ab 1928 Leiter des Vorkurses; Herbert Bayer, 1925–1928 Leiter der Druckerei, Marcel Breuer, 1925–1928 Leiter der Tischlerei (Möbelwerkstatt), Hinnerk Scheper, Leiter der Abteilung für Wandmalerei; Joost Schmidt, ab 1925 Leiter der plastischen Werkstatt, nach 1928 auch der Druckerei; Gunta Stölzl, ab 1925 Werkmeisterin der Weberei, ab 1927 Leiterin der Werkstatt.

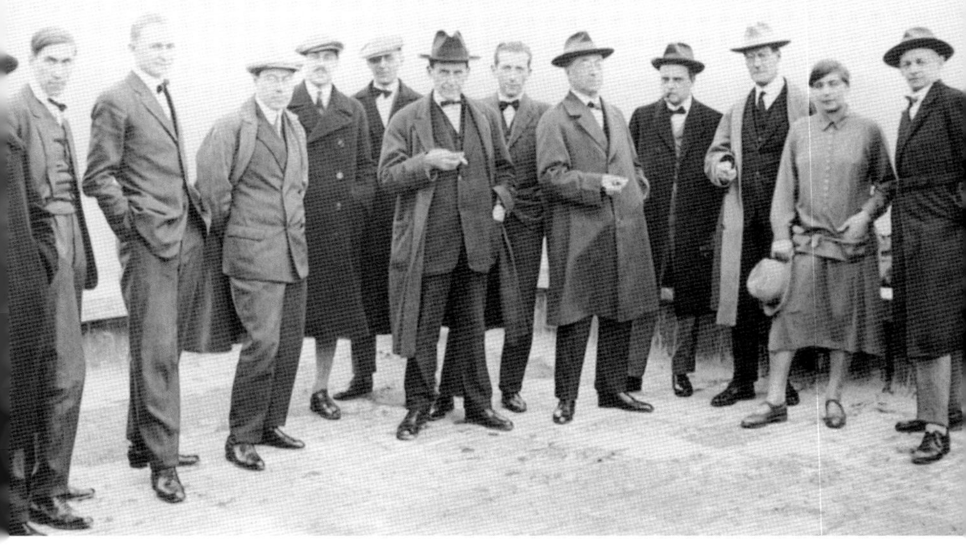

Die Formensprache des Dessauer Bauhauses verbreitete sich über Ausstellungen, Entwürfe für die Industrie, Druckerzeugnisse und nicht zuletzt durch die zahlreichen Vorträge, die Gropius mit Lichtbildern unterlegt in Deutschland und dem Ausland hielt. Das Bauhausgebäude wurde dabei zum Markenzeichen für moderne Architektur-Gestaltung, die von Dessau ausging. Gropius verstand es, seinen Namen mit dieser Marke in engste Verbindung zu bringen. Da die Bauhaus-Architektur dabei in seinem privaten Büro entstanden war, brach das keine Regel, denn seit Jahrhunderten standen alle großen Architekten, selbst festangestellte Stadt- und Kirchenbaumeister, mit ihrem Namen für ein großes Werk – etwa Andrea Palladio mit Kirchen und Villen in Italien oder Gottfried Semper mit seinen Bauten in Dresden. Die Mitstreiter blieben ungenannt. Gropius bedankte sich wenigstens bei der Einweihung der Schule bei dreizehn Konstrukteuren und Zeichnern seines Büros.

Die Erfolgsserie hielt zunächst an. In der Siedlung Törten wurde intensiv gebaut. Nach dem ersten Abschnitt wurde

Anonym, Bauhausmeister auf dem Dach des Bauhausgebäudes, Dessau 1926, Gelatine-Silber-Druck, Foto Bauhaus-Archiv Berlin

v. l. n. r.: Josef Albers, Hinnerk Scheper, Georg Muche, László Moholy-Nagy, Herbert Bayer, Joost Schmidt, Walter Gropius, Marcel Breuer, Wassily Kandinsky, Paul Klee, Lyonel Feininger, Gunta Stölzl und Oskar Schlemmer

der zweite mit neuen Grundrissen und Fassaden begonnen. Endlich konnte an der Schule eine eigenständige Architekturabteilung mit fachgerechtem Unterricht beginnen. Als Leiter hatte der Direktor den Schweizer Architekten Hannes Meyer verpflichtet. Gropius' privates Büro war nun mit einer Vielzahl von Wettbewerbsbeteiligungen, konkreten Studien und Entwurfsaufgaben beschäftigt, wie etwa mit der Entwicklung eines „Totaltheaters" für den experimentierfreudigen Erwin Piscator. Außerdem konnte das Büro mit dem Haus Zuckerkandl in Jena einen neuen modernen Wohnungsbau außerhalb von Dessau vorweisen und auf der internationalen Bauausstellung am Stuttgarter „Weißenhof" 1927 ein aus vorgefertigten Baublöcken errichtetes Wohnhaus vorstellen.

Doch zum Jahreswechsel 1927/28 neigte sich die Ära Gropius in Dessau dem Ende zu. Für Außenstehende kam seine Entscheidung, den Arbeitsvertrag als Direktor des Bauhauses aufzulösen, unerwartet. Für seinen engeren Kreis jedoch nicht.

Die Gründe für Gropius' Entschluss waren vielfältig. Mit dem Weiterbau der Siedlung Törten hatte es bereits im Herbst 1927 Schwierigkeiten gegeben. In der Presse und dem Dessauer Gemeinderat gab es Vorwürfe gegen die einseitigen, hohen staatlichen Subventionen des Projekts, deretwegen andere neue Wohnanlagen leer ausgegangen waren. Etliche Käufer der ersten Einfamilienhäuser in Törten kritisierten bauliche Mängel und Probleme bei der Nutzung wie zu hoch liegende Fenster in den Kinderzimmern, die nur den Blick in den Himmel, aber nicht zur Straße ermöglichten.

Neben wichtigen Vertretern der Fachpresse positionierten sich bald auch Kollegen wie BDA-Präsident Cornelius Gurlitt und Paul Schultze-Naumburg, damals Professor an der TH Dresden, gegen Gropius. Auch führende SPD-Politiker polemisierten inzwischen gegen Gropius und Oberbürgermeister Hesse. Dieser konnte dem Noch-Direktor keine Rückendeckung mehr geben und Gropius spürte, dass er ins Fadenkreuz mächtiger Gegner geraten war. Anfang Februar kämpfte er mit einer Denkschrift an den Gemeinderat noch einigermaßen erfolgreich um die weitere Finanzierung des dritten Bauabschnitts von Törten. Bei einem der letzten Treffen zwischen Gropius und dem Oberbürgermeister erwähnte dieser, dass „von Berlin aus" die Einverleibung der Reichsmessestadt Leipzig in die preußische Provinz Anhalt betrieben werde und setzte hinzu: „Hoffentlich gelingt den Leipzigern die Attacke abzuwehren, wie ich auch hoffe, dass unsere Selbständigkeit noch einige Zeit erhalten bleibt, doch ich ahne Schlimmes."

Die Eskalation des Finanzierungsstreits um Törten muss Gropius sehr ungelegen gekommen sein. Denn gerade zu dieser Zeit war seine Tochter Manon für vier Wochen zu Besuch; Mutter Alma hatte zum ersten Mal gestattet, das gemeinsame Kind in die Obhut von Walter und Ise zu geben. Und ausgerechnet jetzt war der Vater ganztägig mit aufreibenden Verhandlungen beschäftigt und sah seine geliebte Tochter nur selten. Ise und die aus Berlin angereiste Großmutter Manon mussten die Elfjährige betreuen und die Abwesenheit des Vaters überbrücken.

Das aus der Weltstadt Wien angereiste Mädchen staunte über Gropius' neues Haus im Kiefernhain, das ihr Ise stolz präsentierte. Die Garage lag an der Straße. Eine Mauer verdeckte den Blick in den Garten. Den Eingang zum Haus erreichte man auf einem Weg daneben, der an einem tiefen Einschnitt ins Haus über eine Treppe zum Flur führte. Links davon lagen zwei Schlafzimmer. Sie waren durch einen begehbaren Schank voneinander getrennt. Davor befanden sich Bad und Toilette. Ein abtrennbarer Wohnraum mit vorgelagerter Terrasse nahm fast die gesamte Südseite ein. Ein Teil dieser Terrasse war durch einen vorn auf zwei Stützen ruhenden Kubus überdeckt: der Bodenraum. Vor Regen geschützt, konnte man darunter sitzen und die frische Luft genießen. Zwischen Bodenraum und Treppenhaus befanden sich ein Zimmer, das mit seinem großen Fenster zum Arbeiten geeignet war, die Waschküche und das Mädchenzimmer. Ein großer Gästebereich mit Bad war auf der Ostseite entstanden.

In den Wochen ihres Besuchs spürte die noch kindliche Manon, dass die Welt ihres Vaters eine völlig andere, weitaus modernere war, als die, in der die Mutter mit Stiefvater Franz Werfel lebte. Das Gefühl der modernen Welt nahm Manon mit nach Wien.

Gropius' Bemühungen für Törten trugen Früchte, und für die Finanzierung des dritten Bauabschnitts wurde ein Kompromiss gefunden. Doch unmittelbar danach, am 12. Januar 1928, erklärte Gropius in einem Brief an den Oberbürgermeister seinen Rücktritt als Direktor des Bauhauses zum 31. März desselben Jahres. Es gab weitere Gründe, die in Gropius selbst gereift waren.

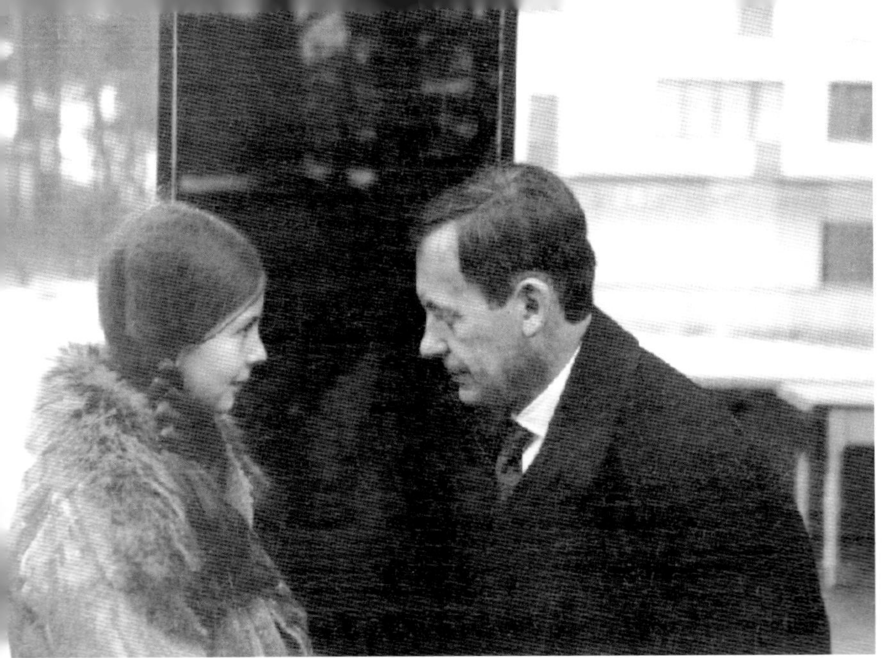

Manon und Walter Gropius, Dessau, 1927

Schon im Herbst 1927 empfand Walter Gropius die Rundfahrten mit Kollegen und potentiellen Bauherren, die nach Dessau gekommen waren, um die neue Architektursprache des Bauhauses unmittelbar kennenzulernen, wie Abschiedstouren, obwohl er dafür viel Lob erntete. Diese Rundfahrten leitete er in der Regel mit einem Rundgang durch das vielgliedrige Schulgebäude ein. Hier nutzte er die Bauhausbühne für eindrucksvolle Erläuterungen und gelegentlich zeigte er auch Lichtbilder von Bauplänen und den Entstehungsphasen der Gebäude. Es folgten kurze Blicke in die Werkstätten und ein Gang zum Studentenwohnhaus, das in Erinnerung an Weimar bald das „Prellerhaus" genannt wurde. Dahinter war entweder Gropius' Wagen für Fahrten mit wenigen ausgewählten Gästen oder ein Kleinbus für eine größere Besuchergruppe geparkt.

Die weitere Tour begann mit den „Meisterhäusern". In Gropius' eigenem Haus servierte Ise für wichtige Gäste guten englischen Tee. Für allgemeine Besucher blieben die privaten Räume wie die Wohnungen und Ateliers der Meister verschlossen. Dann ging's weiter, nun über die Ebertallee langsam an der Schauseite des Bauhauses vorbei. Erneute Worte der Bewunderung vernahm der Direktor mit innerer Genugtuung und dachte dabei: „Das sollte Alma Mahler sehen!"

Mit diesem Bau würde er sich einen Namen als Architekt machen wie Almas erster Mann Gustav Mahler als Komponist und ihr derzeitiger Lebenspartner Franz Werfel als Schriftsteller. Nicht zuletzt wegen des Besuchs der Tochter Manon musste Gropius in jenem Herbst oft an Alma denken. Doch erkannte Gropius bei diesen Rundfahren immer deutlicher, dass für ihn in Dessau keine Bauten mehr möglich waren, mit denen er den Platz unter den Größen der modernen Architektur, den er inzwischen erreicht hatte, untermauern konnte.

Oder war doch noch etwas möglich? Nach der Überquerung zweier Bahngleise und der Durchfahrt eines Industriegebiets erreichte die Besuchergruppe den Askanischen Platz. Konnte hier Gropius' nächster bedeutender Bau entstehen? Hier war das Dessauer Arbeitsamt geplant. Gropius hatte mit seinem Büro den Wettbewerb für den Neubau gegen Max Taut und Hugo Häring gewonnen. Schaubilder des Wettbewerbsentwurfs hatte er zur Rundfahrt mitgebracht.

„Die Rundung erinnert an Mendelsohns neuestes Kaufhaus Schocken in Stuttgart und an dessen ‚Universum-Kino' am Ku'damm in Berlin", bemerkte einer der Gäste.

Ein anderer erkannte die Form eines Schiffs: „Rechts der abgerundete Bug, ein Schiffsrumpf aus gelben Klinkern mit eingelassenen Öffnungen. Darüber gläserne Deckaufbauten und über diese hinausragend der Kommandoturm."

Er fragte: „Ist das ein Zufall?"

Gropius' Antwort kam schnell und ausführlich: „Nein, das ist es nicht. Hier ist ein neuer Trend in der Gestaltung erkennbar, wie er beispielsweise in der Metallwerkstatt und der Reklameabteilung der Bauhausschule und nun auch in meinem Büro entsteht. Sicherlich gibt es Anregungen aus der Kunst und der Formgebung für die Industrie. Dem rechten Winkel folgt der Kreisbogen. Ich habe die Rundung aus der Funktion ‚Arbeitsamt' hergeleitet. Über fünf Eingänge sollen sich die Arbeitssuchenden getrennt nach Geschlecht und Berufstyp sortieren und die Beratungsbereiche im Inneren erreichen. Für diese ist mit gläsernen Decken unter dem Sheddach helles Tageslicht vorgesehen."

Zwei Jahre später stellte der bislang mit einer hoch aufgetürmten expressiven Zackenwelt aus roten Klinkern bekannt gewordene Fritz Höger seine bisherige Gestaltungsweise auf den Kopf. Er gewann den Wettbewerb und

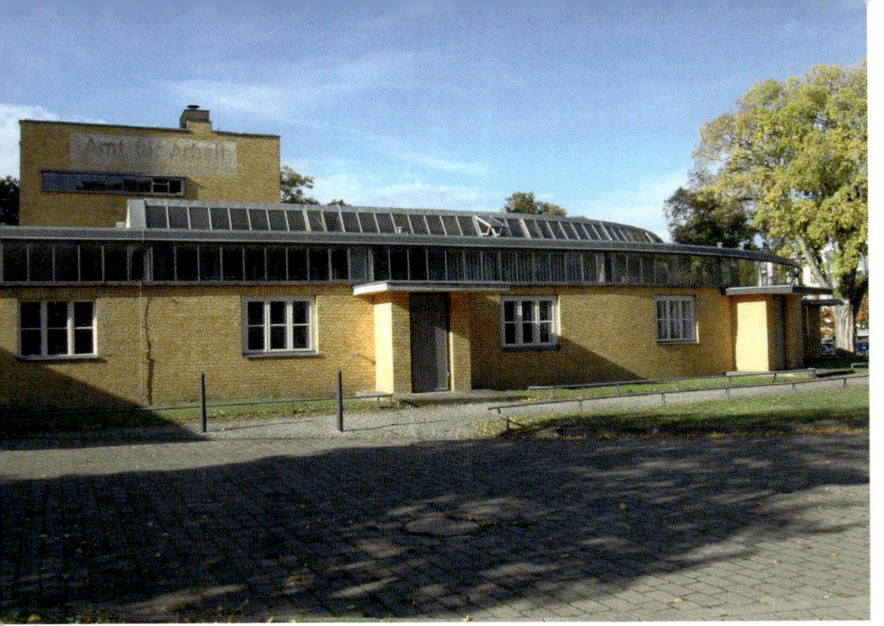

Arbeitsamt Dessau, Walter Gropius und das Gropius-Privatbüro, 1928/29

den Auftrag für den Bau der Konsumzentrale in Leipzig-Plagwitz – mit Formen, die er in der Architektur Mendelsohns und Gropius' sowie den Arbeiten Marcel Breuers als neu erkannt hatte und damit nach 1930 ein Gebäude schuf, das wie ein steinerner Ozeanriese auf dem Weg von Leipzig nach Hamburg erschien. Gropius war jedoch auch hier selbst vertreten. Die Mechanik und die Beschläge von schallsicheren Doppeltüren werden ihm zugeschrieben.

Gropius' Rundtour führte dann zur Franzstraße. Hinter Friedhof und Krematorium lag die neue moderne Welt der Siedlung Törten, die bereits in erheblichem Umfang aus dem Boden gewachsen war.

Der Direktor führte seine Besucher zuerst zum Stahlhaus, das Georg Muche mit Gropius' Assistenten Richard Paulick entworfen hatte, angeregt von den Konstruktionen der Junkers-Flugzeuge und anderen Versuchsbauten in Deutschland.

Dann wurden die Gropius-Bauten besichtigt.

Eine der letzten dieser Touren im Spätherbst 1927 blieb dem Noch-Direktor besonders in Erinnerung. Als Kollegen vom Bund der Architekten aus Berlin ihm in der Straße „Doppelreihe", Fragen stellten, sah sich Gropius um schnelle Antworten verlegen, und das brachte ihn zum Nachdenken.

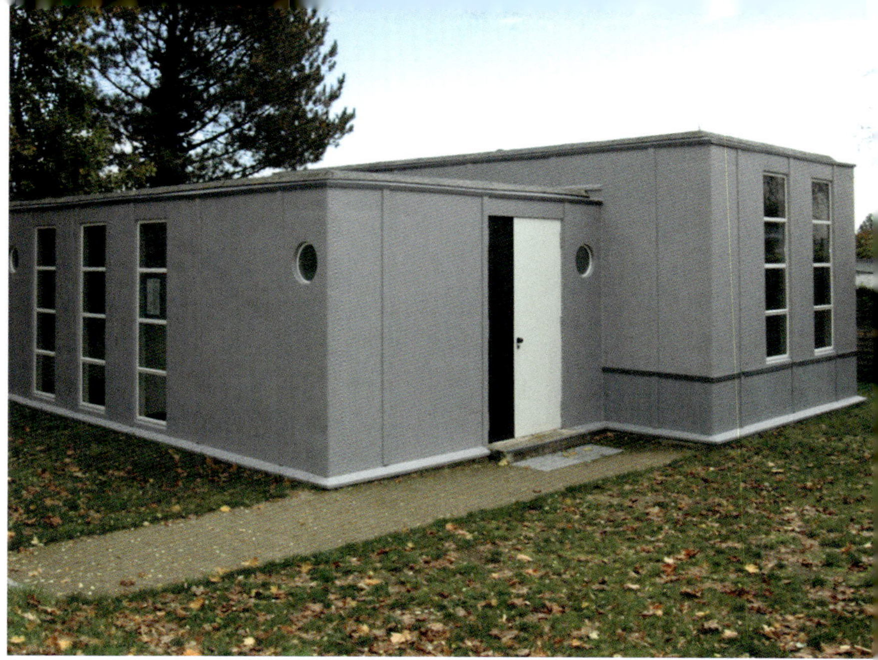

Stahlhaus in Dessau-Törten. Experimentalbau für ein Einfamilienhaus. Entwurf Georg Muche und Richard Paulick, 1926/27

Eine Stimme aus der Berliner Gruppe: „Ich komme mir vor wie auf dem Hof von Henry Fords Autowerken in Detroit. Dicht an dicht stehen dort die Autos, wenn sie vom Band gerollt sind wie hier die Häuser, eines gleicht dem anderen."

Gropius fühlte sich herausgefordert. „Wenn Sie schon in Detroit waren, ich war es noch nicht, haben Sie auch die Fließbandproduktion gesehen. Ich kann nicht leugnen, dass mich Bilder davon angeregt haben. Die Siedlung Törten wird nach dem Prinzip einer Taktstraße auf einem großen Bauplatz vorbereitet. Wir werden das noch sehen."

Bereits in der ersten fertiggestellten Straße des Bauabschnitts Törten I kam vom Kritiker ein erneuter Widerspruch: „Ich habe es geahnt, das wirkt alles uniform wie am Straßenrand geparkte Ford-Autos."

Sein Nachbar kommentierte: „Die Bewohner werden wohl bald beginnen, die Häuser nach ihrem Geschmack anzumalen, nur, um sich vom Nachbarn zu unterscheiden."

Gropius antwortete schlagfertig: „Nur durch das Bauen nach Typen ist eine Vorfertigung und damit auch eine Senkung der Baupreise möglich."

„In Berlin berichtet die Presse, dass dies hier nur durch erhebliche Subventionen erreicht wurde", brachte ein anderer der Berliner Architekten sich ein.

Gropius hielt dagegen: „Haben Sie eine Vorstellung, welche Kosten für Testmodelle entstanden, bis Hugo Junkers den geregelten Linienflugbetrieb mit seinen getypten Flugzeugen vom Fließband aufnehmen konnte?"

„Ich sehe da einen gewaltigen Unterschied zu Ihren getypten Reihenbauten, wie sie hier stehen, Professor Gropius", warf nun der Erste der Fragesteller ein und fuhr fort: „Henry Fords Autos stehen nur auf dem Fließband und bis zur Endkontrolle dicht an dicht aneinander. Dann fahren sie durch unterschiedlichste Städte und Landschaften und sind mit ihren Chauffeuren Teil einer sehr lebendigen Welt. Genauso stehen Hugo Junkers' Flugzeuge nur auf dem Flugfeld in Reih und Glied, bis sie sich hinauf in die Wolken und zurück auf die Erde bewegen. Alles dreht und bewegt sich dabei und ist nicht wie auf einer Perlenschnur aufgereiht wie diese Häuser, denen im Gegensatz zu Ihren Meisterhäusern Anmut und Lebendigkeit und alle Natur fehlt."

„Da täuschen Sie sich", konterte Gropius. „Die Natur befindet sich hinter jedem einzelnen Haus. Alle haben einen Stallanbau und Hausgärten zur Selbstversorgung. Damit die Gärten noch breiter werden, haben wir sogar die Häuser verbreitert, in der Tiefe dafür verkürzt und den Stall direkt unter die Terrasse verlegt."

Gropius spürte, dass die Kritik an den Straßenfronten nicht unbegründet war. Er wollte zur Minderung der Wohnungsnot einen Weg finden, schnell und kostengünstig Wohnungen zu bauen. An das Leben der Bewohner hatte er dabei wohl weniger gedacht.

Den Konflikt zwischen dem Massenwohnungsbau in Törten und dem auf seine Meister zugeschnittenen Hausbau im Grünen sah er durchaus, doch in Dessau würde er bei den aktuellen politischen Diskussionen das Problem nicht lösen können. Gropius hatte an anderer Stelle vorgesorgt. Das wusste in Dessau bisher nur Ehefrau Ise.

Die Tour mit den Berlinern führte dann sehr schnell zum Betonwerk, in dem auf einer Bodenplatte in wiederverwendbaren Schalungen die tragenden Fertigteile der Wohnhäuser und die Formsteine der Mauern aus dem am Ort vorhandenen Flusssand gefertigt wurden.

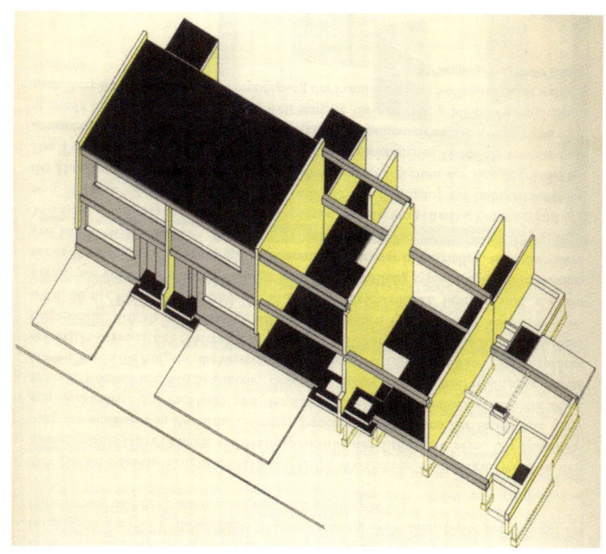

Isometrische Darstellung des Bauprinzips von Reihenhäusern aus vorgefertigten und montierten Bauelementen

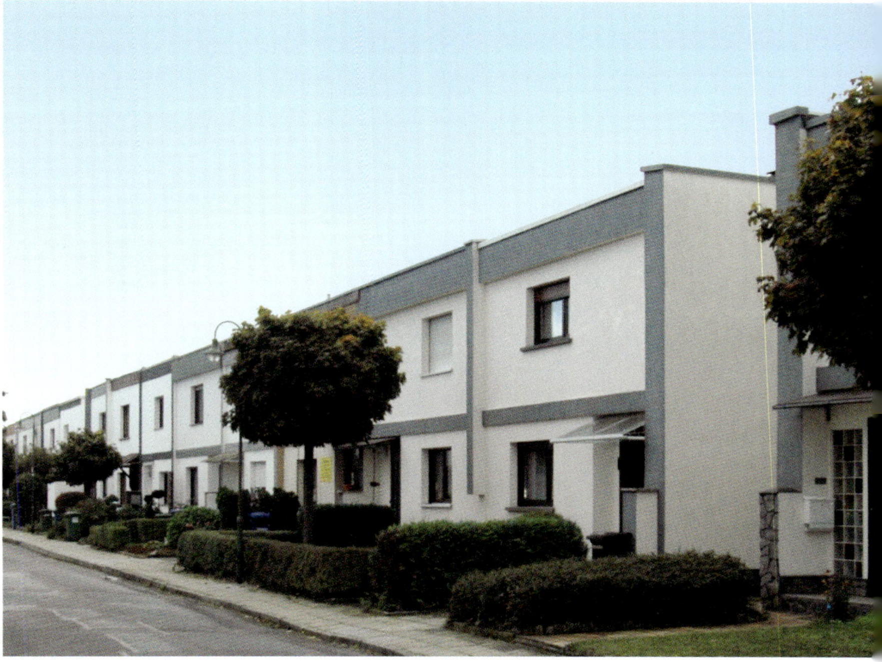

Straßenansicht einer Hauszeile des Typs Si Tö 1, Planung und Fertigstellung 1926-1928. Die Gärten lagen auf der Rückseite

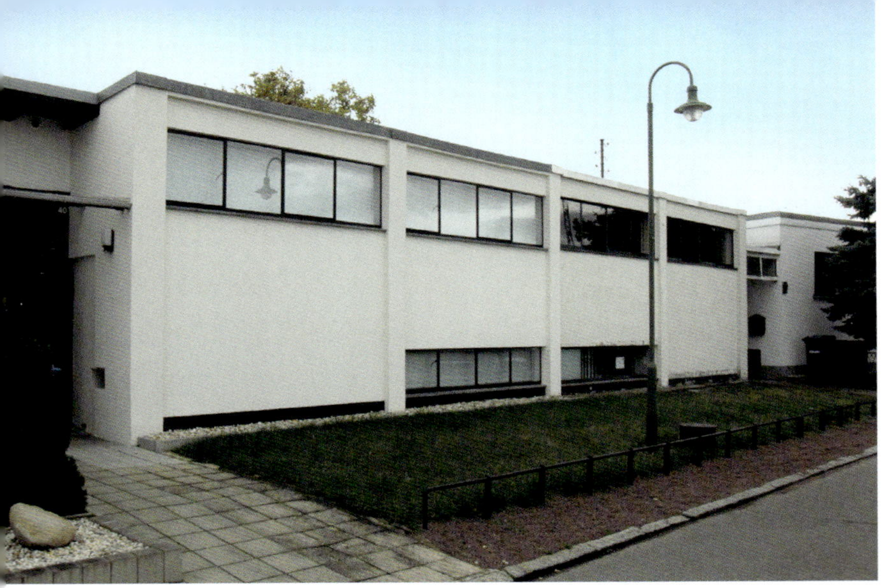

Straßenansicht einer Häuserreihe des Typs Si Tö 4, Entwurf und Fertigstellung 19027/28, vordere und hintere Räume sind in der Höhe versetzt, dadurch konnte das Treppenhaus gespart werden. Die Gärten liegen auf der Rückseite.

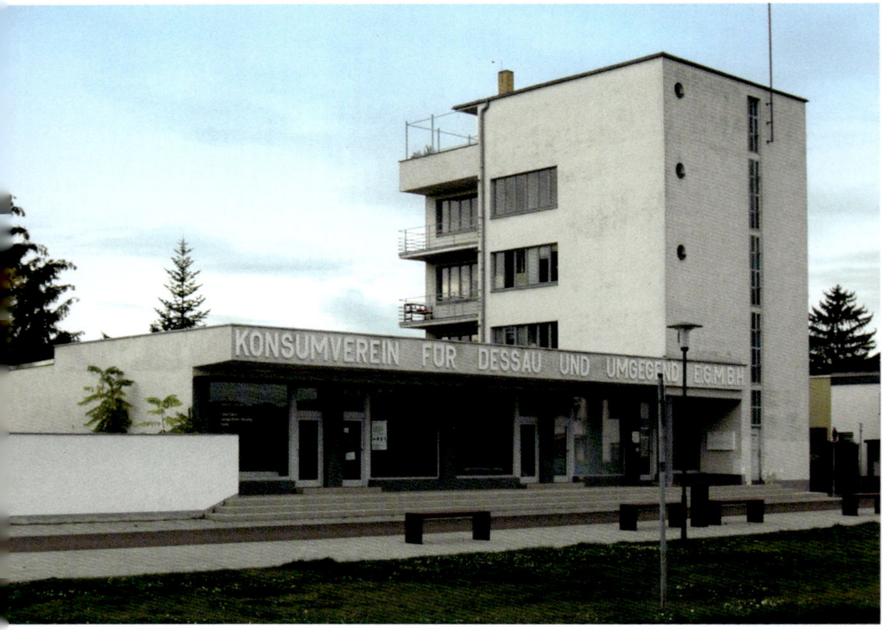

Flachbau (Ladenlokal) und Hochbau (Büro und Wohnungen) für den Konsumverein Dessau und Umgegend. Entwurf Walter Gropius 1928, Fertigstellung 1929 nach Gropius´ Umzug nach Berlin

Noch einmal meldete sich der erste Fragesteller zu Wort: „Das ist tatsächlich wie bei Henry Ford organisiert. Takt für Takt. Alles im Gleichmaß und mit denselben Handgriffen. Das beeindruckt!"

Die Wogen waren geglättet und es zeigte sich, dass Gropius' Kollegen der Industrialisierung im Bauen durchaus positiv gegenüberstanden, doch ratlos waren, wie die Lebendigkeit traditioneller Fassaden auch bei modernen, in der Fabrik vorgefertigten zu erreichen sei.

Zum Schluss stand die zukünftige Baustelle des Konsumgebäudes auf dem Programm. Gropius hatte den Entwurf dafür mitgebracht. Auf einem Titelblatt war das Haus dank Carl Fiegers künstlerischem Können wie die kleine Ausgabe des großen Bauhauses dargestellt. Ein Flachbau, mit auskragendem Vordach und darauf in plastischen Buchstaben die Aufschrift „KONSUMVEREIN FÜR DESSAU UND UMGEGEND E.G.M.B.H.". Geschickt war ein Minihochhaus angefügt. Unten Verwaltung, darüber Wohnungen – dem Studentenhaus am Bauhaus sehr ähnlich.

Aus der Berliner Gruppe war zu vernehmen: „Das Haus wird ein Höhepunkt in der Siedlung werden und rundet Ihre weißen Gebäude mit dem für Sie und Ihre Mitarbeiter typischen Stil in Dessau ab. Was wollen Sie hier noch bauen? Es ist doch alles gesagt und getan, Professor. Kommen Sie nach Berlin! Dort warten größere Aufgaben."

Gropius konnte ein Schmunzeln nur mühsam verbergen, denn diese Worte hätten auch von ihm selbst stammen können.

NEUE ORTSWECHSEL

Gropius hatte bereits neue große Pläne außerhalb von Dessau. Dafür und für die zunehmende Zahl von Reisen zu Vorträgen und Kongressen waren ihm Dessau als Wohn- und Arbeitsort zu klein und die Probleme dort zu groß geworden. Letztere nahmen im Jahr 1927 über Finanzierungsstreitigkeiten hinaus auch politische Dimensionen an.

Mit dem schon erwähnten Brief vom 12. Januar bat Gropius Oberbürgermeister Hesse, seinen Vertrag als Bauhausdirektor zum 31. März 1928 aufzulösen. Er hatte mit Hesse auch bereits seine Nachfolge an der Spitze des Bauhauses geregelt und den Schweizer Architekten Hannes Meyer vorgeschlagen, der seit einigen Monaten die neue Architekturabteilung der Schule leitete. Ehefrau Ise empfand Meyer als unsensibel und nahm an seiner kommunistischen Gesinnung Anstoß; sie fragte sich später, ob Gropius Meyer nur in das Direktorenamt gehoben hatte, um Dessau schnell verlassen zu können.

Noch im Januar 1928 traf sich der scheidende Bauhausdirektor mit Adolf Sommerfeld in Berlin, um mit diesem über eine Großsiedlung auf einem von Sommerfeld neu erworbenen Gelände zu beraten. Sie sollte in fabrikmäßiger Vorfertigung als Weiterentwicklung des Konzeptes für Dessau-Törten erfolgen. Gropius wurde dafür ein stattliches Honorar zugesichert. Im März stellten er und Sommerfeld das Vorhaben dem preußischen Ministerpräsidenten Otto Braun (SPD) und weiteren Politikern und Bauexperten vor. Gropius erhielt bei der Beratung mit dem Ministerpräsidenten den Auftrag, bei einer zweimonatigen Studienreise durch die USA den dort erreichten Entwicklungsstand der Industrialisierung des Bauens zu erkunden und damit seine Ideen zu komplettieren. Sommerfeld bezahlte die Reise für das Ehepaar Gropius und eine Assistentin. Erich Mendelsohn hatte den Kontakt zu seinem einstigen Mitarbeiter Richard Neutra vermittelt, der seit 1924 in den USA lebte und Häuser mit Stahlkonstruktionen entwickelte. Letzterer wurde für die Reisenden zu einem wichtigen Anlaufpunkt. Mehr noch inspirierten Gropius allerdings die Ford-Werke in Detroit, in denen alle 90 Sekunden ein neuer Wagen vom Band rollte. Hier war beim Autobau die Industrialisierung mit dem Fließband bereits perfektioniert. Dass beim Bauen von Häusern noch mehr dazugehört, war Gropius spätesten während der Diskussion mit den Kollegen in Törten Monate zuvor bewusst geworden. Doch seine Schlussfolgerungen zielten nicht darauf ab, dass sich Bewohner in den von ihm geplanten Häusern wohler fühlten, vielmehr auf noch effektivere Wohnungsgrundrisse und eine stadträumliche Struktur, mit der schneller und kostengünstiger gebaut werden konnte.

In Deutschland war dies das Ziel aller Industriestädte, um für die rasant wachsende Einwohnerschaft Wohnungen bereitstellen zu können. Karlsruhe hatte dazu einen Wettbewerb für die neue Stadtrandsiedlung Dammerstock ausgeschrieben. Dass er dabei den Ersten Preis erhalten hatte, erfuhr Gropius nach der Rückkehr aus den USA. Er bekam den Auftrag, den Siedlungsbau verantwortlich zu betreuen.

Aus der Großsiedlung für Sommerfeld in Berlin wurde dagegen nichts. In Dessau-Törten konnte jedoch 1928 weitergebaut werden. Dazu waren erhebliche Umplanungen nötig, um bei gestiegenen Baukosten die Verkaufspreise der Häuser zu halten. Dafür entstand ein neuer Haustyp mit in der Höhe versetzten Räumen der Straßen- und Hofseite ohne gesondertes Treppenhaus, vielmehr mit Verbindungsstufen, was eine erhebliche Raumeinsparung bedeutete. Mit der Bauüberwachung beauftragte Gropius seinen Assistenten Richard Paulick, ebenso mit der Bauleitung zur Fertigstellung des Konsumgebäudes und des Arbeitsamtes Dessau. Dessen Ausführungsplanung erfolgte bereits von Berlin aus.

Anfang Juni 1928 hatten die Handwerker und danach die von Ise Gropius dirigierten Möbelträger eine Zwölf-Zimmerwohnung im Haus Potsdamer Straße 121 A in einen bezugsfertigen Zustand gebracht. Mehrere Räume davon dienten dem „Bauatelier Gropius", das unter dem neuen Namen ins Zentrum der Reichshauptstadt umgezogen war, und seinen Mitarbeitern. Dazu gehörten auch eine Sekretärin und eine Archivarin. Neben den Büromitarbeitern waren zwei Dienstmädchen für Empfangssalon und Speisezimmer, die Privaträume des Ehepaars und Gropius' Arbeits- und Verhandlungsraum zuständig. Eine Köchin durfte ebenfalls nicht fehlen.

Nun fand Gropius mehr Zeit für Vorträge auch in fernen Ländern. Es war ihm wichtig, das BAUHAUS als seine Idee dauerhaft bekannt zu machen, denn neben den von Anbeginn vorhandenen Kritikern kam ein Gegner aus den eigenen Reihen hinzu: Hannes Meyer. Dieser nahm sich nun die Freiheit, die Schule nach seinen eigenen Vorstellungen umzuformen. An die Stelle von Gropius' Leitsatz „Kunst und Technik – eine neue Einheit" formulierte er „Volksbedarf statt Luxusbedarf" und stellte den Lehrbetrieb und dessen Gestaltungsprinzipien entsprechend um. Gropius verfolgte die Entwicklung von Berlin aus mit Missbehagen und sah schließlich „sein Bauhaus" und das Bild, das die Fachwelt von der Schule in Dessau gewonnen hatte, durch Meyer in große Gefahr gebracht.

Die Bedrohung rührte nicht von der Architektur her, auch wenn Meyer mit seinem neuen Fachbereich ebenfalls in modernen Formen entwarf; Beispiele hierfür sind die Laubenganghäuser in der Siedlung Törten und die Gewerkschaftsschule Bernau. Der Konflikt ergab sich vielmehr aus den gravierend unterschiedlichen kulturpolitischen Haltungen, die der alte und der neue Direktor vertraten. Der dem sozialistischen und in der Konsequenz dem kommunistischen Weltbild nahestehende Meyer sah im BAUHAUS, wie es Gropius in Dessau geschaffen hatte, eine Formenkultur der jungen bürgerlichen Elite, die nicht den Bedürfnissen der Arbeiterschaft und damit der Mehrheit der deutschen Bevölkerung entsprach. Meyer bezog sich mit seiner Kritik vor allem auf „De Stijl" und deren bewusst als unparteiisch vertretene Gestaltungshaltung, die Gropius' Bauhaus aufgegriffen hatte. Der neue Direktor erklärte, diese spiegele sich in den an geometrischen Grundformen und elementaren Farben orientierten Entwürfen des Gropius-Büros, der Bauhauswerkstätten, der Werbeabteilung und der Bauhausbühne wider. Der Kunstkritik folgend, bezeichnete er diese Formensprache als BAUHAUSSTIL.

Gropius setzte sich zur Wehr und erklärte, dass es diesen besonderen Bauhausstil nicht gebe, sondern dass sich die Formensprache der Schule vielmehr bisher immer auf die Anforderungen der Zeit eingestellt habe. Dabei polemisierte er gegen Meyer auch mit Mitteln, die nicht dem Diskussionsstil unter Kollegen entsprachen. Sein Kontrahent hielt sich ebenfalls nicht zurück, wie ein Offener Brief an Dessaus Oberbürgermeister Hesse belegt, den Meyer nach seiner politisch begründeten Kündigung vom 1. August 1930 schrieb. Dieser enthielt Bemerkungen wie:

„Was fand ich bei meiner Berufung vor? … Eine „Kathedrale des Sozialismus", in welcher ein mittelalterlicher Kult betrieben wurde mit den Revolutionären der Vorkriegszeit … Der Würfel war Trumpf und seine Seiten waren gelb, rot, blau, weiß, grau, schwarz. … … Das Quadrat war rot. Der Kreis war blau. Das Dreieck war gelb. Man saß und schlief auf der farbigen Geometrie der Möbel. … Als Bauhausleiter bekämpfte ich den Bauhausstil…

Ich lehrte Volksbedarf statt Luxusbedarf …

Herr Oberbürgermeister! Während der ganzen Periode unserer Zusammenarbeit einigte uns die Sorge um die drohende Politisierung des Bauhauses … mir drohte sie von außen … Ich wurde von hinten abgekillt … Die Bauhaus-Kamarilla jubelt … vom Eiffelturm stößt der Bauhaus-Kondor Gropius herab und pickt in meine direktorale Leiche."

(Aus Wingler, Hans M.; Das Bauhaus 1919–1933 Weimar Dessau Berlin, Köln, 1962, S. 169 ff.)

Auf Meyer folgte Mies van der Rohe als Bauhausdirektor. Gropius, dem 1929 die Ehrendoktorwürde der Technischen Hochschule Hannover verliehen worden war, hatte Oberbürgermeister Hesse bei der Wahl beraten. Der Nachfolger war mit Aufsehen erregenden Gebäuden, die dem modernen Gestaltungsprinzip des Bauhauses vergleichbar waren, weit über Deutschland hinaus bekannt geworden. Er lehnte jede politische Bindung ab. Für Hesse war das in der politisch angespannten Situation im Dessauer Stadtrat wichtig und es rettete zunächst den Standort der Bauhausschule bis zum 10. September 1932. An diesem Tag bestimmte die nationalsozialistische Mehrheit im Stadtrat die Schließung der Schule.

Mies van der Rohe hatte bereits den Vorkurs abgeschafft, die Tätigkeit der Werkstätten reduziert und Architekturentwürfe mit konstruktiver Logik und freier Formenwahl in den Mittelpunkt der Lehre gestellt. Nach dem Ende des Bauhauses in Dessau versuchte er, die Schule als private Einrichtung in Berlin-Steglitz weiterzuführen. Doch nach gewalttätigen Eingriffen der Nationalsozialisten am 11. April 1933 teilte er der Öffentlichkeit die Schließung des Bauhauses zum 10. August 1933 mit.

Gropius hatte nach 1928 von Berlin aus seine Kontakte zu modern denkenden und planenden Architekten und Institutionen wie dem 1928 gegründeten CIAM (Congrès Internationaux d'Architecture Moderne) ausgebaut und damit seine Stellung in der internationalen Architekturszene gefestigt. Vorträge im Ausland untermauerten dies. Sein wichtigstes Thema war dabei, aufbauend auf seinem Siegerentwurf für Dammerstock, die Auseinandersetzung mit Gebäudehöhen und der stadträumlichen Zuordnung von Bauwerken unter dem Gesichtspunkt der kostensparenden Bauweise und der dafür günstigsten Wohnungsgrundrisse. Er kam zur Einsicht, dass Wohnen in Hochhausscheiben dafür besonders geeignet sei. Zwischen

Norden und Süden ausgerichtet, ermöglichten diese vielgeschossigen Hausscheiben einen langen Sonneneinfall sowie große Hausabstände mit Begrünung, Sportflächen und frischer Luft. Aktuellen Zukunftsvisionen und dem Trend zur Kleinfamilie und häufigeren Wechseln der Arbeitsorte folgend, sollten die Wohnungen selbst klein sein. Große Gemeinschaftsräume und -küchen waren für soziale Kontakte gedacht.

Den damals in Deutschland bestehenden sozialen Verhältnissen entsprach diese Idee nicht, vielmehr dem Leben von Personen, die zu geschäftlichen, künstlerischen und politischen Zwecken oft unterwegs waren. Die Angriffe vor allem linker Architekten blieben nicht aus, doch Gropius und auch Le Corbusier setzten sich mit ihren ideologiefreien Konzepten in internationalen Debatten wie denen im CIAM durch. Funktional ähnliche, doch inhaltlich auf eine sozialistische Lebensweise orientierte Konzepte verfolgten Architekten in der Sowjetunion mit sogenannten Kommune-Häusern und einer sozialistischen Randstadt, die den Gegensatz von Stadt und Land überwinden sollte.

Gropius konnte sein Konzept vom „Wohnen im Hochhaus" 1930 – es war die Zeit der Weltwirtschaftskrise – auf der Frühjahrsausstellung der „Société des artistes décorateurs (SAD)" in Paris präsentieren. Im Auftrag des Deutschen Werkbundes entwickelte er einen Gemeinschaftsraum, ausgestattet mit Möbeln von Marcel Breuer. Für direkt angrenzende Bereiche konnte er Herbert Bayer und László Moholy-Nagy als Gestalter gewinnen und bezog Marianne Brandt ein. Der von den einstigen Lehrern des Dessauer Bauhauses geschaffene deutsche Beitrag erregte Aufsehen bis in die USA; dies sollte sich für die vier Autoren nach ihrer späteren Emigration dorthin als günstig erweisen. Kreisformen, gerade Linien und rechte Winkel sowie Chromstahl, Glas und Leder prägten Gropius' Raum. Er gilt als die letzte bedeutende Neuschöpfung des Bauhauses.

Die wirtschaftliche und politische Krisensituation verschlechterte zunehmend die Auftragslage für Gropius' Büro. Es entstanden noch die Flachdachsiedlung „Am Lindenbaum" in Frankfurt a. M. sowie ein Wohnblock in Berlin-Siemensstadt, zwei kleinere Privathäuser und mehrere realisierte Planungen, die dem Industriedesign zuzurechnen sind: die „Kupferhäuser" der Firma Hirsch in Finow, im Prinzip ähnlich dem Stahlhaus in Dessau; ferner Entwürfe für Adler-Automobile, Öfen der Frank'schen Eisenwerke, bei denen Ehefrau Ise Mitinhaberin war, und elektrische Heizöfen der

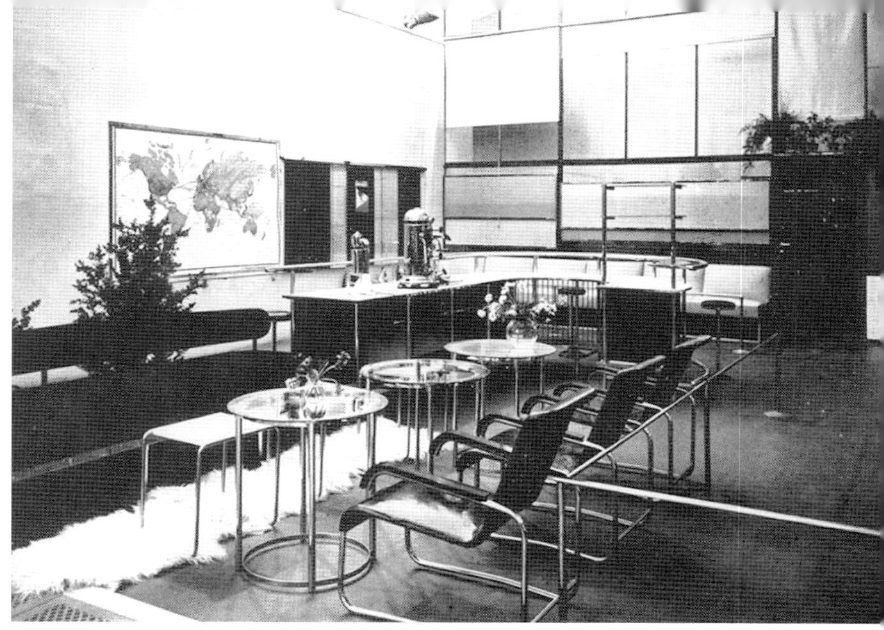

Raum von Walter Gropius für die Ausstellung des Deutschen Werkbundes 1930 in Paris. Die Stahlrohrmöbel entwarf Marcel Breuer

Firma Voss in Hannover. Wettbewerbsbeteiligungen blieben erfolglos. Gropius sah ungewisse Zeiten auf sich zukommen.

Auch ein privates Ereignis traf ihn schwer. 1932 erfuhr er, dass seine Ehefrau Ise schon 1930 ein heimliches intimes Verhältnis zu dem drei Jahre jüngeren und ebenfalls verheirateten Bauhausjungmeister Herbert Bayer unterhalten hatte. Gropius erinnerte sich, dass er mit seinem vorehelichen Verhältnis mit Alma Mahler gegenüber Gustav Mahler in einer ähnlichen Situation gewesen war wie nun Bayer ihm gegenüber. Er zeigte sich tolerant.

Doch dann folgte ein weiterer schwerer Schlag: Am 22. Januar 1933 starb seine Mutter Manon. Sicher um sich von diesem großen Verlust abzulenken, reiste Gropius wenige Tage später zu einem Vortrag nach Leningrad. Deshalb erlebte er die Übernahme der politischen Macht durch Adolf Hitler und die Nationalsozialisten am 30. Januar 1933 im Ausland. In die Sowjetunion überzusiedeln wie Ernst May, Hannes Meyer und andere moderne Architekten war für ihn aber ausgeschlossen. Bei seiner bürgerlichen Prägung sah er sich dort nicht am rechten Platz. Zugleich erkannte er, dass mit den Berufsverboten für jüdische Architekten und dem Aufstieg zweitklassiger Kollegen in den Machtzirkel der nun von der NSDAP dominierten deutschen Architektenschaft eine Entwicklung begann, die er nicht gutheißen konnte. Seiner Tochter schrieb er nach Wien, dass er Solidarität zu ihrem jüdischen Stiefvater Franz Werfel empfinde. Doch auswandern wollte er nicht, und wie Mies van der Rohe gab er sich der Illusion hin, dass die neuen Mächtigen die moderne Architektur zur Gestaltung eines neuen Deutschlands benötigten. Eine irrige Annahme, wohl von dem Umstand genährt, dass Industriearchitekten und -designer weiterhin modern gestalten konnten, denn das diente dem internationalen Renommee des Staates vor allem bei Warenexporten. Im Wohnungsbau jedoch wurde das Flachdach sehr schnell als undeutsch und das Walmdach verbindlich für den Bau von Siedlungen und Einfamilienhäusern erklärt.

Zu einem klaren Blick auf seine Chancen im Ausland kam Gropius während einer Vortragsreise mit Ise nach England. Da die moderne Architektur auf der Insel noch in den Kinderschuhen steckte, wurde er wie ein Prophet gefeiert. Es war für Gropius der Impuls auf der Suche nach einem neuen Wirkungsfeld.

Zurück in Deutschland musste er, da größere Aufträge fehlten, sein Architekturbüro am 1. Oktober 1933 schließen und mit Partnerbüros zusammenarbeiten. Zwar wurde er in die Reichskammer aufgenommen – das war Voraussetzung für eine freie praktische Tätigkeit geworden –, doch Aufträge brachte das ebenfalls nicht.

Ein Jahr lang versuchte Gropius noch einen Balanceakt zwischen seinen Vorstellungen von zukünftiger, modern geprägter Architektur und den Entwicklungen, die das nationalsozialistische Deutschland bestimmten. Dass dies nicht funktionierte, begriff er, als der Präsident des Bundes der Architekten, Eugen Hönig, in einem groß angekündigten Vortrag im März 1934 die Flachdacharchitektur des Bauhauses und anderer Architekten der Moderne als „Kistenarchitektur“ bezeichnete. In einem langen Brief schrieb Gropius an Hönig, dass er sich nach diesem offiziellen Angriff mit allem, was er in seinem Leben geleistet habe, in Deutschland wie ein Vogel frei zum Abschuss fühle. Kein Wunder, denn Hönigs Rede war nur der Höhepunkt der Angriffe aus den Reihen der NS-nahen Architektenschaft und den von Goebbels gesteuerten Medien. Gropius war nun bewusst, dass das Tuch zwischen ihm und dem nationalsozialistischen Deutschland zerschnitten war. Er nutzte Einladungen zu zeitbegrenzt genehmigten Vorträgen in Italien und England; im April 1935 kehrten Gropius und Ehefrau Ise nicht mehr nach Deutschland zurück.

Ende April starb in Wien Tochter Manon, inzwischen eine begabte junge Schauspielerin, an Kinderlähmung. Gropius hatte sie ein Jahr zuvor ein letztes Mal gesehen.1936 adoptierten er und Ise die zehnjährige Beate Forberg, genannt Ati, die Tochter von Ises verstorbener Schwester.

England erwies sich für Gropius als ein günstiger Zufluchtsort. Noch gab es hier keine moderne Architektur. Diese zu befördern sah er als Chance. Gropius, fast mittellos und ohne große Englischkenntnisse auf die Insel gekommen, wurde gefeiert und mit Einladungen und Finanzierungen überhäuft, denn in den Kreisen der modernen Architekten und Künstler hoffte man auf seine Unterstützung. Einnahmen aus wenigen Aufträgen blieben gering. Er lernte Englisch und war somit vorbereitet, als er im Februar 1937 durch Joseph Hudnut die Berufung zum Professor an die Harvard University erhielt.

Der Arbeitsbeginn in Harvard war auf den 1. April 1937 festgelegt. Die Schiffspassage in die USA erfolgte vom 12. bis 17. März 1937. Nun, da Gropius Professor an der renommierten Privatuniversität war, besserte sich die finanzielle Situation des Ehepaars schnell. Mit Marcel Breuers Unterstützung baute sich Gropius 1937/38 ein eigenes Wohnhaus in Lincoln, Massachusetts; Breuer und Gropius arbeiteten nun enger zusammen. Es folgten Breuers Haus und 1940 weitere Häuser. In Zusammenarbeit mit Konrad Wachsmann entstand ein Erholungszentrum in Key West in Florida.

Von 1938 an leitete Gropius auch die Architekturabteilung der Universität. Bereits 1937 hatte er alle Hoffnung auf eine Rückkehr nach Deutschland aufgegeben und beantragte die amerikanische Staatsbürgerschaft, die er 1944 erhielt. Er ging eine Kooperation mit dem Architekturbüro The Architects Collaborative (TAC) ein. Als er in Zusammenarbeit mit diesem Büro das „Pan Am Building“ (heute „MetLife Building“), das 1960 bis 1963 errichtet wurde, quer in die Park Avenue stellte, wurde damit auch der Fernblick durch die Straßenschlucht verstellt. Gropius handelte sich dadurch den vermutlich größten Ärger seiner Laufbahn ein, der auch sein Ansehen in den USA erheblich schädigte.

Bereits gegen Ende der Tätigkeit in Harvard hatte es mit dem vormaligen Freund Joseph Hudnut Differenzen zum Lehrprogramm und um Posten gegeben. 1952 endete Gropius' Lehrtätigkeit.

Es begann für den nun siebzigjährigen einstigen Bauhausdirektor eine Zeit der großen Ehrungen, die oft mit Reisen in ferne Länder wie Japan und

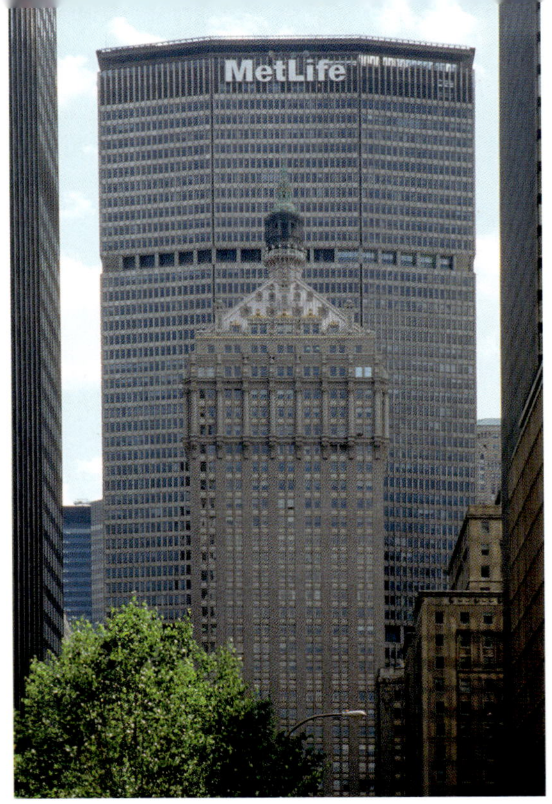

Pan Am Building New York, Entwurf Walter Gropius und Pietro Belluschi, Ausführungsplanung Emery Roth & Sons, erbaut 1960-1963

Brasilien verbunden waren. Für Architektur blieb wenig Zeit. Vielmehr war Gropius nun als Entwickler und Berater von städtebaulichen Großvorhaben gefragt. In Deutschland hatte man ihn durch Diskreditierung und Verschweigen fast vergessen. Die Erinnerung kam mit dem Sieg der Alliierten, nachdem das westliche Kulturbild wieder in Deutschland Platz gefunden hatte.

1954 betrat Walter Gropius zusammen mit Ise erstmals wieder deutschen Boden. Vor allem für seine Geburtsstadt Berlin wurde er zu einer wichtigen Persönlichkeit und zu einer auch propagandistisch genutzten Verbindung zur Siegermacht USA. Gropius wurde zur „Interbau" nach Westberlin eingeladen. Dabei entstand im Hansaviertel mit dem Büro TAC 1957 eine vielgeschossige, gekrümmte Wohnhauscheibe. In den Jahren 1962 bis 1964 war Gropius mit TAC der Generalplaner einer neuen Großsiedlung am südlichen Stadtrand von Westberlin, die von der DDR aus gut zu sehen und im ideologischen Krieg zwischen West und Ost gut nutzbar war.

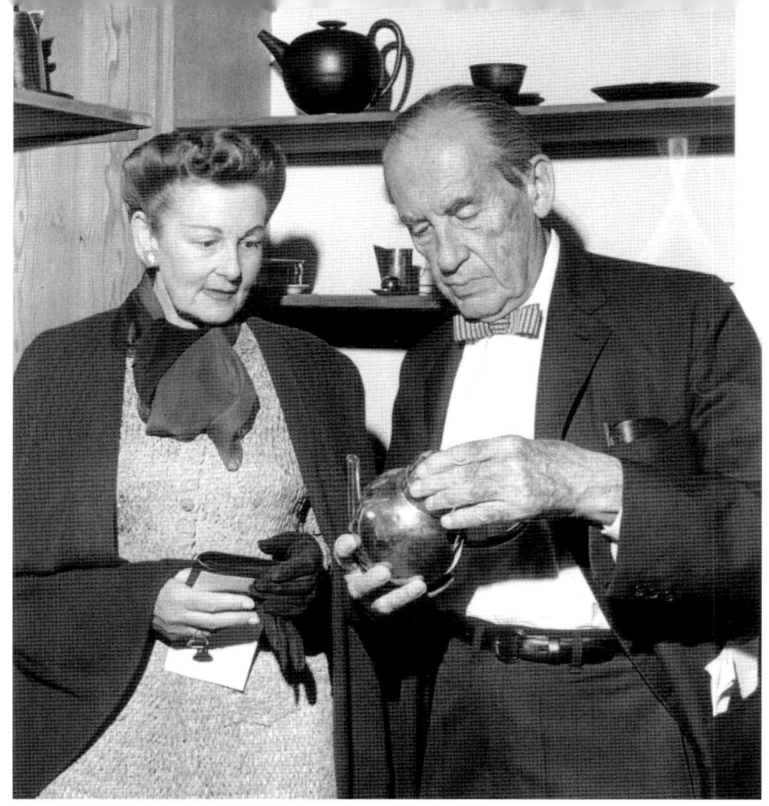

Der Architekt Walter Gropius betrachtet mit seiner Frau Ise während der Eröffnung des von ihm angeregten Bauhaus-Archivs im Ernst-Ludwig-Haus auf der Darmstädter Mathildenhöhe am 8. April 1961 eine Metallkanne aus den Bauhaus-Werkstätten.

Gropius orientierte sich an Bruno Tauts benachbarter Hufeisen-Siedlung, schuf kreisrunde Kernpunkte und plante mit einem hohen Anteil sozialer Mietwohnungen viel Licht, Luft und Sonne ein.

Gemeinsam mit dem Regierenden Bürgermeister Willy Brandt legte Gropius am 7. November 1962 den Grundstein für die später nach ihm benannte „Gropiusstadt".

Der Bau der Berliner Mauer erzwang in Westberlin eine hohe Verdichtung der Wohngebiete. Die Wohnhäuser wurden höher als geplant und standen enger nebeneinander. Gropius protestierte erfolglos. Erst 1979 wurde die Siedlung, bereits zum sozialen Brennpunkt geworden, vollendet. Letzte Planungen folgten. 1964 bis 1968 entwarf Gropius mit TAC das Bauhaus-Archiv für Darmstadt. Später wurde es, erheblich verändert, in Westberlin gebaut.

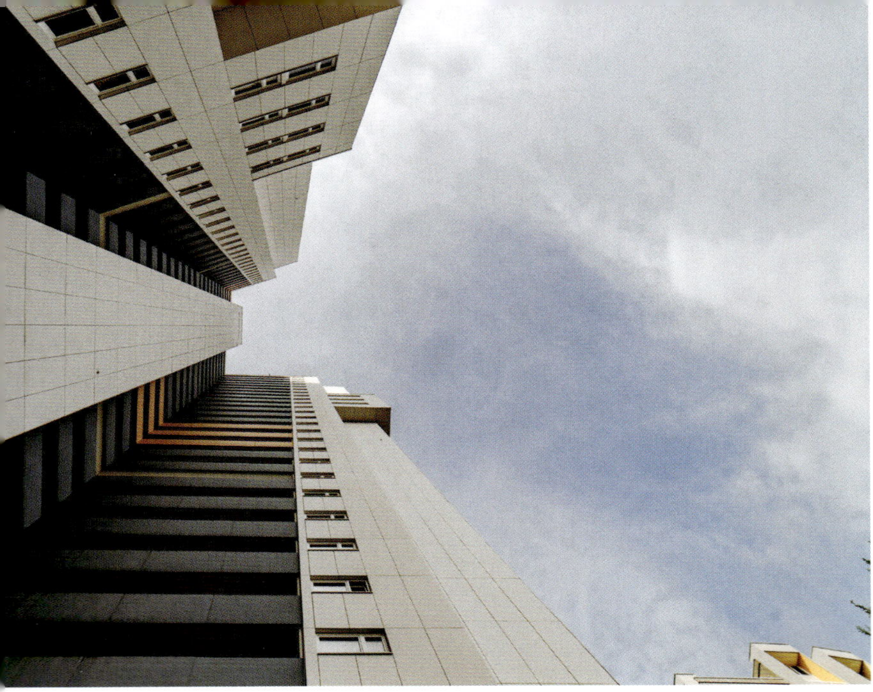

Hochhäuser in der Großwohnsiedlung „Gropiusstadt" in Berlin. Bauzeit 1962 bis 1975 nach einem städtebaulichen Konzept von Walter Gropius

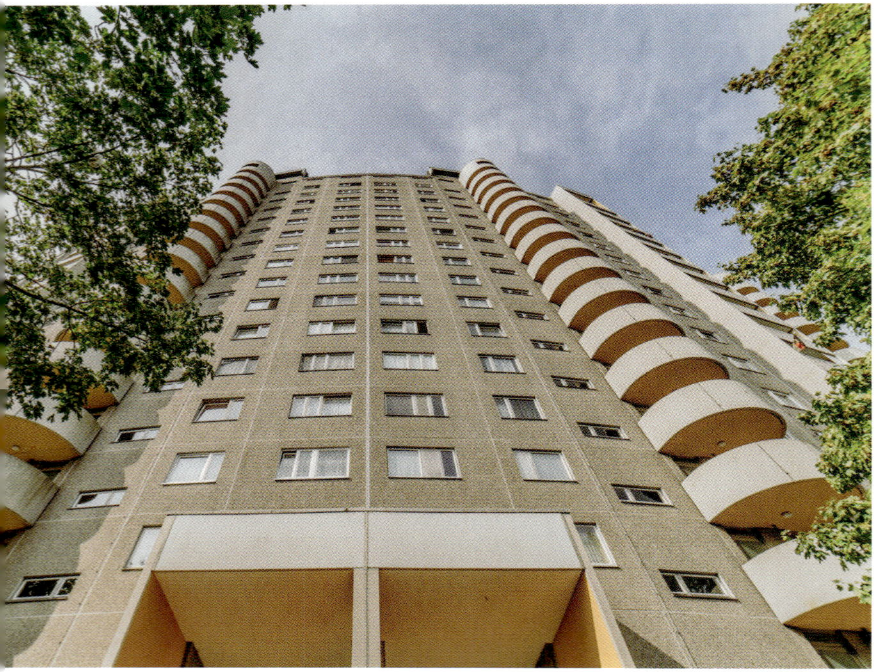

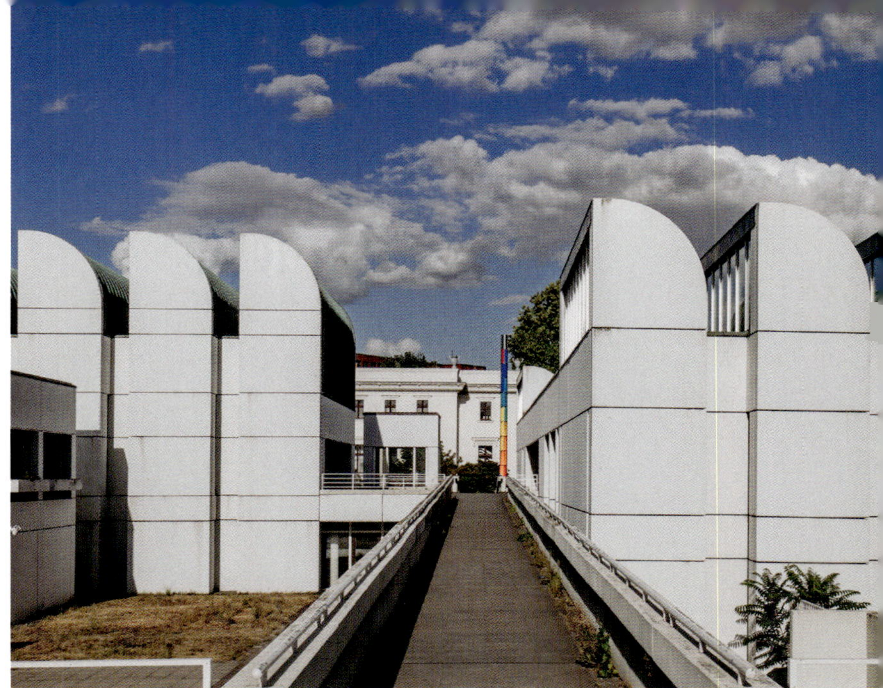

Bauhaus-Archiv/Museum für Gestaltung Berlin.
Architekten: Walter Gropius, Alex Cvijanovic und Hans Bandel, eöffnet 1979 in Berlin.

Kurz vor seinem Tod hinterließ Walter Gropius letzte gestalterische Spuren mit der „Bierinsel“ in der Gropiusstadt.

Der Bauhausgründer starb nach einer Infektion am 9. Juli 1969 in Boston. Vor allem aus dem westlichen Deutschland kamen würdigende Nachrufe. Sie sollten vergessen machen, dass zwischen 1933 und 1945 im Nationalsozialismus der Anschluss an die moderne Baukultur verloren gegangen war.

RESÜMEE

Am Ende seines Lebens galt Walter Gropius als eine der Leitfiguren der modernen Architektur des 20. Jahrhunderts, Seite an Seite mit Ludwig Mies van der Rohe und dem französischen Architekten Le Corbusier. Beide waren wie Gropius einige Zeit Mitarbeiter des Pioniers der modernen Architektur, Peter Behrens.

Im Rückblick nach fünf Jahrzehnten erscheinen Architekturhistorikern jedoch andere Leistungen des Bauhausgründers wichtiger als seine Gebäude, obwohl einige davon Weltruhm erlangten und zum Weltkulturerbe gehören, wie die mit Adolf Meyer geschaffene Schuhleisten-Fabrik in Alfeld und die Bauhausschule in Dessau. Dass etliche weitere Bauwerke von Gropius' heute nicht im Fokus stehen, ist nicht verwunderlich, denn anders als Mies van der Rohe, dessen Gebäude neben konstruktiven und funktionalen Qualitäten eine hohe ästhetische Ausstrahlung besaßen, und Le Corbusier, der mit künstlerischer Fantasie dem Stahlbetonbau in der Architektur neue Wege erschloss, hatte Walter Gropius im Bereich der gestaltenden Architektur seinem Werk nach 1930 nur wenig Neues hinzugefügt. Er sah im gebauten modernen Haus ein Produkt der Industrie und im modernen Architekten nicht mehr den Künstler, sondern einen Organisator der Bauprozesse, die er wie ein Kapitän ein Schiff erfolgreich zum Ziel bringt.

Am Beginn des 21. Jahrhunderts gilt deshalb die Bauhausschule, die Gropius 1919 in Weimar gegründet und nach 1925 in drei weiteren Jahren in Dessau zu hoher Reife entwickelt hatte, als seine kulturhistorisch bedeutendste Leistung. Sie ist bis heute weltweit beispielgebend für die Ausbildung von Architekten und angewandten Künstlern und wird als wichtigste Kunstschule des 20. Jahrhunderts angesehen. Neuartig war hierbei die unmittelbare Verknüpfung der praktischen Werklehre mit dem theoretischen Unterricht in künstlerischen und allgemeinbildenden Fächern. Dabei hatte Gropius die Bauhauswerkstätten in die Konzeption und die Ausstattung der von seinem Entwurfsbüro geplanten Bauwerke einbezogen. Neuartig war auch der von Gropius proklamierte interdisziplinäre Ansatz, bei dem er die verschiedenen Formen künstlerischer Tätigkeit unter dem Dach des Bauens zusammenfasste. Der Name BAUHAUS war dafür von ihm bewusst gewählt worden.

Wie Gropius' überragende Bedeutung im Bildungsbereich der modernen Architektur war auch sein Beitrag zur Industrialisierung und Rationalisierung des Bauens, vor allem für Großwohnsiedlungen und neuartige Wohnformen, weltweit beispielgebend. Heute lebend, würde er wohl den für das Leitmotiv seiner Dessauer Zeit bestimmenden Gedanken „Kunst und Technik – eine neue Einheit" unter dem Titel „Bauen und Digitalisierung – eine neue Einheit" fortschreiben.

Dass Gropius der Eindeutigkeit von Zahlen gegenüber der Vielschichtigkeit sinnlicher Eindrücke den Vorrang einräumte und den Fortschritt in der Architektur vor allem durch neuartige Konstruktionen, Bautechnologien und Raumfunktionen erzielen wollte, hatte ihn auf einen zu schmalen Weg geführt. Er stellte, um seinen Visionen einfacher und schneller zum Durchbruch zu verhelfen, die gestalterische Komponente sowie die langfristige Nutzbarkeit seiner Bauten hinten an. Das galt gleichermaßen für die Einbindung seiner Ideen in einen historischen Kontext und deren Offenheit gegenüber sozialen Wandlungen. Das brachte ihm schon zu Lebzeiten Kritik ein. Unstrittig ist hingegen, dass er durch die ihm eigene visionäre Kraft und sein strategisches und organisatorisches Vermögen wesentliche Grundlagen für heutige globale Großprojekte bis hin zu Weltraumstationen schuf.

Mit den unter seiner Leitung am Bauhaus entstandenen elementaren Formen und Farbsystemen war eine Grundlage für die digitalisierte Stadt- und Gebäudeplanung entstanden. Allerdings auch für deren ökonomischen Missbrauch, wenn diese, wie heute bei Investoren üblich geworden, auf die Optimierung vermietbarer Flächen ausgerichtet ist und alle Ansprüche an Nachhaltigkeit und das Wohlbefinden der Nutzer dabei weggespart werden. Als Walter Gropius während seiner ersten Deutschlandreise nach dem Zweiten Weltkrieg bei Vorträgen forderte, dass das Allgemeinrecht auf Bauland über das Privatrecht gestellt werden müsse, sprach er aus bitteren Erfahrungen, die er beim Scheitern vieler Projekte hatte machen müssen. Als Hochschullehrer in Harvard war er bemüht, diese Erfahrungen weiterzugeben. Einer seiner damaligen Studenten, der Berliner Architekt Rolf D. Weisse, erinnert sich noch heute, wie Walter Gropius bei Vorlesungen und in privaten Gesprächen mit leisen, doch eindringlichen Worten bemüht war, seinen Studenten strategisches Denken und ebenso die Fähigkeit zu vermitteln, aus den vielen Fäden, die für das Gelingen eines Projekts erforderlich sind, auch gegen Widerstände ein Netz zu knüpfen, aus dem ein Werk entstehen kann.

Dank

Für die beratende Unterstützung bei den Recherchen zum Buch danke ich Architekt Rolf Weisse, Berlin, Student bei Walter Gropius und Mitarbeiter von Ludwig Mies van der Rohe in den USA, sowie den Kollegen im Deutschen Werkbund Prof. Andreas-Ingo Wolf, Leipzig, und Prof. Peter Zlonicky, München, und weiterhin Frau Constanze Schneider, Leipzig.

Hinweise zu Straßennamen in Dessau

Im Text werden die historischen Straßennamen aus der Wirkungszeit von Walter Gropius in Dessau verwendet. Sie sind heute nur noch zum Teil in Gebrauch. Es wurden die Burgkühnauer Allee in Ebertallee und die Ebertstraße in Gropiusstraße umbenannt. Die alte Mühle an der Mulde ist verschwunden. Hier entstand nach Kriegsschäden in Verbindung mit neuen Wohngebäuden ein neuer Verkehrsknotenpunkt – eine neue Brücke für die Bundestraße B 185 in Richtung Oranienbaum. Erhalten blieben trotz Kriegsschäden das Rathaus am Markt, die Askanische Straße mit den alten Kunsthallen, die zum Museum für Naturkunde und Vorgeschichte Dessau umgebaut wurden. Der Askanische Platz wurde zum August-Bebel-Platz, das Arbeitsamt von Gropius erhielt eine neue Nutzung als KFZ-Zulassungsstelle. Das Bauhaus Interim in der Mauerstraße 36 wurde im Krieg zerstört. Hier stehen neue Wohngebäude. Der Straßenname blieb, ebenso die Namen Franzstraße und Heidestraße für die Chaussee zur Bauhaussiedlung Dessau-Törten.

Literaturverzeichnis

Buchpublikationen

Bauhauskooperation Berlin Dessau Weimar gGmbH (Hg.): Bauhaus 100 Orte der Moderne. Berlin 2019

Eggeling, Ute und Büche, Wolfgang: Feininger. Arbeiten aus seiner Zeit in Weimar und Dessau. Leipzig 1994

Fitch, James Marston: Walter Gropius. New York 1960; Mailand 1961

Günther, Gitta: Wallraf, Lothar (Hg.): Geschichte der Stadt Weimar. Weimar 1975

Hüter, Karl-Heinz: Das Bauhaus in Weimar: Studie zur gesellschaftspolitischen Geschichte einer deutschen Kunstschule. Berlin 1982

Isaacs, Reginald R.: Walter Gropius. Der Mensch und sein Werk. Band 1, 2/I und 2/II. Frankfurt/M.; Berlin 1983

Kruse, Christiane: Das Bauhaus in Weimar, Dessau und Berlin. Berlin 2018

Leiske, Walter (Hg.): Leipzig und Mitteldeutschland: Denkschrift für Rat und Stadtverordnete von Leipzig. Leipzig 1928

Lupfer, Gilbert und Sigel, Paul: Gropius. Köln 2019

Muscheler, Ursula: Mutter, Muse und Frau Bauhaus: Die Frauen um Walter Gropius. Berlin 2018

Muthesius, Hermann: Die Zukunft der Deutschen Form. In: Der Deutsche Krieg; 50. Heft. Stuttgart. Berlin 1915

Muthesius, Hermann: Der Deutsche nach dem Kriege. München 1916

Mössinger, Ingrid; Drechsel, Kerstin (Hg.): Lyonel Feininger. Sammlung Loebermann. Zeichnung, Aquarell, Druckgrafik. Ausstellung in den Kunstsammlungen Chemnitz vom 12. Dezember 2006 bis zum 18. Februar 2007. München, Berlin, London, New York 2006

Nerdinger, Winfried: Das Bauhaus. Werkstatt der Moderne. München 2018

Nerdinger, Winfried: Walter Gropius: Architekt der Moderne, 1883–1969. München 2019

Mahler-Werfel, Alma: Mein Leben. Frankfurt am Main 1963

Małgorzata Omilanowska: Das Frühwerk von Walter Gropius in Hinterpommern. In Pusback, Birte (Hg.): Landgüter in den Regionen des gemeinsamen Kulturerbes von Deutschen und Polen, S.133-149 u. Abb. 1-21 (S. 134). Warschau 2007

Preisich, Gábor: Walter Gropius. Übers. Von Miklós Marosszéki. Berlin 1982

Revedin, Jana: Jeder hier nennt mich Frau Bauhaus. Das Leben der Ise Frank. Ein biografischer Roman. Köln 2018

Schmidt, Uta Karin: Vom Bauhaus zur Bauakademie. Carl Fieger Architekt und Designer (1893–1960). Druckfassung der Dissertation. Berlin 2015

Wahl, Volker: Wie Walter Gropius nach Weimar kam. Zur Gründungsgeschichte des Staatlichen Bauhauses in Weimar 1919. Aus: Weimar-Jena: Die große Stadt - Das kulturhistorische Archiv 1/3 S. 167-211. Jena 2008

Wahl, Volker (Hg.): Gerhard Marcks - Brief vom 2.9.22. Nach: Meisterratsprotokolle des Staatlichen Bauhaues Weimar 1919–1925, bearb. von Ute Ackermann. Weimar 2001

Wilhelm, Karin: Gropius, Walter: Walter Gropius. Industriearchitekt. Braunschweig. Wiesbaden 1983

Woll, Stefan: Das Totaltheater. Ein Projekt von Walter Gropius und Erwin Piscator. Schriften der Gesellschaft für Theatergeschichte e.V., Bd. 68. Berlin 1984

Zeitschriften / Flyer / E-Publikationen

Gropius, Walter: Der Stilbildende Wert industrieller Bauformen. In: Jahrbuch des deutschen Werkbundes. Jena 1914

Offset-Verlag (Hg.): Offset. Buch- und Werbekunst. Bauhausheft 7. Leipzig 1926

Informationen zur politischen Bildung (Nr. 261/2011): Kampf um die Republik 1919-1923. Essen 2011

Happel, Reinhold; Schulte, Birgit (Hg.): Karl Ernst Osthaus und Walter Gropius: Der Briefwechsel 1908-1920. Essen 2019

Reiß, Herlind: Walter Gropius über Industriebau. In: Wissenschaftliche Zeitschrift der Hochschule für Architektur und Bauwesen Weimar 29 (1983), S.425-428. E-Publ. (https://e-pub.uni-weimar.de/opus4/frontdoor/index/index/year/2007/docId/981)

Ferner die **Einzelausgaben** des Informationsmaterials der Stiftung Bauhaus Dessau #moderndenken. Arbeitsstand 2019.

Wagner, Rainer: Weimar. Stadtansichten im Wandel. Kassel 1992

Publikationen des Verlagshauses Römerweg zu den Bauhausmeistern Albers, Feininger, Itten, Klee, Marcks, Moholy-Nagy, Muche

Presse- und Funkrezensionen

Köhler, Michael im Gespräch mit Polster, Bernd: 100 Jahre Bauhaus. Entzauberung des Mythos Walter Gropius. Deutschlandfunk, 6.1.2019 (https://www.deutschlandfunk.de/100-jahre-bauhaus-entzauberung-des-mythos-walter-gropius-100.html)

Edelmann, Thomas: 100 Jahre Bauhaus. Ein Irrgarten, genannt Biografie. Stylepark, 21.05.2019 (https://www.stylepark.com/de/news/gropius-biografie-polster)

Archivquellen für Recherchen

Werkbund-Archiv Museum der Dinge Berlin

Bauhaus-Archiv / Museum für Gestaltung Berlin

Archiv Andreas Butter (Dessau-Roßlau)

Archiv des Autors und Nachlass Dr. Peter Guth

Die wichtigsten Köpfe des Bauhauses

Kompakte Biografien mit bebildertem Stadtrundgang

Josef Albers	Johannes Itten	László Moholy-Nagy
Marianne Brandt	Wassily Kandinsky	Georg Muche
Lyonel Feininger	Paul Klee	Oskar Schlemmer
Walter Gropius	Gerhard Marcks	Gunta Stölzl

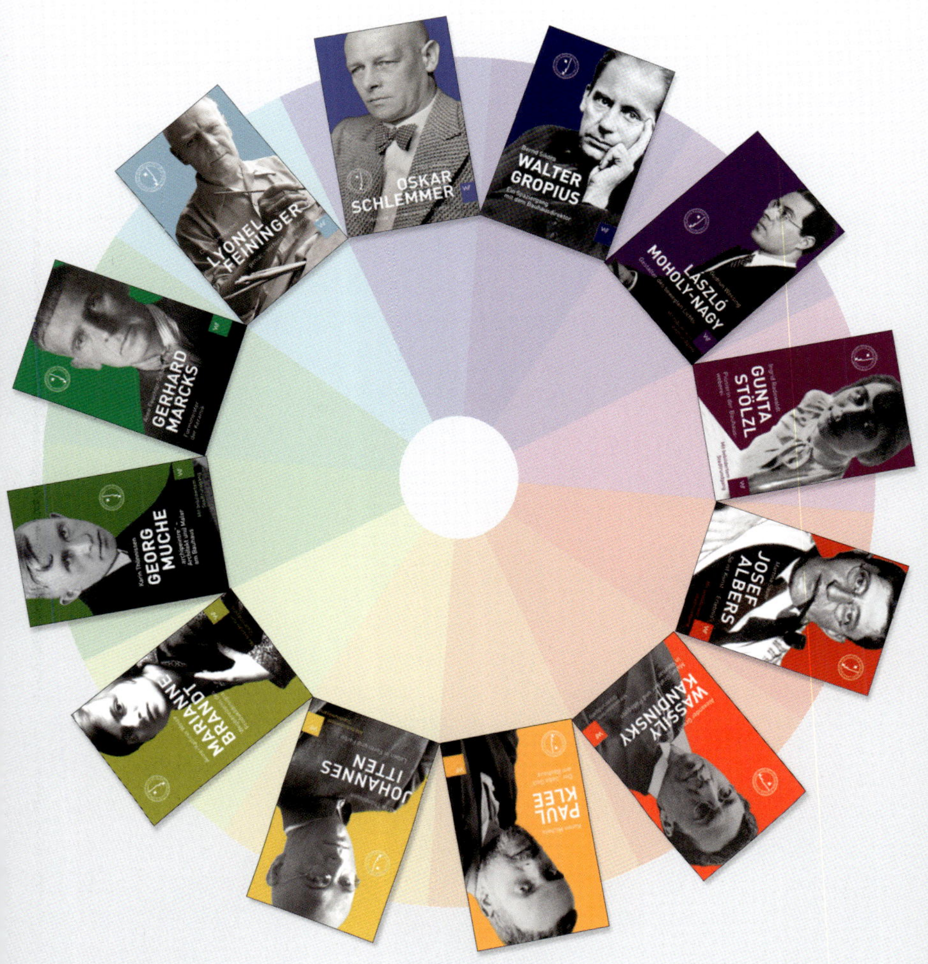

Bildnachweis

AdobeStock S. 14 (josemad) // **akg-images** Cover, S. 4 (Imagno / Franz Hubmann), 8, 11 (fine-art-images), 50, 79, 147, 166 (Andrea Jemolo), 167 (picture-alliance / dpa) // **Archiv Bernd Sikora** S. 13, 19 (**Małgorzata Omilanowska** „Das Frühwerk von Walter Gropius in Hinterpommern", Warschau, 2007), 16 (Zeichnung Bernd Sikora nach Fotografie), 21 (**Marianne Portius**, Leipzig), 33 (Walter Hege), 90 (**Theo van Doesburg**, RKD – Netherlands Institute for Art History), 137, 155 o. (Kunstzeitschrift „Offset") // **Bauhaus-Archiv Berlin** S. 163 // **Bauhaus Universität Weimar** S. 110, 119 (li.) // **Landesarchiv Thüringen – Hauptstaatsarchiv Weimar** S. 63 (Staatliches Bauhaus Weimar Nr. 3, BI. 54v), 95 (Staatliches Bauhaus Weimar Nr. 78, BI. 13r) // **Bauhaus-Universität Weimar, Archiv der Moderne** S. 121 (li.) // **bpk-Bildagentur** S. 55 (Kunstsammlungen Chemnitz | László Tóth) // **Anja Carrà** S. 87 // **Gemeinde Timmendorfer Strand, Gemeindearchiv** S. 9 // **Georg Muche, Bauhaus-Archiv Berlin** S. 109, 119 (li.) // **Klassik Stiftung Weimar** S. 58 (Karl Peter Röhl, ThHStAW), 121 (re.) // **Mahler Foundation** S. 70, 150 // **picture alliance** S. 100 (AP | anonymous) // **Christian Seeling** S. 35, 36, 40, 42, 69, 76, 82, 108, 111, 116, 120, 129, 145, 168, 169 // **Bernd Sikora** S. 39, 84, 92, 139, 141, 142, 143, 144, 152, 153, 155 (u.), 156 // **Wikimedia Commons** S. 18 (https://www.rb.gy/aisfwd)

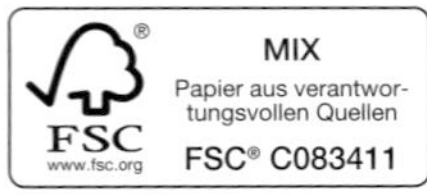

Impressum

Bernd Sikora
WALTER GROPIUS
Ein Spaziergang mit dem Bauhausdirektor

ISBN: 978-3-7374-0272-9

Umschlag & Satz: Anja Carrà, Weimar
Lektorat: Stefan Gücklhorn, Wiesbaden
Umschlagbild: Porträt Walter Gropius, 1920 © akg-images
Gesamtherstellung: CPI books GmbH, Leck – Germany

Mehr über Ideen, Autoren und Programm des Verlags finden Sie auf www.verlagshausroemerweg.de und in Ihrer Buchhandlung.